Chakras en la
práctica chamánica

Octavo chakra
Luz blanca • Expansión • 70+ años
Resplandor • Expansión o apego limitante

Séptimo chakra
Violeta • Amor recíproco • 55–70 años
Conexión espiritual
Maestría o distracción

Sexto chakra
Índigo • Ayuda mutua • 40–55 años
Visión clara, intuición
Integridad o desesperación

Quinto chakra
Azul/turquesa • Éter, *arutam* •
25–40 años
Expresión, poder para manifestar
Generatividad o estancamiento

Cuarto chakra
Verde • Aire • 18–25 años
Compasión, perdón
Intimidad o aislamiento

Tercer chakra
Amarillo • Fuego • 12–18 años
Voluntad, identidad, compromiso
Identidad o confusión

Segundo chakra
Naranja • Agua • 6–12 años
Creatividad, emoción, sensualidad
Destreza o inferioridad

Primer chakra
Rojo • Tierra • 0–6 años
Confianza, conexión con la tierra
Confianza o desconfianza

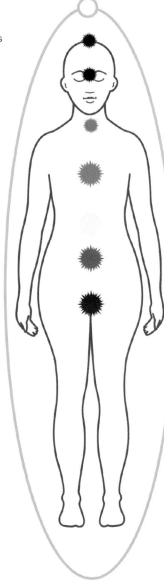

Los chakras y el cuerpo energético

Chakras en la práctica chamánica

Ocho etapas de sanación y transformación

SUSAN J. WRIGHT

Inner Traditions en Español
Rochester, Vermont

Inner Traditions en Español
One Park Street
Rochester, Vermont 05767 USA
www.InnerTraditions.com

Papel certificado por la SFI

Inner Traditions en Español es una división de Inner Traditions International

Título original: *The Chakras in Shamanic Practice: Eight Stages of Healing and Transformation*, publicado por Destiny Books, sección de Inner Traditions International

Nota al lector: El propósito de este libro es servir como guía informativa. Los remedios, criterios y técnicas aquí descritos han de complementar, no reemplazar, la atención o el tratamiento médico o profesional. No deben utilizarse para tratar una enfermedad o dolencia grave si no se ha consultado antes a un profesional de la salud calificado.

ISBN 978-1-64411-545-9 (impreso)
ISBN 978-1-64411-546-6 (libro electrónico)

Impreso y encuadernado en Estados Unidos por Lake Book Manufacturing.
El material de este texto está certificado por la SFI.
El programa Sustainable Forestry Initiative © promueve la gestión forestal sostenible.

10 9 8 7 6 5 4 3 2 1

Ilustraciones de Doreen Grozinger
Fotografías de Sham Seelenfreund

Diseño del texto de Virginia Scott Bowman y diagramación de Mantura Kabchi Abchi. Este libro fue compuesto en Sabon.

Para enviar correspondencia al autor de este libro, envíe una carta de primera categoría al autor dirigida al autor c/o Inner Traditions • Bear & Company, One Park Street, Rochester, VT 05767, y le remitiremos la comunicación.

A mi madre, Jane Alice, quien me liberó para ser mi verdadero ser, y a mi hija, Kelly Claire, que ha cautivado mi corazón para la eternidad.

Índice

Prólogo

Tarde en la noche, el oleaje golpeó de forma estrepitosa la playa de la Florida. Mientras luchaba por salir del agua creí escuchar el ruido de un tambor.. Observé hacia la tierra oscura, sin ver nada, y pensé que era una ilusión, las grandes olas resonando en las dunas y los edificios a la distancia.

Fue la penúltima noche de nuestro grupo de casi sesenta hombres y mujeres que habíamos convivido durante los últimos tres días en un taller dedicado a convertir el mundo en un mejor lugar. Acabábamos de compartir una ceremonia poderosa, conectada con la tierra de la playa, el fuego de las estrellas, el aire del viento, el agua del mar y lo que los shuar del Amazonas llaman *arutam*, los quechuas de los Andes *ushai* y los tibetanos *éter*. Este quinto elemento, que conocen todas las culturas indígenas, es una fuerza que nos permite cambiar la conciencia individual y, al hacerlo, al mundo. Al terminar la ceremonia, muchos de nosotros nos zambullimos en el Atlántico.

Yo permanecí de pie por un momento respirando el aire salado y admirando la luna que ascendía como un fantasma de las olas, casi llena, un faro anaranjado que parecía arrastrarme hacia el universo, como una confirmación física de la creencia chamánica de que estamos todos unidos, sin ninguna separación. Recordé otra noche parecida cuando don Esteban Tamayo, el gran chamán otavalo de las alturas de los Andes del Ecuador, había visto el reflejo de la luna en el océano por primera vez en su vida. "El camino del Yachak", exclamó. "El camino del chamán".

El ruido del tambor cobró fuerza. Ya no había duda en mi mente de que no eran las olas. Le volví la espalda a la luna y seguí la luz vertida en la playa hacia ese ruido. Mis ojos enfocaron una sombra que apareció y que se movía y bailaba, lentamente al principio, y cada vez más rápido al compás del tambor. Más y más rápida, doblándose en forma espiral, girando en la luz de la luna, volando por el camino del chamán.

Di varios pasos hacia esa aparición, preguntándome si había emergido de algún modo del mar hacia otra dimensión, tiempo o lugar, y sabiendo al mismo tiempo que no era así. Me encontraba en esta playa, bañada por el viento y la luna, experimentando la magia de un momento especial.

Al aproximarme, la silueta del que tocaba el tambor sentado en la arena se unió a la de la bailarina. Otras figuras enigmáticas más los rodearon. Alguien se acercó y me dio un leve codazo. "Susan Wright está haciendo bailar a los elementos", ronroneó la voz de una mujer. "Ella es increíble, ¿no?".

Había conocido a Susan como terapeuta y devota del chamanismo y el cambio de formas; había sido estudiante mía, un alma bella y llena de compasión que curaba y consolaba a quienes lo necesitaban, pero ese era un lado suyo que nunca había visto antes. Me quedé en la playa aquella noche, paralizado, mientras ella hacía bailar los elementos a la luz de la luna, acompañada por las olas y el tambor.

Después caminé con ella de regreso al hotel donde estaban alojados los participantes del taller. "Es mi pasión", dijo ella con su contagiosa sonrisa. "El baile es cambiar de forma y es terapéutico. No importan ni tu edad ni tu condición física, siempre puedes bailar de una manera u otra".

A la mañana siguiente, a invitación mía, Susan condujo el taller con la danza de los chakras. Tenía razón: ella nos enseñó movimientos fáciles para todos. No solo fue un esfuerzo vigorizante y divertido, sino también extremadamente poderoso y transformador.

Desde entonces Susan y yo hemos impartido varios talleres juntos. Para mí siempre es una experiencia exultante. Sus creaciones reflejan el significado verdadero de la *magia*. Nos llevan a nuevos niveles de la conciencia y nos empoderan para lograr metas que antes solo imaginábamos, y a alcanzar nuestros sueños más profundos.

Estoy feliz de que Susan Wright comparta ahora su magia con un público más amplio por medio de este maravilloso libro.

Lea, aprenda, goce: y cambie su propia forma y la del mundo.

JOHN PERKINS

John Perkins es reconocido por *The New York Times* como el autor del 'best seller' *Confesiones de un ganster económico*. Otras obras incluyen *Transmutación*, *El mundo es como uno lo sueña*, *Psiconavegación*, *Spirit of the Shuar*, y su más reciente obra, *The Hidden History of the American Empire*.

Agradecimientos

Me gustaría expresar mi sincero agradecimiento a todos los que han apoyado el proceso de este libro en Inner Traditions, en especial a Jon Graham, que me alentó a atreverme a profundizar tanto como pudiera para encontrar mi propia voz, y Vickie Trihy, quien utilizó su pericia creativa para organizar las complicadas canciones que salían de mi espíritu. Me emociona saber que muchas personas leerán ahora la música de este libro y cantarán sus propias canciones de belleza.

Gracias a John Perkins por sus entusiastas respuestas a las primeras semillas de este libro y por sus magistrales reacciones e incansable estímulo. ¡Este es mi árbol, John!

Gracias a todos mis maestros, estudiantes, pacientes y amigos por la oportunidad de seguir aprendiendo, depurando mis habilidades, creciendo y gozando.

El sagrado círculo de diosas vivas que me rodean llena mi corazón con poesía. Estoy profundamente agradecida por su apoyo. Gracias a Rebecca Kane, Leigh Reeves, Sara Rubin, Lynne Berrett, Robin Kupietz, Cathy Sweet, Shelley Volk, Andrea Cannistraci, Rhona Wexler, Andrea Ossip, Geri Pelliccio, Marion LoGuidice, Roberta Omin, y Kelly Jamieson. También he alimentado la memoria con quienes viven lejos, como Renie, Cat, Wendy, Mary, Bee, Naomi, Shirley, Andrea, Rivka,

Lauren, Steve, Susan, Liana, Seleka, y Hermene, o nos han dejado ya, entre ellos Betty, Frank, Margaret, Spoof, Evgen y Patrice.

Gracias a mi fuerte y dulce hermano, Kevin, por sobrevivir a la niñez conmigo y expresar interés en este libro, y a Francis, el constante y devoto padre de mi hija. Y gracias también Eric por tu paciencia, Scott por tu lealtad, y sobre todo a mi querido Mark, por tu asombroso y enorme corazón.

Gracias, Pachamama, por la vida misma y gracias a la sustancia y espíritu de los árboles que contienen estas palabras.

Introducción
Evolución de un chamán

Con frecuencia les digo a las personas que, después de mi desoladora niñez, yo debía reconstruirme con palillos y chicle, fósforos y cinta adhesiva, porque lo que quedaba de mí estaba muy fragmentado y frágil. A menudo me sentía como si estuviera armando un modelo sin herramientas ni planos. Yo me esforzaba mucho en ello, con diligencia, constancia y pasión. Y ahora estoy esencialmente reconstituida. He sido bendecida con un conocimiento práctico sobre la curación que puedo aplicar a otras personas. Como chamán, puedo apoyar a las personas solo a hacer las conexiones que yo misma he hecho; puedo llevar a las personas con seguridad solo a los lugares a donde yo ya haya ido.

Este libro describe un proceso terapéutico que ha tomado muchos años crear. Hunde sus raíces en las enseñanzas de los chamanes de las culturas indígenas, pero también integra la sabiduría derivada de culturas y orientaciones espirituales diversas. Aunque sus conceptos subyacentes del desarrollo de una crisis están tomados de la psicología occidental, las tareas que utilizaremos para analizar y resolver los desafíos proceden del enfoque centrado en la tierra del chamanismo. En efecto, estas antiguas prácticas y ceremonias van dirigidas a la sanación de heridas no cerradas que todos tenemos en nuestra historia y que nos impiden avanzar como individuos y como una cultura humana.

Como chamana, cuando envuelvo ocupo siempre a mis estudiantes en actividades experimentales antes de presentar de manera directa el tema de la clase. Esto permite que los conceptos emerjan de un punto orgánico y del propio corazón, en vez del estrecho y limitado reino de la lógica lineal. Algunas veces ofrezco en este libro esa experiencia mediante una tarea sugerida o en ocasiones llevándolos conmigo al recuento de mi propio viaje. De acuerdo con ese enfoque centrado en el corazón, y antes de explicar cómo funciona este libro y los conceptos del desarrollo que refleja, me gustaría compartir la historia de cómo me convertí en chamana.

Relato mi historia de transformación y curación para ayudarlos a imaginar cómo su propia vida puede transformarse. Ya no podemos cambiar las heridas originales que sufrimos, pero sí modificar profundamente nuestra relación con ellas. Una manera de hacerlo consiste en adoptar los aspectos espirituales y transformadores de nuestras historias.

EL LLAMADO AL ESPÍRITUS

A los chamanes nos llama el espíritu. Puesto que la profesión de chamán o curandero es sanar y por lo tanto restituir la integridad, con mucha frecuencia el espíritu llama a un chamán para fragmentar en varias piezas a la persona que era antes, de alguna manera. Al igual que el hombre de paja en *El mago de Oz* descubre en el aterrador encuentro con las criaturas simiescas poseídas; a veces solo es posible saber de qué estamos hechos después de descomponernos en piezas por obra de alguna fuerza interna o externa y esparcir nuestras entrañas por el suelo.

Mi tiempo de "hombre de paja" llegó cuando tenía veintidós años.

Ya llevaba cinco años en psicoterapia para abordar las consecuencias en cada nivel de mi ser, desde tener un padre esquizofrénico y un padrastro bipolar y alcohólico, que abusaba física y sexualmente de mí, hasta una madre perpetuamente adolescente. Para preservar mi cordura me había ido de casa a los dieciséis años. Durante los siguientes años fui masajista certificada y empezaba a tener una vida modesta y segura. En mi vida exterior había comenzado a crear la seguridad y la estabilidad que nadie me había dado.

Desafortunadamente, a mi abuela paterna le diagnosticaron entonces un cáncer hepático terminal. Aunque no la veía muy a menudo, mi abuela Betty todavía era un ancla para mí, un recordatorio de que mi bienestar le importaba todavía a alguien relativamente sano y conectado con la tierra. Ella nunca pudo permitirse ver los detalles de mi insostenible situación, pero sin duda me amaba. La vi todos los domingos durante casi toda mi adolescencia.

Mientras que el cuerpo de mi abuela se consumía, el mío también lo hacía, casi como si estuviéramos sufriendo muertes paralelas. Mi cuerpo de 1.71 m se había reducido a 64 kg. Sabía que no se trataba de anorexia porque me preocupaba mucho esa pérdida de peso y sabía que estaba adelgazando demasiado. Simplemente no podía hacer nada para detenerlo.

Al tiempo que mi abuela paterna se separaba cada vez más de la realidad, agonizando en un hospicio, yo estaba compulsivamente ocupada en lo que ahora llamo el drama del espejo. Además de ver cómo mi cuerpo perdía una cuarta parte de su peso, también observaba un proceso devastador de acné recientemente adquirido. Para muchas personas, el acné solo representa cierta vergüenza menor, pero los años de abuso físicos y sexuales sufridos en mi niñez me habían enseñado a utilizar mi cara y mi cuerpo para emplear el único poder que yo había tenido alguna vez… la seducción.

Había comenzado a modelar para una revista de moda para niñas cuando tenía cinco años, justo cuando mi padrastro comenzó a abusar de mí. Me pareció comprender que era una chica linda y que ello representaba tener un poder. Cuando maduré y necesité amor, mi capacidad de seducir me ganó atención, afecto y, en ocasiones, una relación estrecha. Estaba tratando de compensar las cosas que no había recibido de mi madre nunca.

Ahora entiendo que había muchas fuerzas en mi interior y conectadas conmigo que eran más poderosas que la apariencia de mi cuerpo y mi cara, pero a los veintidós años no lo entendía aún. Mi apariencia era lo que entonces me parecía poderosa por la forma en que la explotaba y la importancia patológica que le concede en general la cultura común.

Así que agonizaba delante del espejo por horas al día, viendo cómo se escapaba lo que yo creía mi poder y deseando morir si no lo tenía. Estaba mortificada por mi aparente vanidad, pero sin poder hacer nada al respecto. Probé las pastillas y las ineficaces pócimas farmacéuticas prescritas por un dermatólogo y seguí una estricta dieta macrobiótica. Luché, con la ayuda de mi terapeuta, por continuar con mi vida y mantener las cosas que amaba, entre ellas el yoga, el taichi, la lectura, la escritura y conocer más acerca de la curación. Era capaz de asistir a mis citas con pacientes, y algunas veces dedicarme por horas a estas actividades, pero luego acababa de nuevo ante el espejo, paralizada, encerrada en la lucha desesperada por conseguir confianza y alguna nueva imagen de mí misma que funcionara bien y se sintiera mejor que mi vieja identidad. Me di cuenta de lo difícil que era para mí mirarme y respirar al mismo tiempo (más allá de la respiración superficial necesaria para sobrevivir).

Estaba en el espejo, encerrada entre las sombras y la luz, culpándome por el acné, la pérdida de peso y la muerte de mi abuela porque necesitaba creer que tenía cierto control, y el brutal sentimiento de culpa era mejor que no tener control. Estaba aterrada, tal y como lo estaba por el abuso a los siete u ocho años, pensaba que todo seguiría empeorando... el acné, las cicatrices, la pérdida de peso... y que yo quedaría irremediablemente dañada. No sabía a dónde ir ni cómo vivir con las profundas heridas residuales de dos décadas de abuso. Mientras miraba mi reflejo desesperanzada, pensé que tal vez el daño de mi niñez ya no tenía curación.

Había crecido creyendo que mi hambre por tener migajas de afecto de mi madre, habían atraído de alguna forma las manos y boca de mi padrastro a mí a los seis o siete años, donde se quedaron atascados a nivel energético, y su pegajosa vergüenza impulsada por su arrogancia para convencerme de que esa culpa me pertenecía a mí. Nunca podía olvidarme de ese primer abrazo: el alivio inicial de descubrir que un ser humano podía ser afectuoso conmigo. Recordé con un vívido sentido de choque y traición cómo había sido consolada en cierto momento por fuertes brazos, después volcada y emocionalmente secuestrada a un lugar oscuro, obligada a compartir esta vergüenza que siempre me repugnaba, acompañada por ruidos que hasta alguien de seis años sabía que no tenía nada que ver con el afecto, y su abierta y babeante boca. Mi vergüenza de entonces y la vergüenza del pasado se juntaron.

En un primer nivel sentí como si la situación fuera culpa mía (la enfermedad de mi abuela, mi incapacidad de atenderla, mi pérdida de peso y el acné que salía de la profundidad de mi vergüenza), y ello borraba mi incipiente autoestima. La maleza emocional de la vergüenza prospera en la tierra fértil de la capacidad destruida de una niña de creer en su inherente derecho a existir. Pero en la terapia había comenzado a entender que todos los niños nacen con un derecho a existir y empecé a pensar que la culpa y vergüenza que sostenía, y de la que ya me estaba despojando, tal vez no era mía en absoluto. Comencé a sentir que había energías en mi ser que debían liberarse y transformarse. Una parte de mí estaba atrapada en el espejo, pero otra estaba saliendo.

En este punto, Michael Harner, antropólogo pionero y autor de *La senda del chamán*, entró brevemente en mi vida. Él impartía un taller con el mismo título, en el que compartía con pasión y sinceridad lo que había aprendido de la gente indígena.

Yo no había oído del chamanismo. Sabía que las tribus indígenas de Estados Unidos tenían curanderos y mi imaginación había sido cautivada por su estilo de vida, especialmente cuando, como adolescente, visité a mi abuela materna en Nuevo México donde vivía cerca de Geronimo Springs. Me parecía que la filosofía de vivir en equilibrio con la Madre Tierra tenía sentido (aunque a esa edad no podía imaginarme un mundo donde los baños no tuvieran cadena).

En su taller, Michael Harner habló de la realidad ordinaria y no ordinaria, tal y como se aplican estos términos en el mundo del chamán. Como yo lo entendía, la realidad ordinaria era el nivel de la realidad en el que resolvemos nuestras necesidades y deseos concretos con medios concretos. Por ejemplo, podemos resolver la necesidad o el deseo de comer al recolectar, cazar, cultivar o comprar en el supermercado. Es la realidad a la que el ego está más conectada. La realidad ordinaria es también un lugar lineal donde los acontecimientos ocurren de forma secuencial y el tiempo avanza del pasado al presente y al futuro. Dado que debemos satisfacer nuestras necesidades prácticas, contar con un ego saludable y una realidad ordinaria es importante.

Sin embargo, en el chamanismo no menor importancia tiene la realidad no ordinaria (el nivel de la realidad donde resolvemos nuestra vida espiritual). En este punto nuestras emociones fluyen, los corazones se abren y la mente superior se armoniza con las energías, imágenes, seres y espíritus dinámicos que fluyen por la totalidad expansiva del universo. En la realidad no ordinaria, el tiempo puede moverse en cualquier dirección para poder curar de manera simultánea el pasado, el presente y el futuro. Esta es la realidad con la cual se conecta más el Espíritu.

Este concepto fue una exploración de la realidad muy interesante para mí, tras crecer con la irrealidad de las enfermedades mentales de mis padres. La idea de tener visiones y otras imaginaciones sensoriales era muy intimidante para mí, luego de haber estado expuesta a las alucinaciones auditivas de mi padre durante toda mi vida. Pero escuchar a Michael hablar de visiones y viajes como parte de la realidad no ordinaria en su forma práctica, fundamentada, casi académica, la hizo parecer segura, natural y práctica. Él fue un gran apoyo en el taller y advirtió que yo parecía tener un talento para este proceso. Aprecié profundamente ser considerada para aprender a utilizar este regalo de una manera segura.

Estaba muy agradecida por toda la terapia psicológica que había recibido en ese período de mi vida y la continué por otros veinte años. Me proveyó enorme apoyo para sanar mi ego fracturado. Sin embargo, descubrí que también necesitaba la inmensidad, la riqueza y el poder de la realidad no ordinaria para curar mis extensas heridas. Había algo en mi alma que sabía que había seguido el camino del chamán muchas veces en el pasado.

Tan solo escuchar acerca de la realidad no ordinaria abrió el universo entero para mí. Mientras caminaba por la playa cerca de mi casa, no mucho después del taller, pasé cerca de donde estaba sentado un hombre en una gran roca. En realidad, me sentí magnéticamente atraída por sus amplios y amables rasgos mientras le escuché decir con una voz profunda y calmada: "Por fin". Fue claro para mí de inmediato que era una presencia de la realidad no ordinaria y no formaba parte de la materia física; pero lo que más llamó mi atención fue la naturalidad del encuentro y de su saludo. Me dijo que era mi guía espiritual y que había estado esperando que lo reconociera por mucho tiempo. Tal vez en algunas ocasiones lo había hecho: me pareció sumamente conocido.

Una paz profunda que no había sentido desde que era muy pequeña entró en mi ser cuando escuché su voz y su vibración dentro de mi cuerpo. Experimenté un sentido de seguridad que nunca había sentido antes. El poder gentil de su presencia me envolvió y así me ha tenido desde entonces. Este guía está conmigo hasta ahora y me ha transmitido un gran apoyo en mi conciencia por más de veinte años, cambiando entre sus formas humanas y animales.

El Águila Guía me dijo que había sido mi padre en una vida previa y que éramos una familia de curanderos. Yo viajé con él hasta las mesetas del desierto cerca del río Grande donde mis abuelos y mi madre vivieron en la década de 1980. Viajamos hacia atrás hasta más de un siglo antes de que la represa Elephant Butte Dam y el lago artificial ocuparan tantas hectáreas de desierto. En este viaje cambié de forma al desierto mismo antes de quedar sumergida bajo el agua estancada del río. Podía sentir los movimientos de las sagradas serpientes de cascabel por mi columna vertebral, mis manos como encarnación de las sagradas tarántulas, el surgimiento de la tierra y la expansión del cielo. Esta fue la primera de muchas lecciones que recibiría del Águila Guía acerca de las fuerzas que vivían dentro de mí y toda la sustentación y el amor del universo.

Mi guía espiritual me explicó que las tribulaciones de esta vida me habían puesto a prueba y que mi persistencia en el viaje para quitarme los velos de la ilusión y la adicción era en realidad una iniciación al chamanismo. Dado que había sido terapeuta de masaje por un par de años, la idea de convertirme en curandera no era desconocida para mí. Pero el chamanismo comprendía tantas dimensiones, tantas cosas desconocidas, y en consecuencia era emocionante y reconfortante, más allá de nada que hubiera conocido antes.

Me gustaba tanto la idea de la redención. Estaba comenzando a entender que mi lucha y mi pena podrían transformarse en una sabiduría positiva y ser una iniciación al mundo curativo del poder y la sabiduría chamánicos. Estaba aprendiendo a dejar la irrealidad de la desconexión del espíritu y cómo estar presente con otros en mis conexiones apenas encontradas. Me infundió la tranquilidad más grande saber que la trascendencia podía ocurrir en este nivel personal y también tener significado para el bien de todos. Pensé que tal vez esto habría sentido Malcolm X al encontrar a Alá en la cárcel.

De alguna manera, el chamanismo y su honor de la realidad no ordinaria como un mundo real hicieron que los lugares profundos a donde debía dirigirme para curarme fueran menos intimidantes. Para proseguir, mi curación se convirtió en un ejercicio en el poder de la integridad y una oportunidad de ir a lugares curativos a los que yo podría guiar a otras personas algún día. Podría hacer todo esto si Águila Guía sostenía mi mano. Yo nunca había tenido un padre antes tal y como lo necesitaba. El chamanismo me dio una esperanza que nunca había conocido, un mundo de posibilidades de creatividad infinita sin dejar de estar conectada espiritualmente con el apoyo y la protección.

Seis meses después del taller con Michael Harner se habían equilibrado un sinfín de cosas en mi ser. Alimenté mi relación con mi guía espiritual y miré mi terror desvanecerse. Recuperé algo del peso perdido y el acné disminuyó. Comencé un programa de entrenamiento de psicoterapia Gestalt y los cursos para obtener mi título universitario. Me estaba conectando más a la tierra, paradójicamente, mientras más gastaba tiempo y energía consciente en la realidad no ordinaria.

Comencé a avanzar en mi vida adulta de una manera que antes era imposible, sin muchas adicciones y comportamientos destructivos que habían causado tanta miseria en mi vida adulta temprana. De nunca haber sido atlética, porque mi cuerpo no era un lugar seguro en mi niñez, a sumergirme en el estudio del yoga y el taichi, por el cual comencé a desarrollar una relación con mi cuerpo que incluía compasión y equilibrio entre el poder femenino y sensual y la fuerza masculina y enfocada.

Por medio de mi relación con mi guía espiritual, al final tenía una relación paternal con alguien que realmente veía y conocía mi espíritu. Esto me permitió efectivamente avanzar en mi vida y entender el proceso de la curación, lo cual comenzaba a entrever como mi misión real. El Águila Guía estaba y está siempre disponible para mí cuando lo necesito, con cordialidad, ternura, sabiduría y conocimientos espirituales.

Su presencia me permitió embarcarme en el viaje más importante de mi vida: explorar y comprender completamente el proceso de curación de los seres humanos. Me tomó casi veinte años comprender por completo y expresar con claridad este proceso. Aprendí sus múltiples particularidades y sutilezas al aplicar este modelo de curación primero en mí misma y después en mi práctica clínica. Este es el proceso efectivo que comparto en este libro.

▼

Creo que cuando contamos nuestras historias desde un lugar profundo guiamos a otros en un viaje para honrar su propia historia. No comparto mi historia con propósitos sensacionalistas ni para avergonzar ni castigar a nadie. Hay violencia de sobra en nuestra cultura y no nos curamos al culpar o castigar a otros. Ya he sanado las heridas de mi niñez en gran medida por medio de las técnicas en este libro.

Por medio del conocimiento de nuestras propias heridas aprendemos a reconocer las heridas de los demás con compasión. Creamos una danza respetuosa de conexión. No puedo cambiar lo que pasó en mi niñez, pero puedo utilizar mi historia de protección, empoderamiento y conexión espiritual para crear una capa de energía curativa a través de las tareas de este libro.

ESTADOS DE EGO Y ENERGÍA

En el curso de mis meditaciones chamánicas y estudios de yoga llegó a estar claro para mí que la curación tiene un componente de desarrollo y uno de energía. Las distintas etapas de desarrollo corresponden a nuestras edades cronológicas y la capacidad de nuestros sistemas nerviosos en esas fases de procesar sucesos, información, relaciones, complejidad y traumas. Mientras trataba mis propias heridas de la niñez con la ayuda de mis guías y un terapeuta, reconocí que los efectos de sucesos o situaciones traumáticos están influidos en gran medida por la edad del individuo al momento del trauma.

Después de años de estudio con poderosos chamanes y sanadores de energía comencé a entender que los estados del ego de todas nuestras etapas del desarrollo existen en nosotros simultáneamente, en la forma de energía. En esencia existe una etapa principal de desarrollo representada en cada centro de energía o chakra del cuerpo. Esta idea me llevó a imaginar lo poderoso que podía ser guiar a las personas por un viaje secuencial para analizar todas estas etapas del desarrollo y sus posibles heridas. Podía ver cómo las diversas tareas del chamán podían ser muy eficaces para resolver las heridas relacionadas con ciertas etapas del desarrollo. En realidad, en las culturas indígenas se requieren algunas tareas de las personas en etapas apropiadas para consolidar el poder y equilibrio. Descubrí que, al tratar todas estas etapas del desarrollo de una persona, incluso una que ha sufrido experiencias traumáticas, podía producirse una integridad profunda y flexible.

Este proceso, en el cual participarás al completar las tareas incluidas en este libro, implica avanzar por los chakras de modo secuencial, desde el primero hasta el octavo. Cada capítulo describe un chakra y analiza los retos del desarrollo que representa. Por ejemplo, el primer capítulo aborda el primer chakra (localizado en la base de la columna vertebral), que promueve la energía de nuestro estado de ego desde el nacimiento hasta los seis años, justo en el momento en que desarrollamos la confianza en los demás y en nosotros mismos. A continuación, el capítulo explica y explora las tareas chamánicas que ayudan a la gente a sanar los aspectos algunas veces dolorosos, paralizantes y agotadores que pueden surgir por la falta de resolución de esta fase crítica.

LA TEORÍA DEL DESARROLLO Y LOS CHAKRAS

El componente del desarrollo de este proceso se basa en parte en una fusión de varias teorías psicológicas influyentes, que yo he encontrado válidas y útiles para mi propia curación y también para la de mis pacientes, incluidas la terapia Gestalt y la teoría de Erik Erikson sobre la crisis del desarrollo. El modelo Gestalt que yo estudié incorporó un aspecto de "análisis transaccional" que se enfoca en los tres estados del ego dentro de una persona —el niño interior, el adulto y el padre— y la acción recíproca entre estos estados del ego. En la terapia Gestalt exploramos y tratamos de curar los conflictos internos del individuo entre el niño y el padre interiores, muchas veces con el uso de técnicas de psicodrama. Este planteamiento me ayudó a entender de primera mano la dinámica de los estados del ego dentro de nosotros, al interactuar entre sí y con el mundo.

Después de años de práctica y estudio llegué a creer que existen más de tres estados del ego. Tenemos niños y adultos de muchas edades dentro de nosotros y estas edades se organizan libremente alrededor de los ocho chakras y sus correspondientes etapas del desarrollo. Puesto que el chakra es un disco energético, este sustenta energéticamente a los aspectos de su etapa de desarrollo. En mi práctica de curación y mi propio viaje de sanación he encontrado que el modelo del psicólogo Erik Erikson del desarrollo del ego y la crisis del desarrollo se adecúa con precisión a los estados del ego contenidos energéticamente dentro de cada chakra.

De acuerdo con Erikson, cada periodo o etapa de la vida de una persona requiere explorar y cumplir diferentes tareas a medida que la persona crece en términos físicos, emocionales, mentales, sociales y espirituales. Erikson se refirió a estas etapas como crisis. En *Identidad, juventud y crisis*, explica: "Cada etapa se convierte en una crisis por el crecimiento y el conocimiento iniciales en una nueva parte... junto con un cambio en la energía instintiva… también causan una vulnerabilidad específica en esa parte… la crisis se emplea aquí en el sentido del desarrollo para implicar no una amenaza de catástrofe, sino un punto de inflexión". Resolvemos la crisis cuando canalizamos con éxito y conciencia la energía y el conocimiento emergentes. Sin embargo, si nuestro ambiente no proporciona apoyo o sufrimos un trauma psicológico durante esta etapa, la crisis no se resuelve por completo y estamos menos preparados para el próximo reto de desarrollo.

En este libro, la teoría de Erikson de las crisis de desarrollo sirve como guía amplia para comprender las necesidades y los retos de los diversos estados del ego contenidos en nuestros cuerpos de energía cuando avanzamos por el ciclo de la vida*. Sin embargo, el proceso en el cual nos ocuparemos de abordar estas crisis destaca las tareas chamánicas y el trabajo con los chakras, en vez de hacer uso de la psicología occidental. Las tareas para resolver estas crisis pueden incluir viajes chamánicos o meditación, ejercicios físicos, reflexiones, diarios, ceremonias y técnicas de respiración.

Erikson creía que todas las crisis del desarrollo se podrían resolver en cualquier momento si el ambiente proveía lo necesario. Por lo tanto, todas estas crisis se resuelven constantemente en nuestro interior. Todos tenemos estas edades y etapas dentro, que exigen y proveen de modo simultáneo perspectiva, conocimiento y sabiduría. Así que utiliza este libro para continuar tu crecimiento en cada etapa a lo largo de tu ciclo vital.

SANAR A LA FAMILIA HUMANA

El proceso que experimentarás en este libro facilita la conciencia y te confiere mayor capacidad para elegir las formas que adopta tu energía a medida que desarrollas más fuerza para manifestar tus sueños. Esta conciencia expandida y el crecimiento de uno te harán capaz no solo de realizar tus sueños personales sino también tus esperanzas para el bien de todos.

---

* Mientras que las crisis de los primeros seis chakras se derivan del modelo de Erikson, las que yo atribuyo a los chakras séptimo y octavo representan mi propia extrapolación.

Con mucha frecuencia nuestros patrones de energía pueden quedar atrapados en hábitos viejos. Con ello quiero decir que nuestra energía seguirá las creencias que nos inocularon nuestras familias o nuestra cultura. Muchos de los problemas sociales provienen de aquellas creencias que la mayoría de la gente no ha puesto en duda. Que una creencia sea saludable o funcional depende no solo de si nos apoya y equilibra como individuos, sino también de sus implicaciones para el resto del planeta. ¿La creencia crea seguridad y conexión con la Madre Tierra? ¿Sustenta la creatividad, el flujo emocional equilibrado, la sexualidad saludable? ¿Facilita la pasión, la energía y el uso apropiado de la voluntad y el compromiso? ¿Equilibra las energías masculina y femenina? ¿Es sensata? ¿Está conectada de forma espiritual? ¿En cuántas de nuestras creencias culturales se cumplirían estos criterios?

Es importante revisar el sueño americano a la luz de estas preguntas. A todos los que vivimos en Estados Unidos nos ha sustentado alguna versión de este sueño. Los antepasados que vinieron aquí por su propia voluntad buscaban la libertad de expresión religiosa, política o cualquiera otra, y la oportunidad de proveer más seguridad económica para sus seres queridos. De alguna manera, este sueño auténtico sin fines de explotación llegó a ser, como un chamán observó agudamente, una fantasía del mundo como "un patio de recreo para gringos ricos". Necesitamos regresar a esta noción, tanto de manera colectiva como individual, de tal modo que concienticemos cuándo comenzamos a permitir que nuestras necesidades se satisficieran a costa de los demás en una escala tan grande.

La vida nos da oportunidades para rechazar todo lo que nos han ofrecido. Podemos estudiar lo que no parece correcto y analizarlo. Podemos preguntarnos: ¿cuánto de aquello con lo que nos han alimentado es en verdad digerible y cuánto es tóxico? Podemos encontrar al bebé y soltar el agua sucia de la bañera. Solo así tendremos la oportunidad de transformar los niveles personales e institucionales. Cuanto mayor sean los niveles de conciencia logrados, mayores y más poderosos serán los cambios de forma.

En este momento de la evolución humana es necesario sanar y estar en sintonía con la Madre Tierra, nuestro ambiente sagrado, para poder seguir existiendo como especie. Además de tener un desarrollo individual detenido, también se está deteniendo el desarrollo de la humanidad de forma colectiva. De modo trágico, ya hemos causado la muerte o el desequilibrio de muchos ecosistemas, especies de plantas y animales, y grupos étnicos.

Yo creo que esto cambiará a medida que más individuos se curen y estén más dispuestos a comprender los efectos que causamos. Una vez que una persona se incorpore a la curación y la integridad, podrá entender profundamente cómo es posible convivir con respeto mutuo y ejercer un efecto positivo sobre el mundo. Tal vez por medio de la conciencia y la compasión podamos utilizar nuestras energías de manera conjunta para mejorar la experiencia colectiva de la humanidad. Podemos vivir en equilibrio con la Madre Tierra, los cielos, la divinidad femenina y masculina, y todos los seres y espíritus en cualquier lugar. Mi deseo sincero es que este libro sea una ayuda en tu viaje hacia la sanación y un apoyo para todos los seres y espíritus mientras danzan en el delicado equilibrio con todos los demás seres y espíritus.

1
La tierra es nuestra madre
Un viaje a la confianza

La oportunidad de estar presente y de forma consciente en el nacimiento de mi hija representó la cumbre de mi existencia. Exigió que viajara al lugar más profundo de mi alma. Finalmente pude conocerme plenamente como diosa, disipando por fin los efectos de todas las imágenes y los conceptos limitantes de la feminidad que la cultura occidental me había impuesto. Por fin pude integrar mi sexualidad curativa con algo magnífico y poderoso. Aprender que una vagina no es solo una abertura húmeda y maleable de éxtasis, sino también un canal de nacimiento con músculos asombrosamente poderosos para empujar con éxito a un bebé hacia un nuevo universo, fue un regalo para mi psique femenina, antes fragmentada.

El cuerpo realiza una danza complicada y paradójica, un contrapunto de estiramiento y contracciones, para llevar al bebé desde la cueva del útero hacia el aire libre para su próxima etapa del desarrollo. Yo pasé la fase más intensa del parto —la transición, cuando el cuello del útero se abre con mayor rapidez— en la ducha. Mientras que el agua salpicaba mi cuerpo, los gemidos surgieron desde lo profundo de la tierra por mi vientre, vibrando a través de mi garganta, proyectando un eco a las paredes para llenar mis oídos. A medida que se abrían todos los canales del nacimiento, estuve lista para soltar a mi niña de una forma para poder recibirla de otra.

En la concepción, el embarazo, el nacimiento y la alimentación del niño, una mujer trabaja de la mano con el Espíritu y la Madre Tierra.

▼

Este libro es una invitación a dar a luz nuevamente a ti mismo y a curar las heridas psíquicas del pasado que requieran tu amorosa atención. Tu mapa para realizar ese viaje hacia la sanación será la representación de los chakras y el cuerpo de energía (fig. 1.1). Los chakras son discos

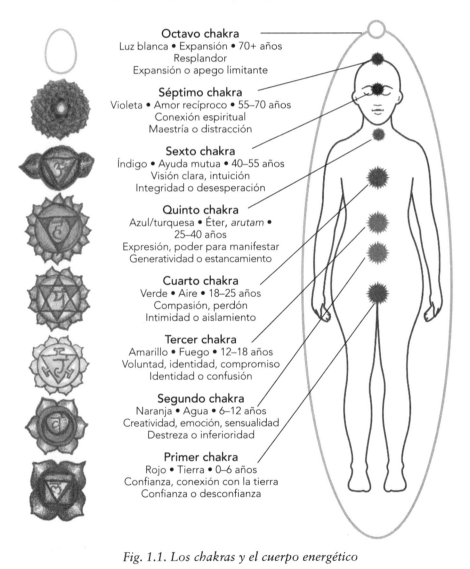

Octavo chakra
Luz blanca • Expansión • 70+ años
Resplandor
Expansión o apego limitante

Séptimo chakra
Violeta • Amor recíproco • 55–70 años
Conexión espiritual
Maestría o distracción

Sexto chakra
Índigo • Ayuda mutua • 40–55 años
Visión clara, intuición
Integridad o desesperación

Quinto chakra
Azul/turquesa • Éter, *arutam* •
25–40 años
Expresión, poder para manifestar
Generatividad o estancamiento

Cuarto chakra
Verde • Aire • 18–25 años
Compasión, perdón
Intimidad o aislamiento

Tercer chakra
Amarillo • Fuego • 12–18 años
Voluntad, identidad, compromiso
Identidad o confusión

Segundo chakra
Naranja • Agua • 6–12 años
Creatividad, emoción, sensualidad
Destreza o inferioridad

Primer chakra
Rojo • Tierra • 0–6 años
Confianza, conexión con la tierra
Confianza o desconfianza

Fig. 1.1. Los chakras y el cuerpo energético

energéticos relacionados con lugares específicos del cuerpo. La energía colectiva generada por los chakras, a medida que estos giran, rodea nuestro cuerpo físico con un radio de hasta un metro. Esta envoltura radiante de energía se denomina cuerpo energético.

Según indica la tradición, cada uno de los chakras se relaciona con un color específico, un elemento o energía esencial dinámica y una fuerza espiritual. Además de mostrar la ubicación de los chakras en el cuerpo energético, la figura 1.1 también señala los atributos comúnmente reconocidos de cada chakra, así como algunos nuevos atributos que he descubierto en mi práctica. Por último, la imagen muestra las edades del desarrollo específicas y las crisis que he encontrado materializadas en cada uno de los chakras. A medida que avances en los capítulos, se irá aclarando el significado de todas las propiedades de los chakras.

Nos conectamos energéticamente con la Madre Tierra por medio del primer chakra, el cual gira alrededor del coxis y el piso pélvico (véase la fig. 1.2). A través de este chakra sentimos esa conexión de nuestro cuerpo con el de la tierra. Esta unión constituye la fundación de nuestra relación con la divinidad femenina. Este centro también se relaciona con el elemento de la tierra, la solidez relativa de nuestra realidad física.

El primer chakra contiene los aspectos de las primeras etapas del desarrollo, en términos de energía, desde el nacimiento hasta los seis años. Este periodo comprende las primeras tres crisis del desarrollo que identificó Eric Erikson y que ocurren en todos los niños, todas vinculadas con la confianza, primero en relación con otros y después con uno mismo.

La primera crisis, confianza o desconfianza, aparece entre el nacimiento y el primer año de edad. El objetivo es que el niño desarrolle confianza en relación con su ambiente. Si sus padres son seguros, amorosos y buenos proveedores, el niño resolverá esta crisis con éxito. En caso contrario habrá traumas y heridas, y la crisis tendrá que resolverse de alguna manera más tarde en el ciclo de la vida.

La segunda crisis del desarrollo es la autonomía versus la vergüenza y la duda. Esta crisis surge en niños de dos a cinco años. En esta etapa comenzamos a aprender sobre la separación saludable y la autonomía cuando salimos y exploramos el mundo por cuenta propia, regresando periódicamente a las afirmaciones calurosas y amorosas, y al afecto. Si un niño no tiene permitido salir y explorar, si se le abandona a un grado extremo, o si se le hace sentir miedo o vergüenza de su deseo de explorar el ambiente, podría existir una falta de resolución de esta crisis del desarrollo.

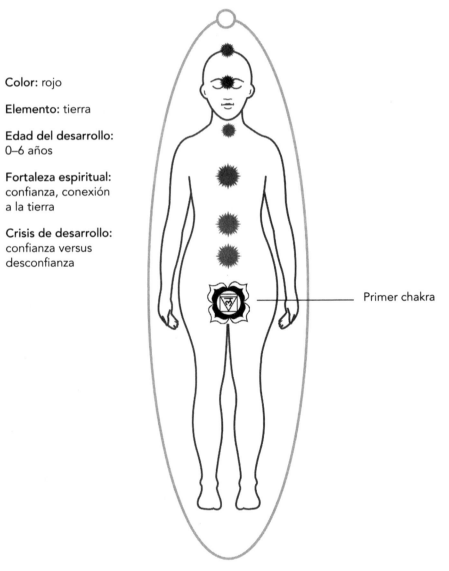

Color: rojo

Elemento: tierra

Edad del desarrollo: 0–6 años

Fortaleza espiritual: confianza, conexión a la tierra

Crisis de desarrollo: confianza versus desconfianza

Primer chakra

Fig. 1.2. Primer chakra

La crisis final del desarrollo representada en este chakra es la iniciativa versus la culpa. Esta es una consecuencia directa de la crisis previa y ocurre entre las edades de cuatro y seis años. Si un niño tiene un concepto positivo de sí mismo, podrá iniciar actividades, expresar creatividad y asumir responsabilidades, e idealmente será apreciado por estas acciones. Si el niño es castigado por su actividad independiente, experimentará culpa.

La confianza en uno mismo se desarrolla a través de la autorreflexión adecuada. La reflexión sana ocurre cuando un padre ve los sentimientos y las reacciones de su hijo ante la vida y, de un modo respetuoso, le hace saber que tales sentimientos y reacciones son reales y comprensibles. Reflejarse en él es verlo con los ojos del corazón y tener compasión por su experiencia, validando la vida interior del niño y su visión de la realidad.

Para equilibrar y curar el primer chakra en la base del cuerpo de energía es necesario enfocarnos en varios aspectos, entre ellos la confianza en otros y en nosotros mismos, la relación con nuestro cuerpo y la naturaleza, y la conexión con la divinidad femenina. Nuestros espíritus son liberados para caminar sobre el cuerpo de la Madre Tierra, primero por medio del cuerpo de nuestras madres biológicas y luego por el viaje sagrado y milagroso del nacimiento. Por lo tanto, para comenzar nuestro viaje hacia la confianza es importante curar nuestra experiencia o trauma de nacimiento y conectarse con el proceso de nacimiento como el nuevo comienzo de cada momento. También es importante reconectarse con esta etapa del desarrollo al invocar nuestros recuerdos más tempranos y conexiones con nuestros primeros cuidadores. Al hacer un ejercicio de evaluación sobre cómo pudimos haber experimentado la vida en ese momento y qué tan fácil o difícil nos resultó confiar, podremos hacernos una idea de cómo abordar los ejercicios en este capítulo para ampliar nuestra confianza en nosotros mismos y en los demás.

RECONECTARSE CON NUESTROS PRIMEROS RECUERDOS

La experiencia dentro del vientre es tal vez la más común que tenemos como seres humanos. Independientemente del ambiente o las vivencias de nuestra madre, algunos aspectos de la experiencia intrauterina son universales: su oscuridad sagrada, el líquido tranquilizador, el ritmo calmado y constante de los latidos maternos y la calidez de su temperatura corporal. El útero tiene verdaderamente un diseño sagrado. Es el lugar donde las limitaciones de una madre menos interfieren con el amor que transmite a su hijo y su desarrollo saludable. Este es el sitio donde nuestras necesidades se satisfacen antes que sepamos que las tenemos.

Las culturas antiguas descubrieron que recordar esta experiencia positiva era profundamente curativo y enriquecedor. Muchas culturas todavía practican rituales que evocan esta experiencia, a menudo en estructuras que simulan el útero, como los kivas de las etnias pueblo y hopi. Ciertos tipos de meditación y la práctica espiritual oriental imitan la experiencia física o sensorial de la matriz —por ejemplo, enfocarse en el latido del corazón en la posición de niño en el yoga (sentado sobre los talones e inclinado hacia delante, con el abdomen apoyado sobre las rodillas o entre ellas). Los tanques de flotación o privación de sensaciones de las décadas de 1970 y 1980 también recrearon la experiencia intrauterina. Si todos pudiéramos reconectarnos con la sensación de tener todas nuestras necesidades satisfechas porque provienen de una fuente sagrada, nunca habría motivos para agredirnos entre nosotros ni a la Madre Tierra.

El nacimiento de mi hija me conectó íntimamente con el poder uterino, y el de la Madre Tierra, para inculcar la confianza en cada niño y sanar la inseguridad en quienes han experimentado un trauma. Después de superar la fase final del primer trimestre del embarazo, cuando tenía náuseas todo el tiempo, realmente disfruté estar embarazada. Mi cuerpo revelaba una capacidad distinta a la de ser confinado o limitado. Se encontraba expandiéndose, milagrosa y afortunadamente, con una nueva vida y energía. Paradójicamente, mientras mi cuerpo crecía hacia el mundo y mi energía externa viajaba hacia el cosmos llevando sueños nuevos del futuro, yo me enfocaba hacia mi centro generador interior y luego hacia el centro de la fuerza energética creativa de vida de la Madre Tierra.

Disfruté sostener y acariciar el enorme, duro y carnoso globo de mi abdomen, que contenía el milagro de la vida. Mis senos crecieron y se hincharon, listos para producir alimento con el cual nutrir a mi niña cuando llegara su momento de salir. Mientras la tierra continuaba girando sobre su eje cada día que pasaba, yo me adentraba de forma espiral en el jardín sagrado, conociendo cada vez más el lugar cálido, exuberante y profundo de sangre y luz.

Intentaba percibir qué significaba para mi hija estar en mi vientre. ¿Se sentía apoyada y amada? ¿Había suficiente espacio? ¿Trataba de ponerse más cómoda cuando se movía o solo probaba una nueva parte de sí misma que ya se había desarrollado por completo? En la noche cuando me acostaba a dormir, ¿danzaba un antiguo y sagrado baile que solo conocen los niños en el vientre materno? ¿Quién era ella?

Todavía puedo sentir a mi hija, acurrucada en su inmaculado saco amniótico, saliendo de mi útero. Había mucha presión cuando entró y pasó por el conducto vaginal. Requirió mucha concentración e intensidad pujar para expulsar el agua que la acunaba e impulsar su cabeza. Recuerdo la fuerte y resbalosa fricción de sus hombros y el alivio cuando, finalmente, nadó a través y salió de mí, el más pequeño de los delfines, hacia el aire. Sus dulces gemidos me dijeron que finalmente había dado a luz. Estaba agotada y eufórica sosteniendo a mi niña preciosa. Nunca antes había visto a un ser humano "tan nuevo".

En el útero, las necesidades de un niño se satisfacen sin que este lo pida. Esta es una parte vital de la primera crisis del desarrollo porque, a menos que existiera abuso de drogas u otra acción invasiva, todos tenemos una experiencia en nuestros cuerpos y seres de que la confianza era segura y posible.

La primera tarea en este capítulo te permitirá viajar de regreso al útero y recrear o tal vez reinventar lo que experimentaste en esta crítica transición. Tal vez quieras preguntarles a tus padres u otros cuidadores, si están vivos, lo que recuerdan o saben de tu nacimiento, como por ejemplo si el parto fue vaginal o por cesárea, natural o asistido con fármacos, en casa, un centro obstétrico o un hospital, instrumentado o no. Con base en algunos de estos detalles y lo que conozcas sobre tus padres biológicos, es posible imaginar qué debiste sentir al nacer.

La experiencia de mi madre de mi nacimiento fue muy distinta a la mía en el nacimiento de mi hija. Mi madre, envuelta en un sueño "crepuscular" producido por las drogas, no se acuerda de ningún detalle de mi nacimiento. Como era habitual en 1960, mi padre no estaba en la habitación. El nacimiento era un procedimiento médico con anestesia, fármacos e instrumentos. A los veintitrés años mi madre era una diosa desapoderada, y mi padre un dios inconsciente. Es una lástima que no estuvieran presentes para observar este verdadero milagro y verse confirmados en el glorioso misterio de la creación de la vida. Si hubieran estado, mi comienzo habría sido distinto.

Es posible que necesites curación para tu trauma de nacimiento, o quizá no. En cualquier caso, puede ser provechoso reconocer los aspectos espirituales de este sagrado suceso. Esta siguiente tarea puede ayudarte a sanar el trauma de nacimiento y asistirlo para honrar el comienzo sagrado de tu vida.

Si tu experiencia con tu madre no fue positiva, este ejercicio puede resultar difícil. En un momento de mi terapia me imaginé durmiendo plácidamente dentro de un tulipán cerrado. Era un lugar suave y tierno. Un paciente mío traumatizado solía acurrucarse en la cama junto a un osito de peluche que emitía los ruidos intrauterinos mediante un botón, incluido el eco del latido cardiaco a través del líquido amniótico. También he trabajado con personas que se han imaginado cuevas muy cómodas. Esta tarea puede ayudarte a sentirte sostenido con amor mientras vuelves a nacer en el presente.

No te preocupes si esta tarea te resulta difícil. Puede requerir varios intentos antes de que logres estar por completo presente en el proceso para que sea curativo. Las tareas posteriores también pueden darte la comprensión y protección espiritual necesarias para que un viaje al útero se sienta seguro y posible. Haz lo mejor que puedas mientras avanzas por las tareas y el viaje completo de este libro.

❧ Primera tarea: un viaje al útero

Trata de imaginarte en un espacio como el útero. Si la experiencia con tu madre fue positiva, es posible que quieras volver directamente a su útero. Es mejor no ser biológicamente precisos, sino más bien artísticos. Esculpe un útero holográfico en tu imaginación con todos tus sentidos. Imagina el líquido cálido y sedante, la protección de la sobreestimulación, la vibración del latido cardiaco. Date cuenta de que tienes todo lo que requieres en este momento. Todo lo que necesitas será provisto. Puedes relajarte por completo.

Algunas veces es mejor recrear la experiencia en el ambiente físico. Cubrirse con una manta suave en una habitación relativamente oscura y acogedora puede funcionar bien, al igual que un baño tibio en un cuarto cálido con una almohada inflable. Si no te gustan los espacios cerrados, no hay motivo para que el útero no sea espacioso. Siéntete libre de crear tu espacio uterino, interna y externamente, de una manera que te haga sentir nutrido y provisto.

Después de cinco a veinte minutos, cuando estés listo para salir del útero, permítete un proceso de nacimiento apacible. ¿Hay movimientos o sonidos que necesites o quieras hacer? Con suavidad y gentileza, mientras abres tus ojos, observa aquello que te nutre en tu ambiente externo. Puede ser cualquier cosa, como plantas, la luz entrando por las ventanas, tus mascotas, velas, obras de arte en las paredes, un altar sagrado, o una fotografía de tus amigos. Da las gracias por todo lo que te sustenta mientras recibes la bienvenida de vuelta a la realidad ordinaria. Si no parece haber suficiente para nutrirte, debes saber que este libro te guiará en la dirección del autocuidado y te ayudará a crear más conexiones. Quizás desees tomar agua, jugo o té.

Escribe en tu diario cómo te sentiste durante este proceso y, tal vez, cómo fue el viaje en comparación con lo que sabías de la experiencia uterina original y del nacimiento.

❧

La próxima tarea nos llevará de regreso a nuestros recuerdos más tempranos. Los míos incluyen a mi padre, Frank, llevándonos a mi hermano y a mí al Planetario Hayden en la ciudad de Nueva York. Algunas veces las excursiones educativas de mi padre no fueron nada provechosas para mí porque me aburrían y me causaban dolor de cabeza, pero el planetario me dio un poderoso conocimiento a mi alma joven. Fue allí donde sentí por primera vez la integridad de la Madre Tierra y su preciosa forma redonda: el globo.

Al ver nuestro sistema solar entendí que la Tierra era redonda como los otros planetas, girando en órbita alrededor del calor del sol. Entendí los ciclos de noche y día mientras giraba sobre su propio eje. Comprendí cómo pasa un año mientras viaja alrededor del sol, dando origen a las estaciones que desfilan una tras otra. Había cierta sensación de placidez de ver cómo la humanidad era parte de esta danza exacta de planetas, satélites, estrellas, meteoritos y espacio que se movían en patrones que creaban ciclos. Las improvisaciones de la aleatoriedad y el caos eran modificadas por la coreografía celestial.

Podía sentir de alguna manera que, en esta enorme esfera de inimaginables proporciones, todo el mundo y todas las cosas eran iguales, dado que era un inmenso globo en vez de una escalera o una pirámide. Yo sabía que la tierra y el césped de los jardines de mis abuelos estaban en algún lugar del globo en una ciudad llamaba Yonkers; y que había muchas otras ciudades por toda la inmensa circunferencia del mundo donde otras niñas vivían rodeadas por tierra. Sentí el poder, la diversidad y la integridad de la Madre Tierra, sus habitantes y sus criaturas. Sentí la magia de una vida conectada a la tierra. Al conocer su riqueza y su conexión con el universo entero, se profundizó también mi conexión con ella cada vez que veía piedras y árboles. Me imaginé sosteniendo el globo en mis brazos, como si yo fuera una diosa que podía protegerla, mientras ella me sostenía a mí.

Otros recuerdos de mis padres son agridulces. Algunas veces mi padre nos llevaba a exposiciones de monedas. Él y mi hermano coleccionaban monedas de plata de veinticinco centavos y otras denominaciones. El dinero no tenía significado para mí en preescolar, pero me aferré a esa preciosa moneda que representó el amor de mi padre. Esto no era sencillo.

"Cara": sonreía y me decía "Tú eres mi amor, preciosa", con ojos inundados de amor que parecían flotar entre la piel que los rodeaba. "Sello": con su ceño fruncido y cara enardecida, mostraba su ira contra las voces que solo él escuchaba y lo atormentaban. Los maldecía: "¡esos idiotas malditos y necios!" y su madre contestaba "¡Jesús, María y José!", como si conociera a la Sagrada Familia en persona. Ella le suplicaba repetidamente que parara, como si en verdad eso hubiese estado en sus manos.

Mi madre era una mariposa bella e impaciente; las alas suaves de su pelo color café usualmente cubiertas y difuminándose en un capullo de humo de cigarro. Parecía estar siempre volando a Nueva York a bares y fiestas, a los Hamptons, Fire Island y al trabajo, sin ver la flor de mi corazón. No había manera de atraerla con mi dulzura, así que la miraba desolada, anhelosamente, sintiéndome no merecedora de su atención. Mi necesidad por ella siempre fue intensa y, cuando ya no soportaba más su ausencia, me refugiaba en mi imaginación y mi conexión con la Madre Tierra.

Todos estamos alimentados por la energía materna y la paterna. Es importante explorar cómo y dónde nos conectamos con ambas energías, y cómo internalizamos esa conexión. La siguiente experiencia es una oportunidad de explorar cómo era tu vida de niño y cuán confiable era tu ambiente en realidad. Puesto que esta tarea es una especie de viaje a tu pasado, sé gentil contigo mismo y avanza lentamente si tu niñez fue dolorosa. Busca a un terapeuta o chamán si necesitas apoyo.

❧ Segunda tarea: recordar tu vida más temprana

Te invito a recordar a tus padres y otros cuidadores tal y como eran cuando te hallabas en esa primera etapa del desarrollo y a escribir un diario sobre tus experiencias generales y específicas con ellos. Pregúntate, "¿Cómo me ayudaron a desarrollar la confianza en otros y en mí mismo? ¿De qué modo lo hicieron difícil?".

Invoca tus memorias de la infancia, cuando eras muy pequeño, y toda tu niñez. Es posible que conserves muchos recuerdos vivos y maravillosos que te inunden al pensar en tus allegados de este entonces.

Por otro lado, también he trabajado con muchos pacientes que tienen pocos o ningún recuerdo de esta etapa del desarrollo. Muchas veces esto se debe a que no había suficiente seguridad en el entorno. Si no recuerdas con facilidad, puede que existan historias de tu infancia que hayas escuchado en reuniones familiares. ¿Qué dicen estas memorias o cuentos de ti y de tu dinámica familiar?

A algunas personas les ayuda ver fotografías de sí mismos y de sus familias en esta etapa del desarrollo. Siéntate, contempla esas imágenes, fíjate en los detalles, y respira. ¿Cómo interactuabas con tu familia en estas fotografías? Percibe cómo te pudiste haber sentido. Para activar todos tus sentidos al momento de recordar puede ser útil escuchar la música que era popular entonces, visitar la casa de tus padres o saborear comidas de la infancia. ¿Tuviste otros cuidadores que no fuesen tus padres, fuiste educado en una religión influyente o tuviste oportunidad de conectarte con la Madre Tierra? Encuentra las riquezas y los desafíos.

Imagínate cuando eras un bebé, siendo abrazado o llevado al seno materno, cuando comenzaste a ingerir comida sólida, cuando caminaste, hablaste, jugaste, cuando fuiste al preescolar. Permite que aparezcan las imágenes multisensoriales de tu niñez, que se propaguen y se mezclen mientras las anotas en un diario con un mayor conocimiento de cómo fue tu vida durante tu infancia.

❖

LA CONEXIÓN CON LA MADRE TIERRA

He aprendido por experiencia que no es posible sanar sin *kundalini*, o energía divina femenina, que irradia desde el centro magnético de la Madre Tierra. Canalizamos la energía divina femenina, también llamada energía *yin*, por medio de nuestro primer chakra. Hay muchas tareas importantes que pueden ayudarnos a fortalecer y sanar nuestro primer chakra.

La Madre Tierra siempre ha sido y seguirá siendo conscientemente amorosa. La fuerza de gravedad representa su continuo abrazo. Protege nuestros cuerpos físicos de no salir volando hacia el espacio. Nos ama y nos mantiene cerca, en su hermoso paisaje. Nos alimenta. Nuestros refugios, ropa, medicina, vehículos de transporte y otros bienes materiales, incluidos los "materiales sintéticos", proceden originalmente de ella. La Madre Tierra es amorosa, abundante y generosa, y aunque lo olvidamos con frecuencia, estamos hechos y nos continuamos rehaciendo todos los días en su magnífica imagen por medio de nuestras células regeneradas. Es vasta y tiene espacio en su conciencia para todos nosotros. Puesto que siempre está amorosamente presente y es una proveedora maravillosa, conectarse con la Madre Tierra nos da la oportunidad de sanar muchos de nuestros problemas relacionados con la confianza.

Al conectarnos con la Madre Tierra, nos llenamos de una forma muy profunda. Vemos la vida en equilibrio y aprendemos a confiar en el proceso natural de la vida, incluido nuestro proceso humano vulnerable y muchas veces difícil de aceptar. Si incorporamos a la Madre Tierra en nuestros corazones, podemos comenzar a sentirnos profundamente cuidados y seguros, disipando nuestra codicia. Sanamos la codicia porque no hay nada que podamos tener más profundo que esta conexión con la conciencia de la Madre Tierra. Si sanamos la codicia, la raza humana en general se curará porque ya será innecesario explotarnos a nosotros mismos, a otras criaturas o al medioambiente. Debemos sanar la codicia, pues de otra manera nuestra descontrolada avaricia hará que nuestra madre sea inhabitable para la vida humana. Si todos en este planeta hicieran la siguiente tarea, en poco tiempo todos los temas, a todo nivel, se resolverían de forma muy diferente.

Como mis padres hicieron el tema de la confianza todo un desafío, durante mi infancia quise conectar con la Madre Tierra. Los cuentos favoritos de mi madre sobre mi infancia relatan que me quedaba dormida sobre la Madre Tierra o comía tierra. Todavía puedo sentir la arena en mis dientes. Estoy segura de que estaba buscando una conexión segura, ya que los niños de esa edad se conectan por medio de la boca. Tal vez por el caos y las pérdidas que estaba experimentando, me sentía atraída directamente por la Madre Tierra para hallar consuelo cuando tenía un año de edad.

En ese tiempo, mi madre enfrentaba la enfermedad mental de mi padre en su manifestación más grave y se vio obligada a confinarlo en un hospital, luego de amenazar con matarnos a todos. Esto la dejó preocupada, atemorizada, empobrecida, e indispuesta para mucho más que llenar mis necesidades físicas más esenciales. Poco después del internamiento de mi padre se divorciaron. Antes de que yo tuviera dos años, nos mudamos a la casa de mi abuela, Margie. Tengo recuerdos vivos del patio de su casa. Recuerdo mi amor por los árboles, especialmente mi amigo el manzano silvestre, que me sostenía en sus ramas. Era del tamaño perfecto para mí, con ramas bajas por las que podía subir fácilmente y cubrirme. Las diminutivas manzanas silvestres, no comestibles, me parecían mágicas, como la comida preferida de las hadas. Allí la menta crecía salvaje y el pasto suave olía a fresco. Mi abuela me parecía la Madre Tierra. Era dulce, poco pretensiosa, y era la cuidadora de la tierra.

Sin mi abuela y su tierra no podría decir con certeza que estaría aquí hoy. La tierra, los árboles y mi abuela eran y son guías espirituales magníficos que vivieron y continúan viviendo en mí. Ellos vieron mi valor y energía esencial de fuerza vital. Eran espejos poderosos en una etapa del desarrollo en la que los espejos son cruciales. Al vivir con Margie hasta los seis años, pude recibir un gran apoyo para fortalecer mi ego en esta etapa del desarrollo.

Si no realizas ninguna otra actividad en este libro, por favor lleva a cabo esta tarea vital. Activará tu primer chakra y te conectará con la Madre Tierra.

❧ Tercera tarea: masajear la tierra con los pies

Todos los días, da un paseo sobre la Madre Tierra y percibe su santidad. Aun si caminas por el pavimento o te mueves sobre ruedas por tu apartamento debido a una limitación física, ella siempre se encontrará debajo y alrededor. Percibe esto al moverte, siente el césped, la tierra, la arena, las capas de piedras, el agua y el magma profundo que está debajo.

Camina unos minutos si puedes. Pero incluso si tan solo lo haces por cinco minutos, hazlo con todo tu ser. Regresa tu estado de conciencia a la Madre Tierra una y otra vez. Siente cómo tus pies la masajean y siente cómo ella masajea tus pies. Percibe su amor por ti en todas las delicias que le ofrece a tus sentidos. Transmítele tu amor. Déjate llevar por su belleza y por la tuya propia.

En algún momento puede ser importante para ti encontrar un lugar sagrado al aire libre al que puedas acudir todos los días, una vez a la semana o durante los ciclos lunares. Puede ser que decidas incluso realizar una peregrinación a un lugar sagrado de vez en cuando. Repetir tus visitas al mismo lugar con regularidad promoverá una intimidad y confianza, profundizando tu relación sagrada con la Madre Tierra.

⟡

Si encontraste este último ejercicio difícil de realizar, posiblemente haya bloqueos en tu campo energético o alguna dureza alrededor de tu corazón. Muchas veces, nuestros corazones se han endurecido tras sufrir heridas profundas o ser lastimados. También tendemos a expulsar estas experiencias difíciles de nuestra conciencia para poder continuar con nuestras vidas. Tómate el tiempo necesario para despejarte y calmarte con la siguiente tarea mientras que profundizas tu sentido de conexión seguro con la energía de la tierra, devolviendo la confianza a tu corazón, tu cuerpo y tu ser.

Esta limpieza funciona no solo en nuestros cuerpos físicos sino también en los energéticos. Nuestro ser no termina con la piel, sino que se extiende energéticamente al espacio alrededor de nuestro cuerpo. Este campo de energía se puede describir como un aura que nos rodea e irradia hacia fuera de nuestros cuerpos mediante el giro no solo del primero sino de todos los chakras.

❧ Cuarta tarea: limpiar y sanar con la energía kundalini

Durante tu paseo diario, haz una pausa y mantente de pie en la Madre Tierra. También puedes hacer esta tarea sentado si es necesario.

1. Desliza tus manos hacia abajo por tu cuerpo o campo de energía desde la cabeza hasta las puntas de los dedos de los pies. Puedes tocar tu cuerpo con tus manos y las yemas de los dedos, o recorrer tu campo de energía a unas pulgadas del cuerpo, o bien aplicando una combinación de las dos técnicas. Tus manos pueden moverse rápida o lentamente. Comienza a soltar preocupaciones y tensiones, agudas y crónicas. Pon tus pies sobre la Madre Tierra y suelta toda la energía atrapada. Puede que necesites patalear o emitir exclamaciones para soltar este exceso tóxico. Hazlo con la parte frontal de tu cuerpo y luego por detrás lo mejor que puedas, haciendo contacto con la mayor parte de tu cuerpo y campo energético posible.

   En algunas áreas sentirás densidad en tu campo energético. A medida que concientices esto percibirás una especie de grosor en estas áreas; tal vez sea más difícil desplazar tus manos por estos lugares. Estas áreas más densas son lugares de estrés, tensión o trauma. Muchas veces, el área superior de los hombros se encuentra congestionada y debe despejarse. Dedica tiempo a disipar la tensión acumulada en los hombros. Presta atención a la acumulación en tu mente y la tensión que circunda tu corazón. Agita las manos enérgicamente y libera todas las tensiones hacia la Madre Tierra. Puedes agitar tu cuerpo entero para liberarlas. A la Madre Tierra le gusta recibir nuestra densidad y nuestros estados emocionales cargados. Ella transforma la energía en poder.

2. Después de una breve pausa para confirmar que te has desprendido de toda la tensión posible, absorbe la energía *kundalini* de la Madre Tierra. Recoge la energía de la Madre Tierra como si recogieras agua con las manos de un riachuelo de la montaña, respirándola, absorbiéndola y bendiciéndote mientras te refrescas, vertiéndola sobre

todo tu ser. Siente cómo te llenas de energía fresca. ¿Dónde identificaste tensión, trauma o estrés en el último paso? Absorbe la rica y curativa energía de la profundidad de la Madre Tierra hasta donde lo necesites. Llénate de ella.

3. Tómate otro momento para sentir. ¿Se ha abierto un poco más la conexión con la Madre Tierra? Bebe y nútrete profundamente de esa energía.

4. Agradece. Es importante expresar tu aprecio por todos los seres, espíritus y fuerzas que nos infunden apoyo espiritual en nuestro viaje.

❖

Después de establecer la práctica de caminar y conectarse con la Madre Tierra, puedes pedirle un objeto sagrado, o *huaca*. Mi *huaca* favorito de la tierra es una piedra de un cañón sagrado en San Carlos, en México, cerca de la casa de mi madre. Hay mundos enteros dentro de esta piedra, que proceden del lugar de origen de los indígenas yaquis de México. Hay hermosos y nebulosos cristales en su centro que me atraen hacia su profundidad. Puedo comenzar a sondear las profundidades de la Madre Tierra mientras mi conciencia penetra amorosamente su complejidad. Encuentro la tranquilidad y el poder profundo en su centro. Otras capas de la piedra parecen ser de arcilla petrificada, arena, madera del desierto y piedra de las montañas que surgieron del submundo de la tierra. El agua del cañón parece correr entre los cristales. La redondez de esa piedra parece sugerir la circularidad del mundo entero. Hace resonar el eco del cañón cuando la acuno en mis manos.

Puedes llevar tu *huaca* de la tierra dentro de tu kit de medicamentos, que será el recipiente sagrado de tus objetos sagrados y demás aliados de sanación. Puedes llevar este kit como apoyo energético y de protección. Tal vez en algún momento utilices algunos de sus contenidos para ayudar a otros a sanarse. Mientras utilices este libro, se te puede presentar una bolsa o algún tipo de recipiente para guardar estos objetos sagrados.

❖ Quinta tarea: encontrar un objeto sagrado de la tierra

Camina por un lugar que sea poderoso y hermoso para ti. Ten presente que la intención de esta tarea es invitar a tu *huaca* de la tierra a revelarse ante ti. Debe ser algo que te recuerde al elemento tierra y mantenga su poder.

Este objeto sagrado debe captar tu atención. Cuando creas que ha hecho contacto contigo, pregúntale a este objeto sagrado si realmente te pertenece. Si es así, levántalo y sostenlo con reverencia. Aunque pueda sentirse tonto al principio, comienza a dialogar con él. Abre los canales de comunicación. Pregúntale si tiene un mensaje para ti sobre tu viaje espiritual. Escucha la respuesta. Podrás recibir nuevas perspectivas y sus respectivos desafíos de tu viaje mientras sostienes tu *huaca* de la tierra. Es posible que comiences a sentir que te hayas en compañía de un aliado espiritual.

Agradece a tu *huaca* de la tierra por su presencia en tu vida y al Espíritu por traerla hasta ti.

❖

Mantenerse conectado de modo consciente con la naturaleza es, tristemente al parecer, contrario a la cultura occidental moderna. Es muy difícil dentro de nuestras estructuras de poder y mentalidad masculinas admitir nuestra dependencia total de ella, nuestra Madre Tierra, aunque no podemos mantener nuestra existencia física sin ella. En nuestro miedo a la dependencia, nos hemos enfocado exclusivamente en Dios, el padre todopoderoso. Hemos deificado el *yang* (la fuerza vital masculina del cielo) al costo del *yin* (la fuerza vital femenina de la tierra), creyendo que debemos sacrificar nuestra sagrada naturaleza animal para ser seres espirituales y tener éxito en la vida después de la muerte. No familiarizados con la relevancia espiritual, la riqueza y verdad de nuestra naturaleza animal, le tenemos miedo a su sensualidad y pasión. Cuando aprendemos a conectarnos con el primer chakra, el cuerpo, la energía *kundalini* o *yin*, la Madre Tierra, y la divinidad femenina, adquirimos más confianza en la totalidad de nosotros mismos.

RECONOCER Y HONRAR LA DIVINIDAD FEMENINA

De acuerdo con la religión occidental patriarcal, Dios, el padre todo-poderoso, le concedió al hombre el dominio sobre todas las cosas. Bajo esta práctica de dominio, la gente ha sido masacrada y los recursos saqueados. El aspecto *yang* de Dios no puede experimentarse con los cinco sentidos comunes, como los de la divinidad femenina y la tierra. Por lo tanto, para muchas personas, trágicamente Dios se ha convertido en una abstracción. Esta abstracción se ha manipulado para apoyar no solo ideas positivas, como la fraternidad del hombre, sino también ideas negativas y explotadoras como el colonialismo y el mercantilismo inmenso de las corporaciones petroleras. Cuando miro alrededor del mundo, veo las dificultades de creer en este Dios exclusivamente macho, claramente reveladas por la opresión de la gente y la destrucción de la belleza y la capacidad de sustentabilidad vital de la tierra.

Necesitamos aceptar nuestra dependencia verdadera y nuestro sentido de la Madre Tierra como una madre que nos ama profundamente. En nuestro reconocimiento de esta dependencia podemos recibir su bendición. No existe humillación alguna al reconocerlo. Es importante señalarlo porque vivimos en una cultura que humilla a los hombres por sus necesidades comunes de dependencia. Para que se desarrolle un sentido saludable de confianza, necesitamos aprender y honrar las maneras en que somos verdaderamente dependientes para curar esta etapa de desarrollo y aprender a satisfacer nuestras necesidades de fuentes confiables de la manera más directa posible.

Yo no apoyo la eliminación de Dios padre de nuestra conciencia, sino que abogo por la adición de la Diosa madre: la conexión con una poderosa y divina presencia femenina. Sin reconocer la santidad de la Madre Tierra no puede haber un equilibrio para nosotros en esta vida. Para salvarnos como especie, debemos darle el respeto que una madre buena se merece. No podemos conquistar ni "poseer" a la Madre Tierra, excepto a un nivel muy superficial. Se requiere madurez para reconocer aquello sobre lo que no tenemos poder. Integrar la divinidad femenina y la divinidad masculina requiere una madurez que no parece ser fácilmente accesible en nuestra cultura en este momento. Pero este trabajo puede ayudar a desarrollarlo.

En mi juventud no había casi nada disponible en la cultura para apoyar mi conexión consciente con la divinidad femenina. Yo sentía la santidad de mi conexión con la tierra y gozaba en particular de mis paseos ocasionales por el bosque con mi padre y de encontrar áreas intactas, por pequeñas que fueran, que parecían estar conservadas de la devastación de la humanidad.

Durante mi niñez, hubo solo un indicio de la divinidad femenina en la Iglesia católica. Desde los tres años, recuerdo estar de pie, sentada y arrodillada en nuestra iglesia todos los domingos al lado de mi padre y mi hermano antes de ir a la casa de mi abuela Betty para cenar. No había nada en la ceremonia de la iglesia que me hablara de ninguna divinidad femenina, ni la mía ni la de nadie. Sin embargo, en algún momento de mi niñez temprana, Betty me enseñó a rezar el *Ave María* y me dio mi primer rosario. Eso fue emocionante. Las cuentas del rosario formaban un círculo sagrado de oración y el rezo pronunciado con más frecuencia en el rosario era el de la madre de Dios. "Ave María, llena de gracia, el Señor es contigo. Bendita tú eres entre todas las mujeres, y bendito el fruto de tu vientre, Jesús. Santa María, madre de Dios, ruega por nosotros los pecadores, ahora y en la hora de nuestra muerte. Amén". Yo tocaba las redondas cuentas del rosario entre mis dedos gordo e índice, sujetándolas mientras le rezaba a la madre divina.

Esto parecía un secreto sagrado. Hasta este punto, aunque sabía que María había dado a luz a Jesús, no me habían dicho que era la madre de Dios. Me gustaba mucho la idea de que Dios tuviera una madre. Hizo que Dios fuese más humano. Y puesto que sabía que los vientres de las mujeres crecían cuando estaban encinta, me gustaba la idea de que el vientre de María estuviera lleno de Dios. También me gustaba la idea de que Jesús fuera el fruto; quizás entonces María era el árbol.

Yo sabía que debía haber más de María que la mera entereza que proyectaba cada imagen que vi de esa delgada dama de elegantes, pero caídas túnicas. La imagen de Jesús como su fruto le dio magia y poder. Pensé en ella como el manzano silvestre que daba el alimento a las hadas en el jardín de mi abuela. La imaginé, embarazada de Dios, con un abdomen tan grande como un melón, meciendo el globo dentro de sus mantos: la creadora del creador. Quizás yo también podría ser un árbol y un día producir fruta, no solo un niño, sino fruta exótica y espiritual. Había algo prometedor en esto para mí. Hasta hoy en día guardo mi rosario original en un kit de medicinas de piel de venado.

La manera en la que he adoptado la práctica chamánica es una reverencia a la divinidad femenina y a mí como mujer. Me he asentado aquí, en el condado donde nací, desenterrado todos los demonios de mi familia y cultura y he hecho las paces con ellos, aprendiendo profundos matices sobre la curación minuciosa. He encontrado que este es un estilo muy diferente de los maestros, colegas y amigos chamanes masculinos que menciono en este libro, con sus maravillosas aventuras en tierras indígenas y sus experiencias poderosas, expansivas y místicas. Siento que mis poderosas capacidades como mujer me ayudan en expandirme desde donde estoy para acoger muchas ideas en el gran útero de mi conciencia. Y mi capacidad femenina de profundizar, como la Madre Tierra misma, me permite integrarlas al proceso descrito en este libro.

En la próxima tarea viajaremos para conectarnos con el poder de la divinidad femenina alrededor y dentro de nosotros, y recibir el apoyo para nuestro viaje de sanación.

❀ Sexta tarea: conectarse con la divinidad femenina

Ten tu diario a mano mientras reflexionas sobre tu conexión con la divinidad femenina. Ya hemos comenzado a explorar una conexión con la Madre Tierra en este capítulo. ¿Te viene a la mente alguna otra imagen cuando piensas en la divinidad femenina? Las culturas indígenas se conectan con muchas caras de la Madre Tierra como divinidad femenina. Los *cherokee* hablan de Selu, la Madre de Maíz, y la

Hermandad de las Trece Madres, relacionadas con los ciclos de la luna. Los Shuar hablan de Nunqui quien asciende desde la Madre Tierra en forma espiral, y los quechuas hablan de Pachamama (Madre Tierra, Madre Universo). Las culturas y religiones del mundo han expresado su presencia en muchas formas, incluyendo Tara, Kwan Yin, María, Gaia, Kali, Isis y Venus.

¿Cómo la ves tú? ¿Como diosa, santa, profeta, animal, ángel u otra deidad? ¿Tu conexión con ella es débil o sólida? ¿La ves vivamente y te sientes energizado con tu conexión o la percibes borrosa y distante? ¿Puedes hablar con ella, rezarle o pedirle consejo y apoyo? ¿La sientes accesible en este aspecto? ¿Experimentas la divinidad femenina como parte integral de ti? ¿Qué sientes, como mujer u hombre, acerca de tu conexión con ella?

¿Hay algo en tu cultura o bases religiosas que te apoya en esta conexión? ¿Hay algo en tu historia personal o ambiente cultural que pueda bloquear esta conexión? Ser capaz de mirar más allá del sexismo de nuestra cultura para encontrar la divinidad femenina es un verdadero acto de poder.

Cuestionar y explorar la conexión con la divinidad femenina fortalece dicha conexión. Al ponderar y quizás contestar estas preguntas: ¿tienes alguna idea de otras maneras de desarrollar y fortalecer tu relación singular con la divinidad femenina? ¿Necesitas volver a las prácticas religiosas de tu niñez, y observarlas desde una nueva perspectiva para ver si la divinidad femenina se puede encontrar? ¿Te gustaría visitar un museo para ver cómo diversas culturas han representado las imágenes de la divinidad femenina a través de los milenios? ¿O existen cosas sencillas y cotidianas que puedes hacer para conectarse con la divinidad femenina, como caminar al aire libre, hacer jardinería, preparar una comida, o practicar yoga? Escribe en tu diario o bien reflexiona y crea como mecanismo para explorar estas preguntas. Cuenta la historia de tu creciente conexión con la divinidad femenina.

❧

CONECTÁNDOSE AL CUERPO

En este capítulo, alimentaremos nuestra conexión con la tierra en cada nivel. En las tareas previas caminamos por la Madre Tierra y nos conectamos con su energía para la sanación espiritual. Ahora haremos algunos ejercicios para sentir la tierra dentro de nuestros cuerpos físicos y nuestros seres. Todo lo que somos físicamente proviene de la Madre Tierra. Somos creados y sostenidos por ella. Ella es parte de nosotros como nosotros somos parte de ella. Por medio de antiguas prácticas de movimiento es posible cultivar un sentido de conexión con la tierra dentro de nosotros y sentir una gran confianza en ella, en nuestros cuerpos y en nosotros mismos.

El primer chakra es el chakra del cuerpo. Como niños, estamos naturalmente conectados con nuestros cuerpos. Experimentamos la *Gestalt* o la plenitud de nuestra existencia. En algún momento de nuestra educación aprendemos a separarnos y a identificar primordialmente a través de la mente. Moverse para conectarse con la tierra y el cuerpo es reconectarse con la realidad. Nuestro espíritu, quienes somos en realidad, se expresa a través del asombroso universo del cuerpo. De esta conexión surge la sabiduría verdadera. El cuerpo y la tierra nunca mienten.

A veces, el cuerpo es el nivel de la identidad propia más difícil de incorporar en nuestra conciencia. Muy a menudo esto se debe a que el odio a uno mismo se expresa hacia el cuerpo. Muchas fuerzas en nuestra sociedad, incluidos los medios de comunicación corporativos, nos incitan a glorificar el cuerpo en una forma "perfeccionada" y culturalmente aceptada, o desechar y destrozar por medio del desprecio un cuerpo alejado de este modelo. En mi adolescencia comencé a sentirme muy incómoda con mi cuerpo. Mi ropa no me quedaba bien y pasaba los días arrastrándome. Separé mi cuerpo de mi conciencia y comencé a rechazarlo, apenas capaz de mirarme del cuello hacia abajo. Simplemente no había experimentado suficiente amor para mantener integradas todas las piezas de mí misma.

En mi relación con mi cuerpo no había compasión, sino el odio inoculado por mi padrastro. Cuando tenía trece años, decidí que estaba obesa.

Pasé los siguientes cuatro o cinco años haciendo dietas, perdiendo y ganando peso, mientras me juzgaba sin compasión delante de la superficie plana y congelada del espejo. Me sentía incómoda en mi propia piel. Me hice adicta a mantener la inalcanzable imagen de perfección que proyectaba la televisión, sobre todo para mi tipo de cuerpo voluptuoso.

Necesitamos establecer una relación con el cuerpo como lo hemos hecho con la tierra. En la niñez temprana, mientras aprendemos a mover nuestros cuerpos con más coordinación y a dirigirlos para interactuar con nuestras necesidades y deseos, es necesario afirmar nuestra autonomía saludable y desarrollar una iniciativa necesaria. Como adultos partícipes de un proceso de sanación enfocada en resolver estas crisis del desarrollo, estamos en una posición de ser padres sustentadores de nosotros mismos: aprendiendo así a ser nuestros propios espejos con la exploración física, la aventura, la competencia y el placer.

La mejor forma de aceptar el cuerpo es por medio de la caminata consciente, yoga, taichi, o formas de baile que creen conciencia en vez de imponer estructuras rígidas de movimiento y exigencias dañinas. Como reflejo de este principio, hay cinco ejercicios físicos diferentes en esta siguiente tarea. Los primeros dos ejercicios proceden del arte antiguo de la danza del vientre. Esta danza se remonta a miles de años atrás y es un baile sagrado de la Madre Tierra y los elementos. Los otros ejercicios provienen del arte antiguo y la ciencia del yoga, que se originó en la India hace miles de años. Yo experimento el yoga como un sistema de ejercicio conectado con la tierra. Muchas de las posturas tienen nombres conectados con la naturaleza, como las posiciones de la montaña y la cobra.

❧ Séptima tarea: moverse con la tierra

Sustraer la energía de la tierra

Ponte de pie de forma relajada con los pies alineados con tus caderas. Mantén los pies paralelos, con los dedos apuntando hacia delante. Asegúrate de que tus tobillos y rodillas permanezcan relajados. Trata de descansar el tórax sobre tu pelvis y, sin encorvarte, deja que la piel de tu abdomen se asiente sobre el cuenco pélvico, protegiendo así la espalda baja del esfuerzo. Eleva tu corazón.

Ahora, simplemente mécete manteniendo las rodillas relajadas. Mueve toda la columna vertebral mientras te meces. Esto mueve el líquido sinovial de las articulaciones del cuerpo. Este suave movimiento oscilatorio extrae la energía *kundalini* (energía de fuerza vital, magnética y creativa) de la Madre Tierra. Existe un punto de acupuntura justo en el centro del talón del pie llamado "nacimiento burbujeante". Al balancearse, la energía *yin* de la Madre Tierra surge por ese punto e ingresa al templo de tu cuerpo. Puedes sentir su solidez y sustancia al oscilar, conectada con la firmeza y sustancia de la Madre Tierra. Libera tus temores al sentirte apoyado.

Para terminar, aminora el balanceo y alcanza el equilibrio en el centro, con el peso distribuido de forma uniforme sobre los dos pies.

Moverse de forma espiral con kundalini

Aún en pie, con los pies alineados a las caderas, haz círculos con los huesos pélvicos (la base de la columna y el coxis). Muévete como si los huesos trazaran un círculo en la Madre Tierra. Masajea la cadera con este círculo y disfruta la sensación. La cadera está diseñada para realizar círculos. Al realizar este ejercicio deja que el movimiento dé un masaje suave a los tobillos y rodillas. La energía *kundalini* se mueve en forma espiral desde la Madre Tierra hasta el cuerpo por medio del primer chakra, las piernas, la cadera y la base de la columna vertebral y la pelvis. Haz girar la energía *kundalini* en la cuenca pélvica y déjala subir por tu columna.

Cuando te sientas bien, cambia de dirección por un tiempo. La energía *kundalini* avanza helicoidalmente en las dos direcciones, como la hélice de la molécula del ADN. Para concluir, detén el movimiento con suavidad de manera espiral hacia el centro hasta quedarte inmóvil.

La montaña

La postura de la montaña es la base de todas las posturas erguidas del yoga. Comenzar de pie, con los pies separados un poco más ancho que

Fig. 1.3

la cadera, siente cómo tu base se extiende hasta el interior de la Madre Tierra atravesando capas de tierra, agua, piedra y lava. Deja tus manos a los lados y siente la cúspide de tu cabeza como si fuera la cima de la montaña. Como en los ejercicios anteriores, es importante descansar el tórax sobre la cuenca pélvica y dejar que los músculos abdominales inferiores se acerquen y sustenten la columna lumbar. Estira la columna y el cuello.

También puedes llevar tus brazos por arriba de la cabeza, con los codos rectos, juntar las palmas y relajar los hombros (fig. 1.3). Siente cómo tu cúspide se extiende hacia el cielo, estira hacia arriba presionando las yemas de tus dedos. Si lo deseas, puedes decir: "Al inhalar, me siento como la montaña; al exhalar sé que soy sólido".

Cuando estés listo, baja los brazos suavemente, barriéndolos hacia los lados y liberando cualquier tensión o alteración en tu campo energético. Relájate y siente la expansividad de la montaña.

La cobra

Para la postura de la cobra es necesario acostarse en el suelo boca abajo. Siente a la Madre Tierra debajo. Las serpientes son criaturas muy terrenales. Cuando inhales, siente tu abdomen presionando a la Madre Tierra, y cuando exhales libera esa presión. Respira varias veces, retrayendo ligeramente el ombligo hacia la columna y luego proyectando el sacro (el gran hueso triangular en la base de la columna) hacia el cielo; al exhalar, contrae el abdomen, quizás despegándote un poco del suelo. Esto te ayudará a proteger la espalda baja.

Lleva la frente a la tierra con suavidad mientras te despejas de todo pensamiento. Contrae un poco los músculos glúteos para proteger también la espalda baja. Pon las manos debajo de los hombros, las palmas hacia abajo y los antebrazos sin tocar el suelo. Mantén los brazos hacia dentro, presionados apenas contra el tórax (fig. 1.4, p. 42). Después levanta la cabeza, los hombros y el esternón levemente de la tierra estrechando los omóplatos y el dorso de la cabeza hacia el cielo, sin utilizar la fuerza de los brazos. Repítelo varias veces.

Ahora, sin dejar de sostener tu apoyo central (el abdomen contraído y despegado del suelo, el sacro apuntando hacia el cielo), ejerce presión hacia arriba usando tus brazos, elevándote desde el sacro y los omóplatos, hasta alcanzar la posición completa de la cobra (fig. 1.5, p. 43). Siéntete como una serpiente, la poderosa guardiana de la tierra. Asegúrate de que

Fig. 1.4

Fig. 1.5

Fig. 1.6

los hombros caigan, apartados de los oídos, con los codos flexionados. Respira. Deja que tu aliento fortalezca tu centro, es decir, tu columna. Si esta posición incómoda la espalda en algún momento, para y relájate. Si estás cómodo aquí, ve por encima de un hombro y después por encima del otro (fig. 1.6). Finalmente puedes terminar la postura y pasar al siguiente ejercicio.

Posición del niño

Desde la postura de la cobra, usa tus brazos y los músculos abdominales para presionar los huesos de apoyo (la base de la pelvis) hacia los talones para llevarte a la posición del niño (fig. 1.7). Relájate y deja que tu espalda se abra. Permite que tu aliento masajee tu vientre. Si es necesario, puedes abrir un espacio entre las piernas para tu abdomen.

Eres un hijo de la Madre Tierra. Estás hecho a su bella y magnífica imagen. Siente tu propio poder en conexión con ella.

Cuando termine la posición del niño puedes impulsarte, sentarte o acostarte y continuar sintiendo la conexión con la Madre Tierra.

◈

En nuestra cultura tendemos a reprimir los deseos y las necesidades del cuerpo o bien a ser demasiado indulgentes con ellos. Nuestros cuerpos se han convertido en objetos en vez de vehículos para establecer una conexión sagrada y enriquecedora. Les exigimos una especie

Fig. 1.7

de perfección arbitraria. Eve Ensler ha explorado el carácter insidioso de esto en su obra de teatro *El cuerpo perfecto*. El monólogo inicial termina con estas líneas: "Lo que no puedo creer es que alguien como yo, una feminista radical por casi treinta años, puede pasar tanto tiempo pensando en su estómago. Se ha convertido en mi tormento, mi distractor; es mi más seria y comprometida relación". Los ejercicios previos y la siguiente tarea pueden ayudar a confiar y honrar el cuerpo de nuevo.

❖ Octava tarea: bañar el cuerpo en la compasión del corazón

Para esta tarea puedes caminar, mantenerte de pie, sentarte o recostarte. Monitorea tu cuerpo y todas las sensaciones que experimentes. Percibe el calor, la frescura, hormigueo, entumecimiento, comodidad, incomodidad, y cualquier otra sensación. Permítete gozar la sinfonía de sensaciones. Viaja a tus magníficos sistemas de órganos. Simplemente acompaña a tu cuerpo de la misma manera que un padre amoroso lo haría con su niño. Siente las maravillas que hay en ti.

Si hay aflicción o dolor, trata de mitigarlos. Invita a tu corazón a sostener y arropar a tu cuerpo con amor. Si tienes un síntoma en una parte de tu cuerpo, o sientes que lo juzgas severamente o lo rechazas, trata de pensar en la función que ejerce esa parte del cuerpo. Por ejemplo, si te duelen los pies, intenta concientizar que los pies caminan. Ellos te mueven hacia adelante en la vida. Tal vez tus pies necesiten ser honrados por todo lo que hacen por ti cada día. Quizás necesiten sustento y amor.

Dialoga con tu cuerpo. Haz lo que se sienta bien para equilibrar tu cuerpo. Habla de verdad con él y escúchalo. Percibe tu cuerpo completamente protegido por la compasión de tu corazón. Velo brillar en la luz del amor. Trata de realizar esta tarea al menos una vez al día.

❖

CREAR UN CENTRO DE SEGURIDAD Y SANACIÓN

Por medio de tu trabajo basado en este capítulo debes tener una idea general de tus problemas de confianza y los problemas de confianza de nuestra cultura: cómo fueron creados y cómo pueden curarse. Una manera de sanar es viajar a la realidad no ordinaria y traer de regreso la curación a esta realidad ordinaria. En el lenguaje chamánico, esto se conoce con frecuencia como "recuperación". De hecho, un chamán puede ser alguien que realiza el trabajo de recuperación. Puesto que muchos de nosotros no tuvimos suficiente seguridad emocional, y tal vez física, en la niñez, es importante comenzar nuestras aventuras de curación en la realidad no ordinaria, al conectarnos con un lugar sagrado. Puede ser un lugar donde hayas estado en la realidad ordinaria o uno que solo ves cuando te trasladas a ella en tu imaginación.

El lugar sagrado es un lugar terapéutico y sustentador de una conexión profunda con la naturaleza y la sabiduría. Cultiva la seguridad, el sustento y la consistencia, que son los requisitos para resolver nuestros problemas tempranos con la confianza en el primer chakra y el estado del ego de la infancia hasta los seis años. Viajar a tu lugar sagrado puede representar un paso hacia delante hacia la conciencia y la sanación. Gracias a este ejercicio logramos sanar la parte más joven de nosotros a medida que avanzamos hacia la confianza más profunda y un sentido seguro de conexión. El lugar sagrado también es un punto de inicio para viajes futuros.

❧ Novena tarea: encontrar tu lugar sagrado

Puedes llevar a cabo esta tarea utilizando una grabación de la percusión chamánica, conseguir que alguien toque el tambor, yacer acostado afuera rodeado de los sonidos de la naturaleza con música relajante o hacerlo en silencio.

Vamos a comenzar por acostarnos en el piso o en la Madre Tierra. (Por favor, haz los ajustes necesarios en favor de tu comodidad). Relaja tu cuerpo físico. Siéntete cada vez más y más pesado, hundiéndote en la tierra en la que estás acostado. Siéntete sostenido en los brazos amorosos de la Madre Tierra, apoyado por completo, al tiempo que relajas del todo las piernas, los brazos, el torso, los hombros, el cuello y la cabeza, dejándolos caer hacia la fuerza de gravedad.

Ahora, permítete viajar. Trasládate, en tu conciencia o imaginación espiritual, a tu lugar sagrado de sanación. Ten confianza en tu espíritu para que te lleve a este lugar especial en la naturaleza; tal vez hayas estado allí antes, tal vez no. Esto puede parecerse a ver una película al principio y luego aparecer en ella. Contempla las formas y los colores de tu lugar sagrado. Permíteles entrar a plenitud a tu sistema nervioso a medida que los absorbes con la vista. Tal vez también escuches tu lugar sagrado por el canto del agua corriente, las aves o la brisa. Disfruta la música natural y sagrada de ese lugar.

Huele tus fragancias. Podrías recibir una sanación especialmente profunda en ese lugar sagrado a través del sentido del olfato y tu conexión antigua y primitiva con el sistema nervioso y el alma. Siente ese lugar en su piel, sus texturas, la temperatura y el movimiento y las caricias del aire. Siéntete completamente presente en el viaje. Percibe los espíritus nutritivos de cualquier animal o planta, además de los elementos y las formas naturales que los encarnan. Tal vez quieras preguntar si tu lugar sagrado tiene un mensaje para ti. O quizás exista una pregunta específica que quieras hacer. Pregunta sinceramente desde tu corazón y deja que tu lugar sagrado conteste. La respuesta puede suceder cuando algo se mueva o cambie en tu lugar sagrado. Te tocará a ti reflexionar sobre el significado de ese cambio. Quizás, algo del lugar sagrado puede hablarte o comunicarse de una manera simbólica o sensual, como en un baile o una canción. Puede tratarse de un espíritu, animal, árbol, arroyo, piedra, yerba u otro objeto. Si es una comunicación simbólica, contempla esta sensualidad y procésala, dejando que su significado se revele. Siéntete nutrido por esta comunicación.

Cuando estés listo, agradece a tu lugar sagrado y a los espíritus que te ayudaron. Lleva esta comunicación del Espíritu de vuelta de la realidad no ordinaria a la realidad ordinaria. Registra tu experiencia en un diario. Con el tiempo, podrás intuir que esta comunicación puede ser de ayuda en el viaje de tu vida.

Desarrolla una confianza profunda en tu lugar sagrado a medida que viajes a él unos minutos cada día. Esto te ayudará a cambiar cualquier herida que tengas en torno a la confianza. Puedes mantener una comunicación continua con cualquiera de los espíritus de tu lugar sagrado. Siente cómo estos están siempre presentes para apoyarte.

❖

Si te resultan difíciles estas tareas, es muy importante buscar a un terapeuta para que te ayude en el proceso. Creo que la terapia es importante para las personas frágiles y traumatizadas. Creo que el trabajo que realicé en mi proceso terapéutico Gestalt facilitó la conexión con mis guías espirituales. Antes de la terapia apenas podía recordar lo que era la alimentación emocional y espiritual, ya que recibí protección en escasas ocasiones. Nunca se me hubiese ocurrido buscar, ni honrar, estas energías.

Esto nos lleva a la siguiente tarea, la más grande de este chakra: recuperación del animal de poder o la guía espiritual. Si el primer chakra no está sano, no es posible recibir la energía *kundalini* que sustenta nuestra vida. Si tu confianza fue socavada durante este primer periodo del desarrollo, y las heridas no han sanado, puede que continúes permitiendo que tu confianza sea violada, o puedes violar la confianza de los otros. Puede que también te encuentres evitando situaciones que serían beneficiosas para tu crecimiento, pero que requieren más confianza de la que puedes dar.

Los animales de poder son vitales para la protección de este primer chakra y pueden facilitar nuestra capacidad de confiar de manera responsable. Al recuperar a un animal de poder es posible proteger este centro vital mientras te preparas para liberarte de viejos eventos dramáticos. Los animales de poder ocupan un lugar de significado profundo en las tradiciones chamánicas. Nos proveen el apoyo y la reflexión que necesitamos, dejándonos resolver con éxito esta crisis crucial.

El águila es un animal de poder central en el universo de mi primer chakra. Mi conexión con el Águila Guía, mi primer guía espiritual, cambió mi vida. Desde entonces me ha presentado a su esposa, la Mujer Águila, quien era mi madre en una vida anterior. En mi primer encuentro con el

Águila Guía, y en otras ocasiones, lloré en los brazos y alas de mis padres águilas queridos, sintiéndome sostenida, consolada, nutrida e inspirada. Mis padres águilas me abrazaron de todas las formas emocionales que necesité en todos los lugares juveniles dentro de mí.

Hace seis años, los chamanes John Perkins y Llyn Roberts-Herrick me guiaron en una ceremonia poderosa en la cual nací nuevamente a los brazos de mis padres águilas en esta vida. Todos en este taller fueron invitados a nacer por un largo canal de parto de amor y bienvenida creado por una doble fila de personas gentiles y compasivas. Me tocaron con cariño mientras me movía a través de ellos, como las células de la vagina acariciando al bebé en su salida hacia el aire. Le cantamos a la madre divina. En esta ceremonia me sentí confortada y animada por mis padres águilas y nací en sus brazos amorosos. Lloré al menos una hora hasta que me sentí llena de paz con ellos en esta vida. Mis guías me informaron que este nacimiento me haría más accesible para el trabajo chamánico en mi comunidad y en la comunidad mundial.

◈ Décima tarea: conectarse con un animal de poder

Prepárate para este viaje mediante la relajación, preferiblemente sobre la Madre Tierra, y acudiendo al lugar sagrado que encontraste en la novena tarea. Siempre conéctate completamente con tu lugar sagrado, con todos tus sentidos.

Es posible que encuentres tu animal de poder dentro de tu lugar sagrado, o que otro animal, ser o fuerza de la naturaleza te lleve a encontrar tu animal más allá de tu lugar sagrado. Tal vez veas a tu animal de poder varias veces durante el viaje. Esta es una manera de confirmar que este animal es tu animal de poder. Es importante preguntarle al animal que se te aparezca durante este viaje si es tu animal de poder. Espera una confirmación que no parezca ambigua.

Tu animal de poder puede "hablar" con movimientos, canto, gestos u otras expresiones no verbales. Permítete sentir estas expresiones hasta que tengas una idea de lo que pueden significar y su relevancia en su vida.

Si has dejado tu lugar sagrado para encontrar tu animal de poder, regresen allí juntos. Baila o juega con tu animal de poder en tu lugar sagrado. Pregúntale si tiene un mensaje para ti. Puede que haya una pregunta que necesites hacerle. Sostén una conversación con él. Abre el flujo de energía entre ustedes. Agradécele por llegar a ti y agradece al Espíritu por llevarlo hacia ti.

Vuelve a la realidad ordinaria de tu lugar sagrado, sintiendo tu animal de poder dentro o alrededor de ti. Baila o muévete con él. Date la oportunidad de convertirte en este animal mientras bailas y te mueves para honrarlo. También puedes emitir sonidos como tu animal de poder o cantar su canción. Siente esta conexión sensual en tu cuerpo, hasta la profundidad de tus células. Debes saber que este animal o guía espiritual probablemente será tu nuevo mejor amigo o un miembro vital de tu familia interior. Algunas veces tu guía puede actuar como un padre interior sanador y amoroso, apoyando su exploración autónoma y respetuosa del mundo y alentándote a tomar la iniciativa para aplicar tus nuevas ideas.

Registra este viaje en tu diario. Anota todos tus sentimientos y sensaciones, y las conversaciones que sostuviste con su animal de poder. Pasa tiempo con él todos los días en la realidad no ordinaria cuando viajes a tu lugar sagrado. O tal vez siente a tu animal de poder volando, caminando o trepando contigo en la realidad ordinaria, alrededor o dentro de tu cuerpo energético. Siente la protección y amor de este compañerismo sagrado.

❖

Después de viajar a la realidad no ordinaria, siempre conéctate con la tierra volviendo a la energía de la Madre Tierra, sintiéndote enriquecido por tus viajes. Cuando hayas reunido *kundalini* para ti mismo, piensa en compartirla con tus seres queridos. Tu conexión con un lugar sagrado, tu animal de poder y la Madre Tierra pueden haberte empoderado para apoyar a otros en su curación, el foco de nuestra siguiente y final tarea en este capítulo.

Has reunido el apoyo para resolver tu propia crisis del desarrollo sobre la confianza y ahora puedes ser un apoyo confiable y amoroso para otros que buscan conectarse con una persona segura, con la energía terapéutica de la Madre Tierra, y con su propio cuerpo físico. Tocar con gentileza es una maravillosa forma por medio de la cual todos sanemos los problemas de sustento temprano y se siente bien. Difundir la energía curativa que has recabado en este capítulo por medio de la siguiente tarea ilustra tu sentido de autonomía y tu capacidad de tomar la iniciativa.

Yo uso el trabajo corporal de este tipo como una parte integral de mi práctica chamánica. Antes de comenzar esta práctica, pide que la energía se utilice solo para el bien de todos los participantes, al servicio de la salud y el equilibrio.

Observa en la figura de los chakras dónde están los principales centros de energía en el cuerpo (fig. 1.1). Tu objetivo en esta tarea será equilibrarlos, invitándolos a estar cómodamente energizados. Debes comprender que los chakras son ruedas de luz o vórtices de energía. Utilizarás la energía de la Madre Tierra, el *kundalini* sagrado con el cual te has conectado en las tareas anteriores para energizar o cargar tu propio campo de energía, chakra por chakra, y después el campo de energía de la persona con quien trabajas. En esta tarea se usan nuestros cuerpos y corazones como los instrumentos de curación y la música que tocamos es divina.

❖ Undécima tarea: la curación directa con la energía kundalini

Conéctate con tu animal de poder o guía espiritual; pídele apoyo, dirección, inspiración, y protección. Acuesta a tu compañero en una mesa de masaje, una cama o el piso y relájate mientras te preparas para realizar tu trabajo de curación con él o ella.

Colócate a los pies de tu compañero. Primero, lleva la energía de la Madre Tierra a tu interior como lo hicimos en la cuarta tarea. Extrae la energía con tus manos desde tus pies. Puedes oscilar de un pie a otro o mantenerte tranquilo para facilitar este proceso. Eleva la energía magnética a través de cada uno de tus chakras por la línea media del cuerpo, utilizando tu conciencia y respiración. Tal vez sientas como si succionaras la energía por un sorbete por medio de sus piernas y el centro de su torso al inhalar. Siente la energía o imagina una luz mejorando la fluidez y el resplandor de cada chakra. Quizás experimentes una sensación cálida o la impresión de que el chakra gira mientras la energía terapéutica entra y equilibra el chakra, o tal vez sientas una plenitud o comodidad en un área del cuerpo donde se localiza un chakra. Puedes ver la figura y familiarizarte con la ubicación de todos los chakras.

Cuando hayas ascendido a través de todos los chakras, infundiéndolos de energía, alcanzarás la cúspide de la cabeza. Deja que la energía fluya y se acumule encima de tu cabeza. Siente cómo la luz blanca del cielo llueve alrededor de tu cuerpo como una fuente maravillosa. Siente toda tu aura, tu cuerpo energético en su totalidad que abarca un metro a tu alrededor. Disfruta experimentar tu propia totalidad luminosa.

A continuación, aproxímate a tu compañero. Sigue conectando con la energía *kundalini* de la tierra y la energía luminosa de la divinidad masculina de los cielos. Ahora vas a energizar y limpiar los chakras de tu compañero, uno a uno, comenzando con el primero. Para comenzar, muévete del lugar donde te encontrabas a los pies de tu compañero y pon tus manos en el área del primer chakra. Esto funciona mejor si aplicas cada mano en las articulaciones de la cadera, las palmas sobre el torso y los dedos dirigidos hacia los lados. También puedes trabajar un poco más arriba del cuerpo, sintiendo la energía. (Esto funciona bien para el primer chakra, en virtud de su proximidad a áreas íntimas del cuerpo).

Si percibes densidad en el campo energético de tu compañero, puedes limpiar el chakra mediante movimientos de barrido, frotamiento u otros movimientos de limpieza arriba del cuerpo. Este movimiento de sentir y limpiar es el mismo realizado en la cuarta tarea, pero ahora en otra persona. Usa tu conciencia y respiración, pero también tus manos con un contacto apropiado y cómodo para ambos. Esto debe ser un baile placentero y terapéutico para los dos, en el cual tú realizas la mayor parte del movimiento.

Puedes continuar con los chakras siguientes y trabajar en contacto directo con el cuerpo de tu compañero y el campo energético que lo circunda. Coloca tan solo las manos en el área de cada chakra y canaliza la energía *kundalini* que aún extraes de la Madre Tierra, o puedes hacer movimientos de barrido alrededor del cuerpo, liberando a la Madre Tierra lo que ya no es necesario, como lo hiciste en la cuarta tarea. Comienza a sentir lo que es necesario. Después de energizar y limpiar todos los chakras, deja que la luz del sol y las estrellas fluyan desde tu cuerpo, brazos y manos hacia la persona con la cual estás trabajando e imagina a este compañero iluminado, amado y sanado.

Siente el flujo de estas energías sagradas y sensuales de la tierra y los cielos. Disfrútalas. Sabrás que tu compañero ha recibido la sanación cuando sienta más calor o frío, una pulsación, una sensación de claridad o ligereza en la energía, o al identificar una respiración más profunda de tu compañero, por mencionar algunas posibilidades. Cuando sientas que la vibración de energía de tus chakras se ha elevado, continúa el baile de tus manos barriendo hacia abajo todo el campo energético de tu compañero, desde la parte superior de la cabeza hasta la base del torso, para equilibrarlo y suavizarlo. Desciende las manos por las piernas hasta los pies de tu compañero para conectarlo o conectarla con la tierra, profundizando en la conexión de ambos con la Madre Tierra. Agradece a la Madre Tierra, a tu animal de poder y a tu compañero por darte la oportunidad de bailar con esta energía en el servicio de sanación.

❖

Reflexiona sobre este capítulo y honra las maneras en que has explorado y sanado temas relacionados con tu nacimiento, tu cuerpo, tu conexión con la Madre Tierra y el espíritu femenino y la confianza. Aprecia los esfuerzos que has hecho contigo mismo. Siente cómo has comenzado a sentir y utilizar tus energías terapéuticas apoyado por el elemento de la tierra y sus guías espirituales.

2
La mujer de las olas
Un viaje a la libertad emocional

Una parte de mí siempre estará detenida en la proa del velero de mi familia, una mano en el estay, los pies descalzos apoyados firmemente en la cubierta, surcando las olas, los vaivenes de las aguas del Long Island Sound. *Los fuertes vientos levantan mi pelo largo castaño y las olas mueven mi columna. Estoy sola con los elementos en la proa del barco, encontrándolos directamente, sin miedo. Puedo manejarlos, cualquiera que sea la forma en que se manifiesten. Son mis aliados, el agua, el viento y el sol.*

Este fue mi encuentro con el Espíritu. Atrapada en la casa de mis padres en el invierno, soñaba con la primavera, el verano y el otoño cuando me pararía justo en este mismo lugar y sería tocada profundamente, me movería con libertad y me sentiría limpia. Yo sabía que había un mensaje de los elementos para mí, desde las profundidades del mar, la luz del sol y la sabiduría susurrante que el viento trae de todos los rincones de la tierra. "Tú eres la mujer de las olas. Tú vencerás la tormenta con valor. Tú trazarás y seguirás el camino de tu alma".

▼

En el capítulo 1 exploramos el primer chakra y las tres primeras etapas del desarrollo según Erickson en relación con la construcción de la confianza en los demás y en uno mismo. El segundo chakra representa la siguiente etapa de crisis del desarrollo en su paradigma: la *industria* contra la inferioridad. La palabra industria significa aquí "construir". Este verbo transmite la magnitud de las capacidades y el "yo". Corresponde al niño la tarea de desarrollar y dominar en este momento.

Los niños aprenden mucho de ellos mismos y del mundo entre los seis y doce años, la etapa de desarrollo comprendida en este segundo chakra. Ellos continúan explorando el mundo, asistiendo a la escuela y efectuando otras actividades, jugando con amigos, y después regresando con sus familias. Con el apoyo adecuado, los niños pueden conocer qué pasa en su interior y en su entorno durante esta etapa. Comienzan a reconocer lo que quieren crear o expresar en respuesta a esas dinámicas y sucesos. Aprenden más sobre lo que les atrae y lo que repelen, lo que necesitan y quieren y lo que no. Con el apoyo adecuado, aprenderán a tomar acciones para la consecución de sus logros de acuerdo con sus intereses, curiosidades y pasiones.

El segundo chakra se localiza en el abdomen inferior, en el espacio sagrado de la pelvis donde se conecta con el sacro (el hueso triangular en la base de la columna vertebral) (fig. 2.1). A medida que este gira, energiza nuestros órganos reproductores y procreadores, además de nuestra dinámica espiritual vital de creatividad. Es el centro emocional del cuerpo.

Debido a que nuestra cultura enfrenta muchos retos en torno al apoyo a la expresión emocional y creativa de los niños, desde una perspectiva chamánica hay mucho que sanar en este chakra. Por ese motivo, este capítulo se enfoca en conectarse con nuestras emociones y creatividad.

El segundo chakra está profundamente conectado con el elemento del agua. El agua regula los "flujos" del cuerpo, incluidos el líquido linfático pélvico, el movimiento de la orina por los riñones y la vejiga, y el flujo menstrual. Al conectar el movimiento del agua en el cuerpo nos conectamos con el movimiento del agua en la naturaleza. Las culturas indígenas y los chamanes poseen el poder curativo del agua. La energía sagrada de la fluidez puede apoyarnos al tiempo que sentimos nuestras emociones y creamos desde un lugar profundo. Tú verás que algunas de las tareas de este capítulo nos llevan a establecer una conexión con el poder curativo de este elemento del segundo chakra.

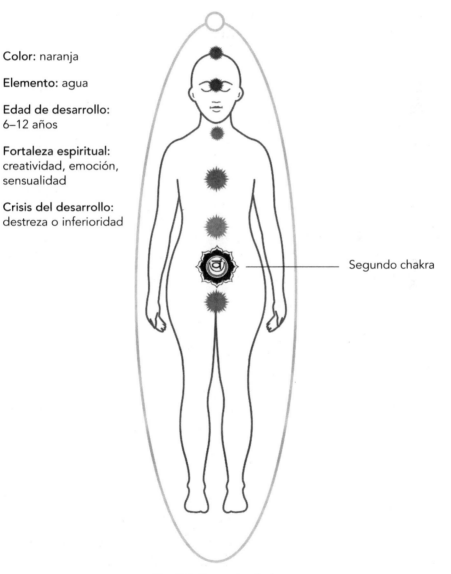

Color: naranja

Elemento: agua

Edad de desarrollo: 6–12 años

Fortaleza espiritual: creatividad, emoción, sensualidad

Crisis del desarrollo: destreza o inferioridad

Segundo chakra

Fig. 2.1. Segundo chakra

Cerca del final de esta etapa del desarrollo, los niños pasan a la prepubertad y algunos a la pubertad. Las características sexuales secundarias aparecen con frecuencia al mismo tiempo que el rápido desarrollo de los órganos reproductores. Es vital que los niños siembren las semillas ahora para desarrollar un sentido positivo de su sexualidad. Es necesario adquirir y mantener una sexualidad saludable y un sentido de entereza e integridad para que la autoestima crezca sólida y se reduzcan al mínimo los sentimientos de inferioridad. En consecuencia, este capítulo incluye tareas para diluir problemas no resueltos sobre la sexualidad vinculada con esta etapa vital del desarrollo.

En términos chamánicos se podría describir esta crisis del desarrollo como la creatividad contra el sacrificio, lo cual recuerda la industria versus la inferioridad de Erickson, pero agrega un componente espiritual vital. La creatividad es la industria impregnada de la posibilidad de expansión espiritual; facilita el aprendizaje y la expresión más allá del *statu quo* frecuentemente asfixiante de nuestra cultura. El sacrificio, entendido en la forma de renuncia a partes de nosotros que pueden juzgarse como inaceptables, es una dinámica que al final crea una sensación de inferioridad. En consecuencia, en contraste con las valoraciones de uno mismo, muchas veces fragmentadas y engendradas sin corazón por nuestra cultura, entra en el ideal chamánico de abrazar todas las partes de nosotros y proveerles lo que necesitan para sanar y alcanzar la autoestima. Para ello, este capítulo concluye con la tarea chamánica de la recuperación del alma, brindando una oportunidad de recoger y reintegrar cualquier fragmento de nosotros que pudo haber quedado encerrado en los traumas de la niñez.

CONECTAR CON LA EMOCIÓN

El segundo chakra es el centro emocional del cuerpo. Las emociones son una fuente vital del gozo, la profundidad y la riqueza de la vida, y pueden estimularnos a un movimiento saludable. Las emociones nos acercan y alejan de las personas y las cosas, y nos impulsan a crear, cambiar y crecer.

Es indispensable ser inteligentes en relación con nuestras emociones y conectarse con ellas, además de tener una relación abierta de aceptación con estas energías. Por ejemplo, si no nos permitimos experimentar la emoción del enojo, nunca sabríamos cuándo poner límites a otros y sus comportamientos agresivos.

La doctora Nancy Boyd Webb, mi profesora de asistencia social en la Universidad de Fordham, les cuenta a los niños que los sentimientos son algo que experimentamos en nuestros cuerpos. Ella les da con frecuencia a los niños con los que trabaja un dibujo en blanco de un cuerpo y les pide que lo iluminen con los colores de sus emociones. Es un importante ejercicio de autoconocimiento para los niños en una cultura en la cual separamos a las personas de sus emociones. Qué maravilloso es volver a las emociones de la niñez en vez de a las emociones de la vida adulta, en momentos en los que reconfigurar el sistema nervioso es mucho más difícil.

Cuando los niños son muy jóvenes, especialmente en esa edad de seis a doce años, no necesitan que sus padres "resuelvan" sus emociones por ellos. Necesitan que sus padres sean un "contenedor" compasivo para sus emociones, abrigándolos con amor en su proceso emocional. Ser un contenedor compasivo simplemente significa intentar reflejar las emociones del niño; por ejemplo, ver las lágrimas del niño y etiquetar esta expresión como tristeza, a la vez que se está abierto a la realidad de que la expresión también pudiera tratarse de dolor, o quizás de miedo. El niño está rodeado de empatía cuando el padre se conecta espiritualmente y se siente cómodo con sus propias emociones. La reflexión permite que los niños desarrollen empatía y la capacidad de ser auténticos y respetuosos, lo cual es vital para tener relaciones saludables.

En nuestra cultura narcisista hemos decidido que llorar no es varonil, ni es maduro enojarse o molestarse con un sistema injusto, sea económico, social o político. Si en verdad nos permitiéramos sentir todo lo que padece el mundo, si nos afligiera saber que veinte mil personas mueren de hambre todos los días y muchos más carecen de los cuidados mínimos, nos podrían incluir en la categoría de deprimidos, así que tendemos a bloquear las emociones de nuestra conciencia mediante uno o más mecanismos de defensa. Estos mecanismos nos permiten soportar las diversas circunstancias emocionalmente agobiantes de nuestra niñez y todo lo que pasa en nuestra cultura y el mundo que nos rodea en todas las edades. Si usamos de modo excesivo nuestros mecanismos de defensa, nos desconectaremos. Es esencial reconectarnos con nuestras emociones y honrarlas, porque son nuestras lágrimas no derramadas las que crean los mayores actos de violencia aguda y continua en el mundo. Alice Miller, la psicoanalista suiza, escribió sobre la dinámica patológica de la niñez de Adolf Hitler y cómo se expresó su carga emocional oculta en el mundo. En su libro *Por tu propio bien*, ella declara: "El almacenamiento de armas nucleares es solo un símbolo de sentimientos reprimidos de odio y la incapacidad de percibir y articular las genuinas necesidades humanas".

La conciencia y la compasión de nuestras emociones pueden llevarnos en la dirección de nuestras necesidades. Nos señalan nuestras satisfacciones y apetitos. Siempre que emitamos auténticas respuestas emocionales a los sucesos interiores y exteriores de nuestras vidas, nos estaremos moviendo en la dirección de la salud y la integridad. Todas las emociones pueden ser útiles, a menos que propiciemos una sobrecarga emocional con propósitos de manipulación, como por ejemplo quedar atrapados en el miedo para que otros nos cuiden, cuando en realidad tenemos la capacidad de superar nuestros propios temores. Aprender a responder apropiadamente a los matices de nuestras emociones mejora la calidad de vida y las vidas de las personas que nos rodean.

Una de las posibles razones por las cuales evitamos o reprimimos nuestras emociones es el miedo a lo que puedan revelar de nosotros mismos. En el siguiente viaje intentaremos ver en nuestro interior profundo por medio de las emociones. Ver dentro de sí mismo y no escapar de lo que encontremos es de suma importancia para desarrollar un cuerpo energético saludable, con el cual serás fuerte, sabio y flexible en las realidades ordinaria y no ordinaria.

Todos necesitamos sanar a nivel de las emociones, manteniéndonos amorosamente presentes a medida que fluyen en nuestro interior. En el capítulo anterior, la octava tarea se limitó tan solo a ser consciente del cuerpo y sus sensaciones. Ahora construiremos sobre nuestra conciencia corporal inicial y emprenderemos un viaje similar hacia las emociones.

❖ Primera tarea: un viaje a las emociones

Siéntate o recuéstate en un lugar tranquilo. Cierra los ojos y lleva la conciencia a tu cuerpo. Es posible que sientas la densidad o la solidez del cuerpo físico. Entonces podrás ser consciente de tu energía emocional, que por lo general es más liviana y fluida que la del cuerpo físico. Deja que las emociones fluyan como energía. Chequea si percibes colores o imágenes que te indiquen por qué estas emociones particulares fluyen de una manera singular. También puedes percibir sensaciones físicas, como calor por enojo o vergüenza, hormigueo o palpitaciones por exaltación, o pesadez por pesadumbre o tristeza. ¿Cómo se expresan las emociones en tu cuerpo? ¿Tus sensaciones tienen algún mensaje valioso para ti en relación con el viaje de tu vida en esta circunstancia particular?

Después de tener una sensación general del flujo de tu energía emocional a través y alrededor del universo de tu cuerpo, coloca tus manos sobre tu corazón. Percibe la energía en él al tiempo que continúa el viaje. Quizás seas capaz de reconocer sus emociones (enojo, miedo, pesadumbre, tristeza, dolor, alegría, satisfacción, calma, amor, tranquilidad) con compasión, en especial las emociones que nos han enseñado a considerar como negativas. En este viaje sostén tus emociones con empatía, amabilidad y valor. También puede ser de ayuda dejar que tu animal de poder te acompañe como apoyo y protección, y saber que la Madre Tierra es el contenedor amoroso de todas nuestras emociones en todo momento. Puedes viajar a tu lugar sagrado mientras te mantienes amorosamente en tu corazón.

❖

CONECTARSE A LA CREATIVIDAD

Nuestras emociones nos llevan con frecuencia a la creatividad. Estar profundamente conmovido o asombrado de la belleza visual puede llevar a un artista a recrearlo o captarlo, como hacía Ansel Adams en sus fotografías. Yo imagino que la excepcional poesía de Silvia Plath fue en parte consecuencia de la pesadumbre y cólera que sentía por su distante padre y sus sentimientos como mujer en un mundo patriarcal. Me gustaría pensar que las violentas películas de Martin Scorsese son un intento de dominar el miedo al crimen organizado; es decir, asesinatos sin sentido, y que la realidad que todos enfrentamos y la mente humana pueden estar gravemente torcidas y sometidas a demasiada presión equivocada.

Si creemos que nuestras emociones nos pueden llevar a la acción creativa, no tenemos motivo para tener miedo. Podemos canalizar esta energía hacia nuestra sanación y la salvación del planeta. Con mucha frecuencia son los artistas quienes nos invitan a ver la vida y sus situaciones y dinámicas, que de otra manera no veríamos. John Steinbeck nos invitó a conocer la difícil situación de los trabajadores migratorios en *Las uvas de la ira*, mientras que Marvin Gaye nos conmovió con canciones que revelaron las implicaciones de la Guerra de Vietnam y el daño que le hemos causado al medio ambiente. Todos podemos utilizar la percepción emocional y la creatividad a nuestra manera.

Cuando decidí estudiar teatro y baile en mi primer semestre de la universidad, sabía que estaba en el camino correcto. Me di cuenta de que nutrir esta parte de mí era y seguiría siendo mi salvación. En los primeros años de la escuela primaria, antes de que la influencia de mi padrastro apagara mi espíritu, mis amigos y yo siempre estábamos creando piezas de teatro y cantando y bailando. Yo podía ser parte enteramente del mundo de los tres osos, las gaviotas voladoras o cualquier cosa que actuáramos. En esos años tenía un sólido sentido de creatividad dinámica que se sobreponía al abuso en mi familia. Mis estudios en la secundaria carecían esencialmente de un enfoque creativo. Eso me permitió ocultarme del terror de mi vida familiar en el lado izquierdo de mi cerebro, enfocada en la lógica de las matemáticas y la ciencia. Sin embargo, en mi tiempo libre también escribía poesía, tocaba la guitarra y cantaba.

Es triste vivir en una cultura que infunde un apoyo mínimo a la creatividad. Lo vemos como algo opcional. Por ejemplo, el sistema escolar municipal al que yo asistí a la escuela primaria recientemente experimentó una crisis presupuestaria y suspendieron los programas de arte, música y baile. La creatividad es casi siempre la primera en suprimirse; pero la creatividad es vital para nuestra salud e integridad.

Entre los seis y doce años estamos todavía resolviendo la crisis del desarrollo de la destreza contra la inferioridad. Si recibimos el apoyo para crear y expresar, comenzamos a tener un concepto de nosotros como seres capaces y creativos; si no recibimos ese apoyo, podemos empezar a sentir inferioridad. Más tarde, ya adultos, podemos sentir que no prosperamos de modo completo y que falta algo, y tal vez nos sintamos poco merecedores del apoyo para expresar todo lo que somos. Para resolver de manera exitosa el aspecto espiritual de esta crisis del desarrollo, debemos encontrar una manera de recibir apoyo mientras bailamos a plena luz de nuestro ser en cada edad.

Antes de realizar el siguiente ejercicio, debes tener a la mano cualquier material con el que te gustaría crear. Por ejemplo, si eres pintor o siempre has querido serlo, consigue pinturas y papel o lienzos. Si eres bailarín o has soñado con serlo, tal vez quieras tocar música inspiradora o tenerla a la mano.

❦ Segunda tarea: viaje a la creatividad

Al igual que en la tarea anterior, viaja al interior de tu cuerpo, sus sensaciones y emociones. Respira profunda y plenamente para apoyar esta conexión con tu propio ser. *Siente* de verdad, dejándote llevar hacia la conciencia de tu propia profundidad y vitalidad. Esta conciencia acentuada te permitirá experimentar la realidad no ordinaria de modo simultáneo con la realidad ordinaria. Deja que las imágenes fluyan desde cualquiera de tus sentidos: vista, oído, olfato, tacto o tu sentido general quinestésico (de movimiento).

Pregúntate: "¿Qué es lo que siento en mis piernas? ¿Y en mis brazos? ¿Es una sensación física o emocional? ¿Qué experimento en mi torso, sobre todo en la pelvis y el corazón? ¿Qué siento en mis hombros, cuello y cabeza?". Sea lo que sientas, déjalo fluir como la energía que es.

Todavía en un estado de viaje, permítete sentarte o pararte. Comienza a balancear tu pelvis, el hogar del segundo chakra. Si estás sentado con las piernas cruzadas, coloca tus manos sobre las rodillas y haz círculos con tu pelvis, haciendo girar el coxis sobre la tierra mientras que la cúspide de tu cabeza lo hace hacia el cielo. También sentirás esa oscilación alrededor de tus huesos de apoyo. Concientiza y honra el proceso de hacer girar la energía creativa hacia el centro de tu pelvis. Si te encuentras de pie, este es el mismo movimiento circular de la cadera descrito en el capítulo 1, séptima tarea.

Siente la energía sagrada y creativa que asciende por la columna desde el centro pélvico hasta el corazón, cómo baja por los brazos y sube por la garganta, la frente y coronilla. Deja que esta energía se apodere de las imágenes que has captado. Conéctate energéticamente con los materiales que elegiste. Obsérvalos y respira mientras aprecias su presencia en tu vida en este momento. Siente cómo te apoyan y son parte de tu proceso creativo. Percibe la conexión con la Madre Tierra. Siente cómo esta sustenta tu flujo de creatividad. Visualízate como la luz de la creación mientras te mueves por los vehículos del cuerpo, la emoción, la mente, el alma y los medios que has elegido.

Ahora conéctate físicamente con tus materiales y observa aquello que te sientes invitado a crear. ¿Qué deseas pintar, bailar, escribir, combinar, jugar o expresar? Concédete al menos diez minutos para estar completamente absorto en esta actividad, aunque podrías hacerlo por horas. Deja que tu creatividad exprese la verdad y belleza de tu vida emocional. Si lo deseas, puede compartir tu creación con un amigo o un ser querido.

❖

CONECTARSE CON EL PODER DEL AGUA

Como mencioné antes, el segundo chakra corresponde al elemento del agua. Nuestros cuerpos físicos están compuestos por al menos dos terceras partes de agua, al igual que la superficie de la Madre Tierra. Moriríamos rápidamente sin agua fresca para beber. No debe sorprender por tanto que tengamos una respuesta emocional profunda y poderosa al agua.

He experimentado la siguiente tarea muchas veces y su efecto se ha acentuado a través de los años. En algún momento durante los años de mi media infancia comencé a pasar tiempo deliberadamente en la tina. El agua mitigaba mi dolor y limpiaba cierto sentimiento repulsivo que me causaba mi familia y mi educación. El agua también me mantenía de una manera segura y cálida, con una clase de ternura que no podía encontrar en otro lugar. Durante esos años comencé a sufrir terribles dolores de estómago y algunas veces diarrea y problemas vesicales; en esas ocasiones, el baño me ayudaba a calmar esas molestias y la ansiedad generada por sentir que mi cuerpo se hallaba fuera de control.

En mi niñez, el baño era el único abrazo que no estaba envenenado por el abuso sexual. Esto me ofrecía una oportunidad de comprender la energía terapéutica del agua en formas más y más profundas. Yo entendía las propiedades salvadoras del agua, incluso cuando me ahogaba la necesidad de afecto. En el agua podía estar acogida por algo amable y cálido. En esta etapa de mi vida, mi padre me llevaba con frecuencia a nadar en piscinas, lagos y a la playa Rye. Siempre le costaba trabajo sacarme del agua, salvo para comer. Mi piel se tornaba azulada y arrugada, especialmente los fríos fines de semana del día de los caídos (cuando se recuerda a los soldados que murieron en las guerra), pero yo quería seguir nadando en cualquier cuerpo de agua en que estuviera. Podía ser un delfín joven, jugando en mi madre espiritual.

❦ Tercera tarea: tomar un baño alimentador

Para llevar a cabo esta tarea alimentadora y limpiadora de tomar un baño, llena tu tina a una temperatura cálida y agrega una taza de sal de mar. Si tu baño tiene una ventana, ábrela. Enciende una vela. Sumerge tu cuerpo y siéntelo completamente rodeado de agua. Siente su movimiento sutil. Respira. Siente el movimiento del agua responder a tu respiración. Siente las suaves olas.

Percibe el movimiento del agua en tu interior. Siéntelo en tus tejidos, células, líquido espinal, sangre, linfa y articulaciones. Siente cómo fluye dentro de ti y cómo el agua te rodea, moviéndose con tu respiración. Siente un flujo continuo.

Establece una sintonía con el agua, con su fluidez. Siente lo que eso significa. Pregúntale al agua que se encuentra dentro y alrededor de ti si tiene un mensaje que darte.

Imagínate cómo era estar en el útero. Siente cómo flotas en el vientre que representa esta tina y percibe el agua como una madre sagrada.

Siente como si hubieras vuelto a nacer al salir del baño y envuélvete en una manta suave, recuéstate y relájate. Respira y recibe el regalo continuo del agua, nacida como nueva en el abrazo de tu corazón amoroso y nutritivo.

Cuando estés listo, puedes escribir acerca de la experiencia de este viaje en tu diario.

❦

Uno de mis lugares sagrados siempre será Long Island Sound y la experiencia especial que tuve allí cuando era niña en un bote, deslizándome sobre sus profundidades. Aunque mi familia no tomaba muchas fotografías, he visto fotos mías a la edad de seis años en el timón de un velero, en pantalones cortos y un sombrero holgado rosa. Desde edad temprana amaba ver cómo el velero picaba el mar, aprovechando el viento.

Cuando cumplí once o doce años, mi mente se despertaba hacia un nuevo nivel de conciencia, de la misma forma que mi cuerpo. La pérdida prematura de mi inocencia me había empujado muy pronto al borde de un crecimiento muy precipitado y al apoyo del Espíritu. A esta edad estaba llegando a una nueva comprensión de mí misma y las posibilidades de conectarme con el Espíritu por medio de la Madre Tierra y los elementos, especialmente el agua.

❧ Cuarta tarea: viaje al agua en tu lugar sagrado

Recuéstate, relájate y viaja a tu lugar sagrado como lo hiciste en el capítulo 1. Experimenta tu lugar sagrado con todos tus sentidos.

Localiza el agua en tu lugar sagrado. Síguela. Sigue las corrientes que van a los ríos, las lagunas, los lagos y los océanos. Báñate en las aguas de tu lugar sagrado. Siente la calidad del agua, su fluidez, el contacto y la forma en que te nutre.

Viaja al interior de tu cuerpo, sintiendo los riachuelos, ríos, lagos y océanos, la sangre y la linfa, y los líquidos sinoviales, espinal y los de sus tejidos. Siente la conexión de tu cuerpo con la Madre Tierra.

En este viaje, invita a un animal de poder o un guía espiritual conectado con el elemento del agua para que se presente ante ti. Si aparece un animal o un guía, pregúntale si tiene un mensaje o algún consejo que darte. Esta guía puede estar conectada con las energías de la creatividad, la emoción o la sensualidad. Cuando recibas este mensaje, agradece a tu lugar sagrado y a tus guías espirituales, vuelve a la realidad ordinaria y escribe sobre esa experiencia en tu diario.

❧

De niña, en Long Island Sound, comprendí instintivamente algo sobre la relación del ángulo del velero y las velas en dirección del viento. Como si hubiera nacido con ello, tenía una idea de cómo potenciar la fuerza del viento haciendo que soplara y llenara al máximo las velas al moverse hacia un punto específico. A los seis y siete años entendí que este era un poder sano. Estaba aplicando mi instinto y la lógica, utilizando una fuerza de la naturaleza para ello, mientras me movía hacia un objetivo. Sentía gran placer en ello. Mi madre y mi padrastro bebían demasiado en el velero, pero, debido a que yo podía conducir y nadar, me sentía segura.

En la inmensidad relativa del agua y el cielo, sentía que podía permitirme ser vulnerable. El mar y los cielos parecían cambiantes, emocionales y apasionados, como yo, así que tal vez me proveían una reflexión para mi alma que siempre estaba buscando. Ya tenía tantas cargas y secretos desafortunados que guardar, pero los podía echar al mar. Nunca me sentía juzgada por el agua, el mar o el cielo. Poco antes de la pubertad parecía claro que mi posición en el velero era la proa, de pie directamente con los elementos, lejos de mi familia. Aquí aprendí a ondularme con el oleaje del mar.

En la próxima tarea exploraremos el movimiento del cuerpo en algunas maneras que nos ayudarán a entrar en conexión con el elemento del agua.

❖ Quinta tarea: mover el cuerpo como el agua

La ola

De pie, con las extremidades inferiores alineadas con las caderas, alza los brazos estirando y abriendo la parte anterior de tu cuerpo (fig. 2.2). Extiende los brazos hacia arriba y entonces flexiona las rodillas y deja caer tus brazos hacia la tierra como una ola que pasa debajo y hacia la orilla (fig. 2.3). Inhala, incorpórate como una ola creciente (fig. 2.4); después exhala, flexiona tu cuerpo, liberándote hacia la tierra (fig. 2.5). Repite esto varias veces, sintiendo tu fluidez y poder, como la ola. Quizás desees emitir sonidos como una ola.

La marea

Comienza con una pierna colocada cómodamente delante de la otra, con los dos pies sobre la Madre Tierra. Tus piernas deben estar todavía alineadas con la cadera. Recarga tu peso sobre la pierna delantera. Liderado por el corazón, flexiónate un poco hacia delante. Después de

Fig. 2.2

Fig. 2.3

Fig. 2.4

Fig. 2.5

balancearte hacia el frente, hazlo hacia atrás, inclinado un poco en esa dirección mientras apoyas tu peso sobre la pierna trasera. Tus dedos y los metatarsos de los pies deben permanecer sobre la tierra durante este ejercicio. Tu talón trasero se levantará cuando se proyecte hacia el frente y tu talón delantero lo hará cuando se balancee hacia atrás. Cambia tu peso unas cuantas veces, hacia delante y hacia atrás. Siente el agua en tu cuerpo al comenzar a moverte de forma oscilante, como una ola.

El flujo

Ahora agregaremos un movimiento a la caja torácica que hará que empiece a ondularse. Inicia en la misma posición en la que te hallabas para la marea, pero cambia de pie, con el otro pie delante esta vez. Lleva el esternón hacia delante y después arriba mientras respiras. A continuación, desplaza suavemente el esternón hacia atrás y comienza a contraer el abdomen superior. Gira sobre la columna, tirando del esternón hacia abajo, sin colapsar ni hundir el tórax, al tiempo que contraes ligeramente el abdomen inferior y llevas con suavidad el ombligo hacia la columna mientras exhala. Recuerda mantener las rodillas libres o ligeramente flexionadas.

Repite este movimiento, esternón al frente, arriba y atrás, y contracción abdominal, mientras giras la columna. Lleva el espacio pélvico completamente hacia atrás y abajo de la caja torácica antes de mover esta última adelante y arriba, y atrás nuevamente. Mientras realizas este movimiento, siente la sensualidad de tu cuerpo. Respira al levantar el esternón al frente, exhala al llevarlo hacia atrás y contrae el abdomen desde las costillas hasta el hueso púbico.

Percibe el flujo del líquido espinal además de la linfa, así como la sangre mientras se ondula. Deja que estos movimientos suaves apoyen tu conexión con el elemento sagrado del agua.

Tómate un tiempo aquí para permitir que estos movimientos te transporten a tu sensualidad sagrada. Esta se encuentra conectada con la integridad del cuerpo, los líquidos, la respiración y la relación con la

Madre Tierra. Tal vez quieras seguir bailando de una manera sensual. O camina sobre la naturaleza, donde puedas absorber todos los elementos con tus sentidos. Quizás quieras hacer el amor con tu pareja y sentir el movimiento de la ola en tu columna, en tu centro. Haz lo que te ayude a conectarte con el placer y la energía de la fuerza vital que procede de estar conectado con tu sensualidad en esta forma espiritual.

⬥

Para equilibrar el segundo chakra y seguir conectándote con el elemento del agua es importante encontrar una *huaca* del agua u objeto sagrado del agua.

Cuando yo era niña, el agua sagrada me hablaba desde sus recipientes sacros en la Iglesia católica romana. "Yo emerjo de la tierra. Estoy siempre aquí para que tú te consagres, para crear una cruz protectora espiritual alrededor de tu corazón". Desde el momento de mi primera comunión, me consagraba con esta agua. Tú puedes usar tu objeto sagrado del agua para consagrarla, convirtiéndola en agua sagrada y curativa para ti, tus seres queridos y tus compañeros de curación.

Mi huaca del agua me la dio mi maestra, supervisora y terapeuta en el Hartford Family Institute, Naomi Bressette, una chamana poderosa. Cuando tenía treinta y un años, después de haber sufrido un trauma del cual hablaré en capítulos posteriores, ella fue capaz de observar que aún tenía mucho dolor físico y emocional. Durante una sesión de terapia, Naomi me obsequió una bonita concha que extrajo de su kit de medicinas. Su color era coralino, cálido y dulce, un color del segundo chakra en la familia del naranja. En mi pequeño centro de curación, que se llama Nacimiento de Venus, tengo una copia de la pintura de Botticelli en la que Venus emerge de una concha. Esta concha ha sido una especie de útero para mí, que deja renacer los aspectos de mí que se fragmentaron, trayéndolos de vuelta a la entereza de mi cuerpo energético.

❧ Sexta tarea: encontrar un objeto sagrado del agua

Puedes simplemente caminar entre la naturaleza para encontrar tu huaca del agua. Para invocar la energía del agua de modo más pleno, puedes caminar bajo la lluvia, o por la playa, o bien puedes buscar tu huaca después de nadar. Lo que debes buscar es un objeto que tenga la energía del elemento de agua. La mayoría de mis estudiantes encuentra conchas, cristal marino o piedras pulidas por el oleaje del mar, pero es posible que te atraiga otra cosa por tus propios motivos. Mantente abierto.

Pídele a la energía del agua que comparta contigo la presencia de esta huaca. Cuando la encuentres, agradece por su aparición en tu vida. Agradece al espíritu del agua, la Diosa del Agua, por su presencia en tu vida.

Sostén tu huaca junto al corazón y en el centro de tu ombligo. Siente su energía. Permite que te alimente. Pregúntale si tiene algunos mensajes para ti acerca de tu viaje creador, sensual, apasionado y emocional. Escucha con el corazón sobre tu pelvis. Es posible que sientas una abertura allí. A partir del corazón de la pelvis creamos generaciones futuras. (En la introducción a su meditación, *Opening the Heart of the Womb*, Stephen y Ondrea Levine explican que los hombres también pueden experimentar este corazón pélvico con efectos curativos profundos). Podemos considerar la seguridad y calidad de vida para las generaciones del futuro de este corazón pélvico. Necesitamos emplear este corazón para proteger la integridad de nuestro ambiente natural.

❧

ALIMENTAR UNA SEXUALIDAD SALUDABLE

El segundo chakra está conectado con nuestra sexualidad. Se espera que los niños de seis a doce años no experimenten aún la sexualidad adulta. Esta etapa los lleva físicamente al comienzo de la posibilidad de una sexualidad adulta con el inicio de la pubertad; pero yo creo que los niños de esta edad pueden tener una sensualidad sagrada, al disfrutar y experimentar con el mundo, los elementos y el afecto apropiado de una forma tal que los fortalezca, los llene de conocimiento y establezca una conexión placentera con sus cuerpos y la naturaleza. Si la sexualidad de los padres está conectada espiritualmente y tienen una rica intimidad entre sí, sus niños disponen de un buen modelo para crear la sensualidad sagrada para ellos mismos cuando estén listos en las siguientes etapas de la vida.

Los niños experimentan su sexualidad en el contexto de esta crisis del desarrollo, la destreza contra la inferioridad: ellos están ocupados en desarrollar un sentido de competencia sobre ellos mismos como seres identificados con un género, mientras alcanzan la conciencia de lo que significa ser mujer u hombre en la cultura de sus casas y la cultura en general.

Cuando mi madre me dio a luz, ella era muy joven y estaba casada con un hombre profundamente enfermo que pasaba mucho tiempo sin empleo y era infeliz por su enfermedad mental. Como niña, no recibía un sentido positivo de lo que significaba ser mujer. Mi madre parecía incapaz de alimentarme o protegerme; más bien me sacrificó en favor de su segundo marido. Yo aprendí a avergonzarme de mi cuerpo y de mí misma. Aprendí de mi madre a ser impotente e incapaz de abogar de una manera saludable por mí misma. Esto es algo que las dos hemos tenido que desaprender por décadas.

Durante milenios, a la mujer se la ha dividido en virgen/prostituta, esposa/concubina, chica buena/chica mala, y otras dicotomías, tanto en sí mismas como por la mentalidad occidental. Esto lo muestra la vida de John F. Kennedy, quien tenía a su digna esposa, Jackie, y a su concubina, Marilyn, quien se suicidó. En el triángulo con mis padres, mi madre era la esposa de mi padrastro, y yo la concubina, un papel para el cual no me ofrecí voluntariamente y del cual no recibí ningún placer. Esto dividió mi energía de forma profunda.

En la mejor de las circunstancias, es una tragedia vivir en la monotonía de un rol, aunque sea el papel de una virgen exaltada. Es doloroso y agobiante ser condenada como prostituta, como fui yo, el contenedor de la vergüenza de un hombre que no tuvo el coraje de poseer su propia energía, emoción, impulsos, sombra y entereza. Muchas mujeres de nuestra cultura cargan esta dicotomía sobre sí como un conflicto que consume energía, en vez de experimentar la entereza natural y espiritual como seres sexuales.

Otro guía espiritual importante desempeñó un papel en la resolución de este conflicto en mi propia psique y llegó a convertirse en un ser fundamental para mi integración. Cuando tenía diez años, mi maestra del quinto grado, la señora Patterson, nos puso música de la ópera rock *Jesucristo Superestrella*, y yo le rogué a mi madre que me la regalara para Navidad. La escuché una y otra vez de tal modo que pude oír la voz de María Magdalena cobrar vida en una canción. Estaba cautivada por esta otra María. A los diez años era importante para mí oír su pasión y sexualidad, tal y como se había despertado prematuramente la mía. Estaba conmovida por la manera en que ella luchó con la fuerza dinámica del amor.

De algún modo yo entendía que esta era solo una representación de María Magdalena, y no una muy completa. Pero cuando los escritores le transfirieron un papel central en la vida de Jesús, comencé a soñar acerca de quién era yo en realidad. Ella no figuraba en absoluto en mi instrucción religiosa católica, pero las lecturas del *Evangelio* en la misa la describían como la María "pecadora", salvada por su conexión con Jesús, quien expulsa a sus demonios. De esta manera entró en mi psique el muy necesario concepto de la redención, especialmente en relación con mi sexualidad, que era ultrajada en casa y condenada por la Iglesia.

Pero existía un aspecto del todo diferente de esta María que la convirtió en la elección ideal para mí como guía espiritual para la recuperación del alma. Cuando tenía veinte años llegué a ser consciente de su conexión con la energía *kundalini*, la divina energía femenina de la tierra revisada de manera extensa en el capítulo 1. Esto lo confirmé cuando leí el evangelio gnóstico y, en fecha más reciente, *el evangelio de María Magdalena*. María Magdalena habla de la importancia de reconocer el origen de la materia, sus raíces o la energía *kundalini*. Y en este evangelio, cuando Jesús enseña acerca de transformarse en un ser completamente humano, sugiere la importancia de abrazar con pasión las divinidades masculina y femenina. Él honró a María Magdalena en su plenitud como mujer y honró la divina energía femenina que ella encarnó en toda su expresión.

A la fecha en que escribo este libro, mi hija tiene diez años. Yo hablo con ella con frecuencia sobre la alegría que representó el tenerla, verla crecer en mi abdomen y alimentarla con mis senos. Hablo con ella acerca de lo asombroso que es la capacidad de los cuerpos de las mujeres de hacer estas cosas. En la medida en que puede, ella entiende que la menstruación aparece cuando la sangre especial de la mujer deja el cuerpo porque ningún bebé crece en ese mes. Yo espero seguir dándole un sentido positivo a lo que significa ser mujer mientras comparto mi asombro y alegría por los magníficos procesos creativos de los cuales somos herederas como mujeres. Hay equivalentes de lo anterior en muchachos y hombres, maneras de contarles cómo son parte del magnífico proceso de la creación. Podemos compartir historias con los niños acerca de cómo fueron creados por el amor de los dos padres y cómo sus padres estuvieron presentes en su nacimiento. Debemos transmitir a nuestros hijos los aspectos creativos, gozosos, sensuales y respetuosos de la sexualidad para que puedan confiar en sí mismos de una manera no explotadora.

El centro energético de la sexualidad gira alrededor del espacio sagrado de la pelvis. Este y la procreación de nuestra especie están conectados con los ciclos de la luna. Las mujeres menstrúan a menudo en sincronización con el ciclo lunar y los hombres responden en su vida a estos poderosos ciclos.

La luna y la Madre Tierra actúan como espejos para nuestra sexualidad, fecundidad y creatividad. La Madre Tierra es el supremo ser fecundo en la esfera de la vida humana. Su creatividad, como se manifiesta en todos los animales, plantas, frutas, granos, vegetales, flores y semillas, provee nuestra existencia y fecundidad. Estamos hechos a imagen de la Madre Tierra y el cuerpo sagrado de la luna tira de nosotros como mareas internas y regula nuestros líquidos y energía sexual en la pelvis, nuestro fecundo centro procreador. Abrazar la poesía y espíritu de nuestra conexión con la Madre Tierra y la Abuela Luna nos deja sentir de modo más pleno nuestra fecundidad y sexualidad. La siguiente tarea te ayudará a conectarte con los ciclos de la luna mientras sientes su fuerza gravitatoria atrayéndote: la sagrada y bella encarnación de la Madre Tierra.

❖ Séptima tarea: conexión con los ciclos de la luna

Durante un mes, busca la luna cada noche y utiliza un calendario para seguir sus fases. En tu diario, anota lo que sientas durante las diferentes fases lunares. ¿Qué sientes cuando la luna se halla en las fases creciente, llena, menguante y nueva? ¿De qué manera la luna atrae los ríos, arroyos y océanos que fluyen y se mueven en el templo de tu cuerpo?

¿Cómo te sientes emocionalmente durante las diferentes fases de la luna? ¿En algunas eres más propenso a sentirte triste, enojado, alegre, temeroso o en paz? Si eres una mujer en sus años de fecundidad, ¿cuándo ovulas? ¿Cuándo menstrúas? ¿Te sientes más fuerte o débil en algunas ocasiones? ¿Más introvertida o extrovertida? ¿Está más o menos presente el deseo sexual en las distintas fases lunares?

Estas observaciones y preguntas te llevarán a una relación más consciente y estrecha con la luna. La Abuela Luna es un apoyo maravilloso para nuestra pasión, crecimiento y creatividad continuos. El segundo chakra se equilibra y empodera más cuando nos conectamos con ella.

Si continúas observando y formulándote preguntas en relación con tu conexión con la luna por lo menos durante tres meses, comenzarás a identificar patrones en la forma en que la energía lunar afecta tu vida. Existe un patrón cíclico a través de los meses a lo largo del año.

Mi hija y yo le aullamos a la luna llena. Lo hemos hecho desde que ella tenía dos años. Yo soy la loba madre y ella la loba niña. Hay una dulce rendición en lanzar ese ruido desde la tierra hasta la luz y la atracción gravitacional de la luna.

❖

RECUPERAR PARTES DE TU ALMA

La mayor parte de lo que resta de este capítulo se enfocará en la vital tarea chamánica de recuperar el alma. Incluiré algunas de mis propias experiencias en el proceso y describiré cómo llegué al protocolo para la recuperación del alma que creo que funciona mejor. La recuperación del alma es un proceso muy creativo, una manera poderosa de recuperar pedazos o aspectos perdidos o lesionados del alma y reinsertarlos en una totalidad. Emergemos de una recuperación exitosa del alma con un nuevo sentido de autenticidad, valor y mérito.

En momentos de trauma se parten pedazos del alma. Cuando se nos fuerza a escoger entre la expresión íntegra de nuestra alma y nuestra conexión con nuestros padres se presenta un trauma. Cuando tenemos que suprimir o reprimir la liberación natural de las emociones relacionadas con una herida, eso también es trauma. Cuando otras personas expresan sus emociones sobre nosotros, sea intencional o inconscientemente, hay posibilidad de un trauma, en particular si un niño no tiene permitido poner límites con un padre u otra persona de autoridad invasiva. Cuando estamos agobiados y no tenemos el apoyo adecuado para responder a las tareas de la vida que enfrentamos, eso puede ser otro trauma. También se produce un trauma si nos abandonan. La recuperación del alma sana el trauma al reintegrar las partes fragmentadas del alma a la totalidad.

La mayoría de las personas que asumen el rol de padres en nuestra cultura no ha resuelto con éxito la crisis del segundo chakra; es decir, la industria versus la inferioridad para sí mismos a un nivel espiritual. Tal vez lograron un acuerdo con la cultura y los deseos de los padres, o ganar dinero, pero no recibieron apoyo cuando intentaron seguir el camino de su alma. En consecuencia, cuando ven a sus propios niños entrar en su luz y creatividad expresiva, padecen temores o resentimiento o tratan de reprimir esa expresión o aplastarla de alguna manera. Los miedos de los padres controlan a los hijos de manera consciente o inconsciente y les impiden explorar todo su potencial creativo. El padre puede tener incluso las mejores intenciones, pero puede no saber cómo brindar su apoyo, simplemente porque no tuvo un ejemplo a seguir. El trauma muchas veces es consecuencia de la incapacidad de los padres de proveer un recipiente seguro para la vida emocional plena y el espíritu expansivo del niño.

En un esfuerzo por sobrevivir con la mayor integridad posible, se sacrifican pedazos del alma del niño por el bien de la totalidad para que esta pueda vivir en y a través de los momentos de crisis y trauma. Se crea un contrato ante la aparición de un trauma en el cual el niño acuerda hacer a un lado los aspectos de su ser que no tuvieron apoyo o que fueron objeto de abuso. Esto permite al niño sobrevivir con la mayor parte de su sensatez e integridad intactos, aunque sea al precio de comportarse con menos autenticidad o creer que se merece el abandono o el abuso. El niño, sin otra opción, firma metafóricamente un contrato en el que establece que creerá en esta versión disminuida, retorcida y superficial, "en la caja cultural", a cambio de apoyo y aprobación, y con objeto de evitar el abandono, la angustia y, en los casos más graves, abusos continuos más graves. Este "niño adaptado" avanza a etapas posteriores de la niñez y la vida adulta con una sensación, consciente o no, de que algo falta: el yo "auténtico".

Todas nuestras partes deben llevarse al corazón, incluso aquellas que, por miedo, creen en la obediencia ciega a una estructura rígida, en vez de integrarse para la creación. Es tiempo de llevar todo al corazón para que podamos soñar desde ese lugar de plenitud, amplitud y belleza, y completar el gran círculo de la transformación del ser humano.

Los veinticinco años que pasé en psicoterapia fueron en realidad un largo proceso de recuperación del alma. Muy a menudo es mejor acercarse a la recuperación del alma de modo gradual y como parte de una relación continua en la cual se ha establecido la confianza. Dependiendo de la intensidad, la duración, la capacidad de escoger el momento oportuno y la naturaleza de los traumas que produjeron la fragmentación de una persona sobreviviente, su ego puede hacerse muy frágil. En todo trabajo de curación es importante estar atento a esto, pero más en particular con la recuperación del alma.

Con "ego frágil" no me refiero a falta de confianza o autoestima, a pesar del hecho de que estas cosas pueden, en efecto, acompañar a un ego frágil. Me refiero al *ego* en su sentido psicodinámico, como parte de la persona que negocia con el ambiente para satisfacer necesidades y deseos, mantener su capacidad de funcionar consistente y plenamente dentro de la estructura cultural en la que vive. Se puede reconocer un ego frágil por alucinaciones o datos extrasensoriales de naturaleza perturbadora o que no brindan apoyo, por cambios de humor extremos, arrebatos emocionales no negociables, rigidez excesiva, pensamientos extraños no productivos, o la imposibilidad de satisfacer necesidades básicas propias de una vida adulta funcional. Si usted tiene problemas de esta clase, es vital explorar su pasado en la compañía de un profesional calificado. Si el ego no es fuerte en este sentido, la exploración solitaria de los demonios del pasado puede ser peligrosa. En el mejor de los casos, un buen psicoterapeuta también es un chamán.

Cuando comencé la terapia tenía un ego frágil. Tenía dieciocho años, apenas dos años después de terminar la escuela secundaria, y me resultaba muy difícil mantener una estructura funcional externa para mi vida en cualquier periodo de tiempo. Creo que era así porque en mi estructura interna había un conflicto y se derrumbaba perpetuamente. Tras salir de la frialdad, vacío, miedo y dolor que padecí la mayor parte de mi niñez, estaba confundida acerca de cómo seguir mi camino.

Gran parte de mi alma había abandonado mi cuerpo y mi integridad por el trauma sistemático. Cuando dejé a mi familia para ir a la universidad, se sentía como si quedara muy poco de mí. Sabía que tenía que volver a casa conmigo misma, pero no estaba segura de cómo hacerlo.

Ahora sé que tenía un recuerdo corporal de integridad porque me sentía así en el útero y durante algunas partes de mi infancia cuando vivía con mi abuela. Pero una vez que nací y ocurrió el abuso, perdí ese sentido de mí. Mi cuerpo era un mal lugar para estar cuando vivía con mi familia y me tomó muchos años de trabajo en todos los niveles de mi ser para sentirme segura otra vez.

Una gran parte de la recuperación del alma que tuve que hacer se centró en este segundo chakra, a esta edad. Este fue tal vez el momento en mi vida en que más daño se produjo en mí, sin alivio. En la etapa anterior de mi vida, cuando tenía el apoyo de mi abuela, y en la etapa que siguió, la adolescencia, encontré formas de liberarme y empoderarme. Pero los años de mi niñez y prepubertad fueron para mí un infierno aterrador. Fue el periodo más fragmentado de mi vida e incluyó los abusos físicos y sexuales, los nuevos matrimonios de mis dos padres; gané y perdí a una madrastra y tres hermanos, y me mudé de casa dos veces. Durante estos años rondaba más en casa mi padrastro.

Estoy agradecida de que, en ese tiempo, mi energía sexual pudiera absorber la energía abrumadora y abusiva de mi padrastro. De esa manera mi sistema podía contener y descargar el terror a medida que las pesadillas que él representaba se convertían en mis trágicas fantasías. Solo de esta manera pude evitar convertirme en una psicópata. Era muy doloroso tener las imágenes de los abusos que él perpetró en mí e incitar el deseo sexual en mi sistema. Esto es muy triste porque la energía sexual es tan expansiva y creativa, y puede ser el amor y la conexión más saludable. Agradezco que haya otras maravillosas y románticas fantasías y experiencias que produzcan este sentimiento.

Desafortunadamente, esto sucedía en el contexto de mi experiencia católica. En esta etapa de mi vida comencé el sacramento de la confesión, que me enseñó que debía buscar en mi alma pecados profundos, expresiones del pecado original. Aprendí a culparme a mí misma por los horrores que se cometían contra mí. Aprendí que yo era especialmente vergonzosa por el abuso sexual. A los ocho años sentía que todas las cosas sexuales y sexualizadas eran pecaminosas a los ojos de la Iglesia.

Me doy cuenta en sentido retrospectivo que el catolicismo, junto con la dinámica particularmente repugnante del odio y castigo que mi padrastro heredó de su familia original, había comenzado a fusionar la energía del castigo con mi energía sexual.

Puedo agradecer que, a través del tiempo y con la ayuda de sanadores, guías y terapeutas, he sido capaz de limpiar esa dinámica de mi sistema energético. Por medio de las recuperaciones del alma he podido reunir las partes que mi padrastro fragmentó. Con gran apoyo he podido elegir la entereza y la protección del amor. El amor impide el odio, y es este, no la ira ni la justicia real, el que propicia el castigo y nuestra enfermedad colectiva en relación con el mal uso del poder.

▼

La siguiente tarea describe una forma simplificada de la recuperación del alma. La recuperación suave del alma suministra una oportunidad de comenzar a conectarse con los traumas de la niñez y llevar energía amorosa a los aspectos personales que los sufrió.

◈ Octava tarea: una recuperación suave del alma

Una recuperación suave del alma comprende ir a su lugar sagrado y percibir en tu corazón cómo era el alma en tu niñez. Aun si es triste, siempre es seguro y curativo sentir compasión por uno mismo.

Haz que tu animal de poder y tus guías espirituales te lleven de regreso a los lugares donde recuerdas que te lastimaron, enfurecieron o asustaron. Una vez allí, sin revivir nada, abraza a tu niño interior y llévalo a su lugar sagrado para sanarlo y alimentarlo. Puedes utilizar una almohada para acunar a tu niño interior.

Con amor, respira a tu niño interior en tu corazón y plenitud.

◈

Ahora vamos a trabajar con el protocolo completo para la recuperación del alma. Las primeras veces, y siempre para algunas personas, este protocolo se realiza mejor con un chamán entrenado. Una vez que conozcas el proceso, es posible realizarlo formal o informalmente contigo mismo, un amigo o un paciente. Siempre acude a un profesional calificado si es necesario. Es posible que solo desees conocer este proceso y no ejecutarlo hasta leer el resto del libro.

Hay muchas maneras de abordar el protocolo completo para la recuperación del alma. Voy a describir el mapa del método que funciona mejor en mi opinión (fig. 2.6) y proveer un ejemplo de mi niñez para explicar una forma posible de usar el mapa. Esto incluye entrelazar muchas de las conexiones de curación realizadas hasta ahora en este libro.

Antes de iniciar una recuperación del alma debes decidir en qué deseas enfocarlo. ¿Sientes una herida, especialmente de tu niñez, que

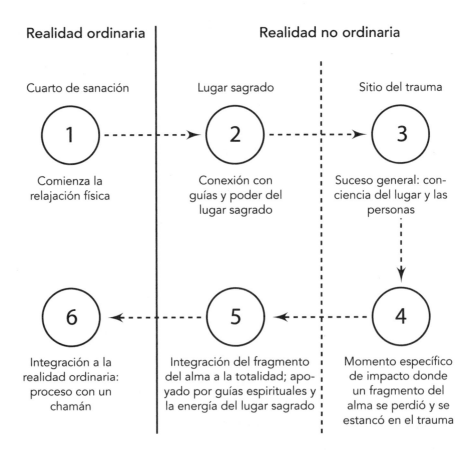

Fig. 2.6. Mapa de la recuperación del alma

no sana todavía? ¿Existe una historia perturbadora sobre un suceso o trauma que tiendes a contar repetidamente? ¿Hay algo que nunca le hayas contado a nadie que necesites sacar de adentro? ¿Hubo algún evento o dinámica que comprometió tu integridad y que debe sanar para que puedas llegar a un lugar de integridad? Cualquiera de estas preguntas podría llevarte a una recuperación productiva del alma.

El enfoque elegido determinará a dónde viajarás en espíritu para el propósito de recuperar una parte de tu alma por el trauma: la localización del suceso que causó la fragmentación de este aspecto de tu alma.

Antes de comenzar, tal vez quieras saber quién actuará como tu guía o guías espirituales. Podría ser el animal de poder que recuperaste en tu trabajo en el chakra anterior, o un aliado del animal de poder. Puedes incluso tener un "equipo" de guías establecidos para este propósito de la recuperación del alma, al igual que lo tengo yo. *Si todavía no has hecho una conexión sólida con tu lugar sagrado y tus guías en las tareas novena y décima del capítulo 1, no realices el trabajo de recuperación del alma hasta que lo hayas hecho.*

❖ Novena tarea: el protocolo completo para la recuperación del alma

Cuando te aproximas al **paso 1** en el mapa de la recuperación del alma debes estar sentado o acostado en la Madre Tierra o cualquier habitación segura y cómoda. Quizás desees oír una cinta de percusión chamánica o que alguien toque el tambor para ti.

Comienza a relajar tu cuerpo, las piernas, brazos, torso, hombros, cuello y cabeza, inhalando la relajación y exhalando la tensión. Un estado de relajación profunda te ayudará a acercarte a la realidad no ordinaria.

En el **paso 2** del mapa nos desplazamos completamente a la realidad no ordinaria. Permítete viajar a tu lugar sagrado, experimentarlo con todos tus sentidos y dejar que te alimente y fortalezca. Antes de seguir más adelante, sugiero que pases suficiente tiempo allí, en tu lugar sagrado familiar al que puedes volver en el momento que necesites durante esta recuperación del alma. Si te sientes abrumado al aproximarte al paso 3, vuelve a este paso y reúne fuerzas hasta sentirte listo para continuar, o busca a un chamán con experiencia para ayudarte.

En tu lugar sagrado, conéctate con tus guías espirituales. Invita al guía o los guías que te apoyarán y protegerán en estos pasos más vulnerables para dar a conocer tu presencia. Habla o establece contacto físico con estos guías y pregúntales si hay algo que necesites saber antes de viajar atrás en el tiempo hacia el escenario del trauma. Es posible que ellos compartan la sabiduría necesaria o estrategia para la recuperación del alma, o pueden simplemente tranquilizarte, prometiéndote su protección.

En el **paso 3,** pide a tu(s) guía(s) espiritual(es) que te guíe o acompañe de tu lugar sagrado al lugar y tiempo aproximados del trauma que intentas sanar. Estudia la situación con la ayuda de tus guías. Percibe a tus guías junto a ti listos para protegerte si es necesario, mientras reconoces ese lugar y ese tiempo. Siente la energía de tu entorno y comienza a entrar en el momento, poco antes de que ocurriera el trauma. Observa los detalles de lo que en realidad está pasando, quién participa y qué hace, y siente la carga energética que amenazará tu integridad. Invita a tus guías a que te brinden seguridad al mismo tiempo que todos crean y ajustan la estrategia de acuerdo con la necesidad. No olvides que has llegado a la realidad no ordinaria en este momento del pasado para recuperar un aspecto de tu alma y llevarlo de vuelta al presente, no para andar de visita. Es posible que experimentes reacciones emocionales por el acontecimiento. Debes reconocerlas mientras continúa la tarea intencionada, sin perder de vista que tendrás el tiempo y el apoyo para procesarlas en el paso 5. Debes estar muy enfocado en los pasos 3 y 4.

El **paso 4** te lleva al momento específico en que una parte de tu alma fue escindida en este lugar. Tu ser adulto, con el apoyo y protección de sus guías, enfrentará ahora a la persona o personas que te lastimaron. Si es necesario, los guías se pondrán de tu parte para enfrentar la situación y al agresor. El niño que es objeto de trauma casi nunca interviene en este enfrentamiento. El Espíritu te ayudará y tus guías sabrán cuándo detener el trauma y utilizarán poderes espirituales para liberar ese fragmento del alma. La mayoría de mis pacientes detiene el trauma antes de que ocurra en la realidad no ordinaria, enfocándose en las intenciones energéticas del agresor o circunstancia traumática y protegiéndose ellos mismos en esta fase de sus historias. Antes de salir de la realidad no ordinaria en este paso, confirma con tus guías y conocimiento interior que has dicho y hecho todo lo necesario para liberar el fragmento de alma de las circunstancias traumáticas y que estableciste los límites verbales y energéticos adecuados en respuesta a cualquier acción inapropiada.

En el **paso 5** del mapa regresas con el fragmento del alma o niño interior traumatizado a tu lugar sagrado bajo la protección de tus guías. Aquí te ayudarán a extraer energía curativa y de limpieza de tu lugar sagrado. El fragmento de tu alma que se había separado se recupera ahora y se reintegra a la totalidad. Tus guías son importantísimos aquí porque te ayudan a sostener esta parte de ti que está conectada otra vez con mucho amor. Es importante agradecer a los guías y al lugar sagrado antes de volver a la realidad ordinaria. (Si lo olvidas, hazlo siempre que lo recuerdes).

En el **paso 6** del mapa nos conectamos otra vez con la realidad ordinaria. Volvemos a nuestro cuerpo físico y procesamos las experiencias y sucesos con alguien seguro y consciente. Al tiempo que sientes los pies en la Madre Tierra, toma un poco de tiempo para sentir tu cuerpo mientras adoptas tu nueva integridad energética. Aquí podemos integrar el significado de la recuperación a nuestra conciencia, incluidas nuevas creencias y el contrato que firmamos con nosotros mismos. Tal vez seas consciente de una imagen o símbolo que representa tu nueva totalidad. Es bueno describir este cambio de tu sentido de integridad en tu diario, o compartirlo verbalmente con un ser querido.

❖

Para darte una idea más concreta de cómo puedes desarrollar este proceso, ahora describiré cómo hice uso de este para sanar la división entre dos aspectos de mi niña interior traumatizada: Peanut y Suzie. Comenzaré contando cómo ocurrió esta división.

Un típico sábado me desperté y me dirigí a la cocina a servirme un plato de cereal. Después de comer me dirigía a la sala y me disponía a tener una mañana viendo los dibujos animados, sin interrupciones. Normalmente mi hermano, un año mayor, se despertaba también y cambiaba de canal. Entonces comenzábamos a pelear. Mi padrastro salía con su cinturón. Mi hermano corría a su cuarto y yo acababa en el piso golpeada con el cinturón. No estoy segura de qué era peor: el dolor de ser golpeada o el miedo a los ruidos animalescos de mi padrastro cuando me golpeaba. Recuerdo intentar escapar de él, moviéndome como un cangrejo, y mis piernas tibias al orinarme en mi bata de noche. Cuando lo pienso, nunca puedo acordarme de qué pasaba después. Yo solo puedo pensar que me disociaba, saliendo de mi cuerpo, dejando que mi conciencia se separara para que mi sistema nervioso no sufriera un cortocircuito permanente. Solo cuando al final volvía en mí, muchas veces estaba en mi armario, el único cuarto de la casa que en verdad era mío y donde me sentía segura.

Mi madre dormida nunca escuchó mis oleadas de indignación, dolor y miedo. Cuando traté de contarle lo que había pasado, sus ojos se tornaban vidriosos. "Pues no pelees con tu hermano", me decía. La injusticia y brutalidad me parecía obvia pero nunca lo presenció otra persona. Algo importante en mí se redujo al tamaño de un cacahuate.

Algunos sábados en la mañana pensaba que ir a ver la televisión, dadas las circunstancias, era una mala idea. Así que me quedaba en la habitación que compartía con mi madre y mi padrastro. Podía rezar, leer y colorear. A veces cuando me quedaba en la habitación mientras mi madre dormía, mi padrastro me pedía un masaje. Le gustaban caricias suaves o que le hiciera cosquillas en la espalda, y emitía unos ruidos incomprensibles. Comenzaba a sentir que mi piel ya no me pertenecía. Lo recuerdo tocando mis brazos y piernas. Eso me hacía sentir extraña y terriblemente asustada. Yo ya le tenía terror por las palizas, así que no tenía ningún poder para detenerlo. Perdía mi voz en esos momentos, apagada por el miedo, y me convertía en un ser desconocido.

Esta parte de mí se convirtió en Suzie, el nombre por el que me llamaba mi padrastro. Ella podía manejar la situación con una calidad descarada que salía del sentimiento de estar ya dañada y no tener nada que perder. La otra parte de mí, Peanut, se quedó escondida en el armario. Lamentablemente yo era las dos muchachas: una que participaba en el abuso porque yo necesitaba cualquier atención para no morir de inanición emocional, y una que se arrepentía por mi "pecado" de no tener otra forma de satisfacer mis necesidades.

Ambos aspectos de mí sufrieron abusos que comprometieron la integridad. Peanut absorbió la peor parte del abuso físico y se interiorizó, además de usar el armario para protegerse del asalto doloroso, desconcertante y humillante. Creo que Suzie absorbió el peso del abuso sexual, se disoció y se extendió demasiado, consiguiendo el afecto y la atención no obtenidos con ninguna otra acción; eso la dejó ansiosa y llena de vergüenza ajena. Peanut se refugió en su conciencia de modo excesivo y comenzó a golpearse a sí misma. Ella abrazó la moralidad católica de todo corazón y se condenó; se escondía de la gente en su caparazón, afirmando sus aspiraciones de ser una niña buena, y se juzgó severamente, hasta distanciarse de otras personas, segura pero sola y afligida. Suzie intentó aceptar la actitud de su madre y su padrastro, el descaro, y escondió la irresponsabilidad hacia su ser y su espíritu. Yo quería ser íntegra, pero fui lastimada en respuesta a ello. En vez de sacrificar totalmente alguna parte de mí, me dividí en dos.

Esta es la recuperación del alma que examino aquí: yo misma a los ocho años. Sé, antes de emprender este viaje de recuperación del alma, que tendré que recuperar a dos "yoes", porque las dos mitades formarán la totalidad.

Tengo un equipo de guías para apoyarme en la recuperación del alma. Tomé a María Magdalena como mi guía espiritual para este trabajo, por sus conexiones con la energía de las divinidades femenina y masculina, dado que se necesitan las dos para la sanación. Y la abrazaba como redentora porque ella tenía la experiencia, el poder, la sabiduría, y vivió "fuera de la caja" por elección, aunque fue juzgada y condenada como una prostituta. Sentí que ella podía entenderme y reconocer mi alma. Como ya he dicho, el Águila Guía y la Mujer Águila son guías espirituales importantes para mí y más aún en la recuperación del alma.

Tenía treinta y siete años y estaba separándome de mi marido cuando exploré mi propio segundo chakra y me di cuenta de que estaba gravemente fragmentado por los traumas de mi niñez. Inicié este viaje de recuperación del alma en la playa Rye, un lugar donde pasé mucho tiempo durante mi separación y donde siempre he sentido una cercanía especial con mis guías, sentándome cerca del agua resplandeciente y respirando suavemente hacia dentro de mi cuerpo y la Madre Tierra, con los ojos entrecerrados y desenfocados.

▼

Cuando me siento relajada y lista, viajo a mi lugar sagrado, un valle en el desierto con un riachuelo que lo atraviesa. Aquí me conecto con las dos Marías (paso 2). Sé que necesito a las dos para recuperar mi ser escondido de ocho años. Y Jesús está allí también, un poderoso hombre-rey que puede contener la plenitud de la energía de la divinidad femenina, en vez de dividirla artificialmente en dos partes. Mis padres águilas también están allí, sentados en los riscos, vigilantes y amorosos.

Mis guías espirituales trazan un círculo alrededor de mí energéticamente. Ellos comparten un mensaje importante conmigo sobre el proceso que estamos a punto de emprender. Estos mensajes no están cifrados en palabras. Salen de sus ojos mientras me miran fijamente. Siento su amor penetrar mi corazón. Incluso la feroz Mujer Águila siente profundamente por mí al tiempo que derrama lágrimas como respuesta a todo aquello con lo que luché. Me siento completamente apoyada por su presencia unísona, que dice: "Tú mereces estar completa".

Mis guías espirituales me llevan de mi lugar sagrado al apartamento donde vivía cuando tenía ocho años (paso 3). Nos reunimos allí, percibo el ambiente general del lugar, su opresión y toxicidad. Siento que mis guías están aquí conmigo, protegiéndome y guiándome. Cuando llegamos al paso 4 del mapa, vamos al armario para encontrar a Peanut. Para mi sorpresa, es María Magdalena la que está sentada con ella. Peanut no confía en ella al principio porque piensa que es una pecadora, pero está impresionada por la bondad del corazón de María Magdalena, la calidez de su sonrisa y manos, y la suave dulzura de su cuerpo. No hay mucho espacio en un armario, así que están cerca. Peanut no ha tenido afecto físico de ternura sin un motivo oculto desde que la abuela Margie se mudó a Nuevo México un par de años antes. Al principio es desconcertante y después un alivio.

Cuando María Magdalena y Peanut abren la puerta y salen del armario, mi padrastro y un sacerdote tratan de detenerlas y gritan: "Ella debe arrepentirse". Pero María Magdalena les exige que se aparten del camino y les ordena: "Mírense en un espejo". Hay una vibración en su voz, como un terremoto. Peanut se sorprende cuando el sacerdote y su padrastro salen a buscar el espejo. María Magdalena lleva a Peanut al lugar sagrado.

Entonces, la Madre María me lleva a la habitación donde Suzie es "acariciada" por su padrastro. Ella le exige que deje de hacer lo que está haciendo. Ella le dirige una luz poderosa y él se detiene de inmediato y retrocede y luego parece estar paralizado. Ella le exige que "mire a Suzie y vea cómo se siente". Al principio mi padrastro tartamudea: "Ah... a ella le gusta esto...". Entonces Mary muestra su enojo y alza más la voz: "¡Mírala! ¿Cómo se siente?".

"Ah... ella tiene miedo... ella está sola".

"Debería estar avergonzado de sí. Vaya a digerir su propia vergüenza para que no la transmita a otros. Debe descubrir y curar el origen de su vergüenza. Entretanto, no merece hallarse cerca de los niños", lo regaña. A continuación, recoge a Suzie y nos lleva de vuelta al lugar sagrado, seguido por Jesús y los Águilas.

Suzie, Peanut y yo nos sentamos juntas con María Magdalena, Madre María, Jesús y los Águilas mientras comenzamos el paso 5.

Los guías espirituales y yo rodeamos a las niñas. Es tan pacífico el lugar sagrado. Primero, las niñas absorben energía de la tierra que nos conecta con ella. En seguida, se bañan en la cascada cálida y cristalina y el agua que fluye. Toda la energía tóxica de mi familia es removida de ellas. Las dos niñas sienten como si estuvieran hechas de la energía del agua. Se secan en el tibio sol, acariciadas por el aire suave y dulce.

Jesús se encuentra entre las dos Marías. Su aura está profundamente nutrida por su presencia y, a su vez, las sostiene con reverencia. Las jóvenes niñas sienten sus conexiones con las dos Marías y se sienten protegidas con amor y aceptación. Y como Jesús tiene el poder de sostener a las dos Marías, reconociéndolas como mujeres íntegras y multifacéticas, las dos con sexualidad y divinidad sustentadora, las dos niñas se fusionan y una vez más son ya una niña completa, con múltiples facetas y autenticidad, sostenidas en seguridad y honor. La Madre María explica que ella concibió a Jesús por medio de una unión espiritual y sexual con su padre, y María Magdalena explica que ella es la compañera y esposa de Jesús. Ellas dos son sanadoras y mujeres sabias por derecho propio. Resulta claro que todos en el círculo están íntegros y completos. La niña restituida se sienta en mi regazo cerca de mi vientre y se conecta con mi segundo chakra, incorporándose al conjunto de mi cuerpo energético. No hay necesidad de más sacrificios de mi parte. Yo les expreso mi agradecimiento a mis guías que me han apoyado para llegar a este conocimiento.

En el paso 6 siento que estoy sentada de nuevo cuenta en la playa Rye, mientras llevo mi conciencia de regreso a mi cuerpo físico y veo las suaves olas. Estoy consciente de que la experiencia de la recuperación del alma con mis guías me enseñó que en verdad merecía estar integrada. Siento la arena debajo, el sol cálido sobre mí, el aire salado a mi alrededor y el agua sagrada moviéndose hacia mí con la marea creciente, y que las dos niñas reintegradas dentro de mí son ahora la auténtica mujer de las olas. Fue ella quien hizo que las olas o expresiones de verdad en relación con mi experiencia fueran necesarias, pese a que mi madre no pudo manejarlas. Aprendí a surcar las olas de la desesperación y los desafíos en el barco —y en la vida— con el apoyo de todos los elementos.

▼

La recuperación del alma me ayudó a aprender a tener compasión para mí misma: por las elecciones que había hecho y por mi incapacidad para hacer algo diferente en respuesta a lo que sufrí. Por medio de la recuperación del alma, es posible aprender a sostenerse a uno mismo en su propio corazón. La curación en integridad procede de este lugar.

Después de realizar una recuperación del alma es bueno fijarla en el cuerpo energético por medio de la práctica de la respiración *ujjayi*. El enfoque requerido para esta técnica de respiración te permite estar completamente presente en cada fibra de tu ser, al tiempo que incorporas las piezas recuperadas de tu alma.

La *ujjayi* es una respiración de sonidos y el sonido es como el de las olas del océano. Es una maravillosa respiración que puede realizarse cuando quieres relajarte y conectarte con el elemento del agua. Nos da el poder de sostener e integrar nuestras emociones para que la curación pueda ocurrir en un nivel muy profundo. Podemos entregar nuestras heridas al poder curativo del océano. Esta respiración me ha servido para ser la mujer de las olas. Con ella puedo cambiar de forma al glorioso océano que cubre tres cuartas partes de la superficie de la tierra.

❧ Décima tarea: la respiración ujjayi

Para realizar la respiración *ujjayi* inhala profundamente y exhala como si trataras de empañar un espejo. Esto contrae la parte posterior de la faringe. Ahora, inhala y exhala por la nariz con la parte posterior de la garganta contraída. Se producirá un ruido como el ascenso y descenso de las olas. Respira profundamente dentro de tu abdomen con esta respiración del océano. No pienses en nada en particular. Solo respira y observa qué pasa. Siente el océano fluir por tu cuerpo, conectando los lagos, las corrientes de la marea y los arroyos con la totalidad de ese fluido que eres tú mismo, al tiempo que integras las emociones y la curación emocional a la totalidad de tu ser.

Con esta respiración me di a luz a mí misma, la Venus de la concha, la mujer de las olas, en la amplitud del Espíritu y los cuatro elementos. Y con esta respiración di a luz a mi hija, Kelly, desde su vida amniótica intrauterina hasta mis brazos.

❖

ABRAZAR LA INTEGRIDAD, RECHAZAR EL SACRIFICIO

Hay demasiado sacrificio en nuestra mitología occidental. Los judíos abrazan a Isaac; los musulmanes a Ismael, y los cristianos a Jesús. En el *Antiguo Testamento*, Abraham estaba dispuesto a sacrificar la vida de su hijo Isaac para probar su obediencia a Dios, y este le exigió el exilio del primogénito de Abraham, Ismael. En el *Nuevo Testamento*, Dios sacrificó la vida de su propio hijo, Jesús, quien estaba dispuesto a morir para que nuestros pecados fueran perdonados. De alguna manera, el sacrificio ha llegado a ser una manera aceptable de operar en la vida, sea el sacrificio de personas en aras de una presunta santidad, justicia o derechos de otros, los atentados suicidas, la masacre de las criaturas de la Madre Tierra, o la destrucción de la selva tropical para servir al imperialismo capitalista y el consumismo excesivo.

Yo propondría que ya es tiempo de que la humanidad revise de corazón el paradigma del sacrificio. En mi trabajo como masajista, maestra de yoga, psicoterapeuta y chamana, nunca he encontrado ninguna situación en que el sacrificio sea una dinámica terapéutica. (Aunque hay momentos importantes en los que, después de una seria reflexión, uno tiene que tomar una posición firme y arriesgarse a sacrificarse para el bien común, como el ayuno de Gandhi para la libertad de la India o las décadas que Mandela pasó en la cárcel).

Creo que es importante compartir cosas materiales con personas que no tienen lo necesario para sobrevivir y tener calidad de vida; pero eso no es sacrificio, porque la persona que las comparte conserva su integridad. También creo que, si no ayudamos a las personas carentes de lo necesario para sobrevivir con una calidad de vida decente, los estamos sacrificando, no para nuestra ganancia espiritual, sino para la propia ganancia material. Este es un crimen que casi nunca se aborda en este país; sin embargo, desprendernos de lo que en verdad necesitamos por una teoría espiritual que sirve a algún propósito elevado es una locura. Para curar a la humanidad es necesario abrazar nuestra integridad, incluidas la conciencia y la expresión emocional, la creatividad saludable y la sexualidad espiritual.

En su escrito *Sent by Earth*, una respuesta a los sucesos del 11 de septiembre de 2001, Alice Walker escribe acerca de la tribu babemba en Sudáfrica y su reacción ante una persona que actúa de manera injusta e irresponsable. "Él se halla en el centro del pueblo, solo y sin impedimentos. Todo trabajo cesa y todos los hombres, mujeres y niños del pueblo se reúnen en un gran círculo alrededor del individuo acusado. Entonces cada persona de la tribu habla con el acusado, uno por uno, acerca de todas las cosas buenas que la persona en el centro del círculo ha hecho en su vida. Se realiza un recuento de cada incidente y experiencia que puede recordarse con detalle y precisión. Se recuerdan de modo cuidadoso y exhaustivo todos sus atributos positivos, buenas acciones, fortalezas y bondades". Podríamos aprender mucho sobre cómo transformar el comportamiento irresponsable de esta dinámica energética. Cuánto más poderoso es para el sistema nervioso y el espíritu recordar las capacidades propias y la realización previa de bondad, que se nos pida un sacrificio. Yo creo que sería más poderoso que el castigo, que produce humillación, vergüenza y una pérdida de autoestima, que luego debe sanarse antes de que la persona pueda conectarse plenamente de nuevo con el Espíritu.

Es tiempo de reunir los fragmentos del alma y devolverlos a nosotros mismos, nuestras partes que fueron sacrificadas, casi siempre en la niñez, porque alguien fue inmaduro, agobiado o sumergido en un velo de ignorancia e inconciencia. Es el momento de saber, por medio de la curación, qué fue sacrificado en nosotros y cómo no sacrificar a nuestros propios hijos.

Al final de esta etapa de mi propia infancia me encontraba alejándome del cristianismo, pero pensaba con frecuencia en cómo había sido castigado Jesús por cuestionar las leyes que oscurecían el corazón. Y pese a ello, al momento de morir, dijo: "Padre, perdónalos, porque no saben lo que hacen". Incluso mientras sufría el castigo más horrendo e injusto, abogó por acabar con todo castigo. Él murió para que los pecados pudieran perdonarse y abogó para que cambiáramos este paradigma de castigo y sacrificio. ¿Quiénes somos para perpetuar este viejo paradigma mientras castigamos y sacrificamos a nuestros hijos y congéneres humanos, en vez de curar y disolver el odio a la luz del amor? Con el castigo oscurecemos el espíritu; con el sacrificio fragmentamos el alma. En el amor llevamos nuestras debilidades a nuestras fortalezas y crecemos.

3
Los fuegos de transformación
Un viaje para encontrar nuestra misión

El caluroso verano antes de mi primer semestre de la universidad estuvo marcado por el reino del terror de un asesino local que se hacía llamar hijo de Sam y por un apagón inmenso en la ciudad de Nueva York. Con frecuencia podían encontrarme llevando un uniforme de poliéster color naranja, ya que trabajaba en el Hotel Howard Johnson's como anfitriona. En ese entonces me encontraba preparándome para la universidad y leyendo libros sobre el misterioso Triángulo de las Bermudas. Se desarrollaba un posible y apremiante amor que me atraía más allá de toda emoción que hubiera experimentado con anterioridad.

Aunque yo lo había invitado, apenas pude creer cuando apareció ante mi puerta justo después de medianoche, con sus ojos azules que penetraban la oscuridad. El universo se expandió cuando abrí la puerta, sonriendo, ofreciendo vino, poniendo los discos que le cantaban a mi alma: Jackson Browne, Neil Young, Carly Simon. Mis padres estaban fuera y mi hermano trabajaba de noche; sabía que tendríamos toda la noche para nosotros.

Tenía dieciséis años y nunca me había sentido tan íntimamente conectada con otra persona. Él me reveló que había intentado suicidarse

93

solo seis meses antes de nuestros besos empapados en vino. Yo también había estado muy cerca del borde de querer terminar mi vida muchas veces, pero nunca había cruzado esa línea. Él había estado ya al otro lado, había vuelto y era capaz de abrirse ante mí y explicarme cómo toda la terapia a la que se había sometido lo había ayudado a transformar su vida.

La historia de cómo abrazó la transformación me conmovió como nunca antes. El vapor de nuestras lenguas se fusionó mientras yo me abría de una manera sin precedente, al tiempo que un nuevo ser apasionado emergió de donde había estado yo apenas solo unos instantes. Por primera vez me vi como amante, entregándome a algo que superaba todo lo imaginado antes. Aquella noche vibramos con una sexualidad sin límites, expresando nuestros jóvenes fuegos interiores, encendiéndonos y enardeciéndonos, hasta ser el sol y todas las estrellas en explosión del universo.

La familia de Mark pertenecía al mundo del teatro y él había crecido inmerso en ese ambiente. Me llevó a ver mi primera obra de teatro, The Basic Training of Pavlo Hummel, con Al Pacino. Me cambió la vida. Todas las secuelas de la guerra en Vietnam, la angustia, la confusión y la ira, estaban representadas en el escenario, tan crudas como la pesadilla que eran. Yo observaba sin aliento y afligida. Me abrí al conocimiento de que el arte podía ser un vehículo para transmitir la verdad descarnada y poderosa. Yo misma me inscribí en clases de teatro más tarde.

Mi querido amigo Mark ha sido toda la vida un catalizador y un vehículo para mi pasión, amor, verdad, expresión y transformación. A pesar de intentarlo varias veces a lo largo de casi treinta años, no estábamos destinados a ser una pareja romántica, pero él y yo tenemos una conexión del alma profunda. Él abrió puertas esenciales para mí en esta etapa crítica del desarrollo al arte, la terapia y la creencia en la posibilidad de curar. A nuestra propia manera, hemos seguido profundamente comprometidos el uno con el otro.

▼

Nuestro adolescente interior está personificado en el tercer chakra, el centro energético conectado con el elemento del fuego. El tercer chakra se localiza en el abdomen superior, e irradia luz amarilla mientras gira sobre el ombligo, activando y equilibrando las glándulas suprarrenales (fig. 3.1). El plexo solar, el haz de nervios relacionado con el tercer chakra, procesa la energía del fuego del sol. Me he quedado maravillada

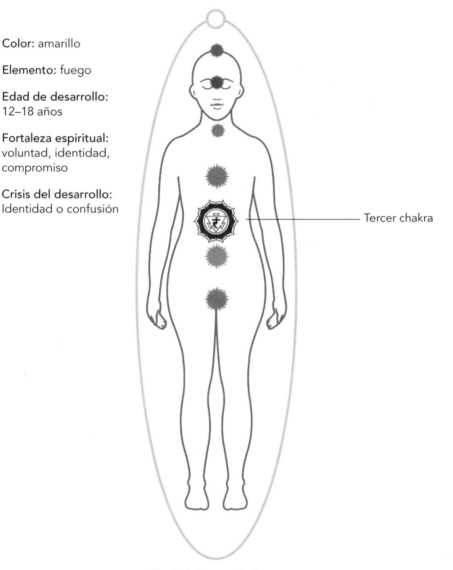

Color: amarillo

Elemento: fuego

Edad de desarrollo:
12–18 años

Fortaleza espiritual:
voluntad, identidad,
compromiso

Crisis del desarrollo:
Identidad o confusión

Tercer chakra

Fig. 3.1. Tercer chakra

con los instintos de los tigres siberianos en el zoológico del Bronx, los cuales de forma simultánea exponen sus vientres al fuego del sol.

Es importante mantener una relación con el elemento del fuego. Este es el elemento de transformación, pasión y compromiso. Desde una perspectiva chamánica, el fuego le habla a nuestros corazones, consume todo lo falso o innecesario y revela verdades esenciales de nuestros seres y cultura. Esta es su función purificadora. El fuego también arde cuando lo hacen nuestras pasiones. Para mantener encendido el fuego espiritual de nuestras pasiones y poder crecer personal y colectivamente, debemos alimentarlo; y alimentar el fuego es un proceso progresivo. Será nuestro compromiso disciplinarnos todo lo necesario para mantener el fuego encendido. El fuego es energía intensa para abastecer el proceso de la creación y la realización del verdadero poder expansivo. Muchas de las tareas de este capítulo están diseñadas para aumentar tu conciencia de este fuego y fortalecer tu conexión con él.

El desafío o crisis del desarrollo de esta etapa, que se extiende desde los doce hasta los dieciocho años, es la identidad; es decir, tener un sentido central de quiénes somos en verdad en relación con nuestro carácter, intereses, valores y pasiones, contra una confusión de roles. La principal tarea chamánica de esta etapa se enfoca en encontrar una misión, tema o propósito general para nuestra vida. En esta etapa comenzamos a saber quiénes somos realmente, qué nos importa y los vehículos por los cuales podemos comenzar a expresarnos.

La danza hormonal de la adolescencia impulsa la aparición de las pasiones: grandes emociones, apetitos e instintos. Nuestras pasiones generan la energía necesaria para perseguir lo que nos atrae. Al conocer quiénes somos y conectarnos con nuestra voluntad y poder enfocado y equilibrado (como haremos en las tareas físicas en este capítulo), podemos avanzar hacia el acto maduro de compromiso, avocándonos a seguir un curso de acción digno.

No saber quiénes somos y por qué estamos aquí produce muchísima ansiedad y depresión. No vivir nuestra misión puede crear mucha angustia interna. No creo que podamos conocer todos los detalles de nuestra misión durante la adolescencia, pero sí podemos recibir apoyo para descubrir quiénes somos en verdad, qué nos importa en sumo grado y qué podemos hacer para expresarlo en el mundo en grande.

La tarea chamánica de buscar una visión, que se describe más adelante en este capítulo, es invocar a la naturaleza, los elementos y los guías espirituales para que actúen como espejos que reflejen nuestra profundidad y nuestras identidades centrales. Estos nos pueden dirigir hacia los retos que nos enfrentan en el mundo en general y nuestras propias capacidades singulares para modificarlas lógica y favorablemente. La búsqueda de una visión nos ayudará a encontrar, expandir y/o profundizar el sentido de lo que hacemos aquí y cómo podemos hacerlo.

Puesto que la adolescencia es una época de aumento de las hormonas que avivan la pasión, la orientación espiritual en este chakra es de mucha importancia. Cuando no se los observa, vigila y apoya en cuanto a su yo central, los adolescentes pueden ser muy egocéntricos. Pero si alguien se toma el tiempo de reconocerlos, canalizarlos y proteger sus pasiones, encaminándolos a compromisos productivos que los satisfagan, los adolescentes pueden ser muy creativos y altruistas. Debemos canalizar la energía de los adolescentes en formas que no sean explotadoras y que los hagan sentir plenos; formas que sumen, y no que resten, el valor de la vida para todos.

Desde el punto de vista cultural, estamos muy estancados en esta etapa del desarrollo en algunos aspectos. En Estados Unidos seguimos tratando de descubrir si nuestra identidad se enfoca en acumular riquezas en detrimento de los demás o estar al servicio de un mundo para que sea un mejor lugar para todos. Parte de lo que nos estanca en nuestra cultura es la adicción colectiva al materialismo. Muchas veces hacemos énfasis a nuestros hijos en lo externo; por ejemplo, la ropa, los carros, las calificaciones y los comportamientos y apariencias convencionales. En realidad, le damos muy poca atención a quién es realmente ese joven en su interior.

Somos adictos al materialismo y sacrificamos demasiado por él, incluidos un ambiente seguro y no tóxico, programas sociales adecuados para las personas necesitadas, así como la coexistencia pacífica y respetuosa con los demás y con otros países alrededor del mundo. Al igual que sucede con cualquier adicto serio, estamos dispuestos incluso a sacrificar nuestras vidas. Ya no nos sorprende que los jóvenes se hagan adictos al tabaco, al alcohol, a las drogas, al sexo, a la comida, a la televisión, a los juegos de video, al internet, a la pornografía, la toma de riesgos, la inanición (anorexia) y a otros comportamientos. Sus vidas se han visto ensombrecidas por esta enorme adicción cultural y todas sus consecuencias globales.

En mi primera infancia, mi padre estuvo sin empleo la mayor parte del tiempo por su enfermedad y mi madre trabajaba por un sueldo bajo contestando teléfonos. Cuando tenía nueve años mi padrastro ganó algo de dinero en la bolsa, así que durante unos años pudimos gozar de un par de lujos, como un velero. Pero cuando cumplí los doce años él lo perdió todo y más; contrajo una deuda enorme por el resto de mi niñez. En consecuencia, mi familia era relativamente pobre. No lo llamábamos así, pero nunca teníamos dinero extra, incluso nos faltaba algunas de las cosas que otras personas de nuestro suburbio consideraban artículos de primera necesidad. Había momentos en que envidiaba la ropa, los carros y los viajes exóticos de otras personas. Cuando quise más cosas como adolescente, por lo general era consciente de no sentirme bien conmigo misma. Me sentía gorda, torpe, indigna de amor. Durante casi una década, desde los doce hasta los veintidós años, luché con varias adicciones: la comida, el alcohol, las drogas, el tabaco, el sexo y la televisión.

Hasta los dieciséis años pasé mucho tiempo viendo televisión. Era adicta a las telenovelas y por ellas dejaba de ir a la escuela; las repeticiones de *La isla de Gilligan,* cualquier cosa que proveía contacto humano que no me doliera ni me lastimara. Mientras veía la televisión, consumía demasiada azúcar. Después de algunos años de terapia encontré otras estrategias de adaptación más eficaces. De alguna manera, cuando tuve que elegir entre el dinero y la expresión de mi alma, mi alma siempre se impuso. Podía movilizar mi energía alrededor del arte y la sanación. Estaba encontrando mi verdadera profundidad e identidad.

Para mí, uno de los aspectos más llamativos del chamanismo es que mucha gente indígena y sus chamanes no desean abrazar los excesos de la cultura occidental moderna. Perseguir esos excesos es considerada una forma de vivir de manera desequilibrada con la Madre Tierra. En nuestra búsqueda de las apariencias y el materialismo, creamos una gran cantidad de toxicidad, mucha de la cual puede encontrarse en nuestro sagrado ambiente. Para poseer las cosas que deseamos, envenenamos nuestro medio ambiente, creando dinámicas carcinógenas para nuestros cuerpos.

Con frecuencia, cuando los jóvenes nos expresan su preocupación por estos asuntos, como la contaminación, el calentamiento global y otros temas del medio ambiente, los llamamos idealistas o soñadores, carentes de sentido práctico. En lugar de ello, debemos alentarlos a soñar en nuevas decisiones y nuevas maneras de vivir, que sean productivas y profundamente satisfactorias. Es necesario considerarlos como maestros, capaces de mostrarnos una perspectiva fresca sobre problemas viejos. Necesitamos idear un nuevo sistema en el cual sea completamente innecesario explotar a otros seres humanos y especies; un sistema que condena la idea de la explotación como algo beneficioso para los que son explotados.

Como ciudadanos de Estados Unidos que representamos colectivamente la etapa del desarrollo de la adolescencia, podemos vernos reflejados por la Madre Tierra y adoptar el trabajo chamánico que nos lleva a una relación con el Espíritu. Para prepararnos para esta misión necesitamos purificarnos y ser animados a expandirnos en la plenitud de nosotros mismos por el elemento de fuego.

Para sanar este chakra, es preciso reconocer nuestro pasado y presente, las heridas personales y colectivas, y la forma errónea de usar nuestras mentes y poder. Somos por tanto libres de echar nuestro dolor e inconciencia al fuego, purificarnos por completo y seguir adelante con nuestras vidas.

Las tareas chamánicas de este capítulo concluyen con una ceremonia que celebra la llegada a la mayoría de edad. Al diseñar y facilitar esta ceremonia nos movemos desde explorar nuestra identidad hasta emitir una declaración sobre lo que hemos llegado a ser. Puesto que cada aspecto de la ceremonia está impregnado de significados, es necesario que hayas revisado el *statu quo* de la cultura en la que te educaste y conservar solo lo que es digno de conservar. Con tu pasión y compromiso, estarás en pleno control de tu misión.

CONEXIÓN CON EL ELEMENTO DEL FUEGO

Mi abuela Margie adoraba un buen fuego. Su casa en Yonkers tenía una chimenea y me acuerdo de las llamas y el calor de su hogar. Cuando tenía tres o cuatro años, la abuela hizo un fuego y le agregó algo mágico (supongo que algo químico) que le dio todos los colores del arcoíris, como si fueran fuegos artificiales. Yo estaba fascinada y emocionada. Mi abuelo también hacía fuegos afuera de su casa, cuando quemaba las hojas que juntaba del jardín. Mientras crepitaban y reventaban, su humo le daba un cierto olor al vecindario. Durante los veranos que pasaba en la casa de mi abuelo en el lago Champlain, en Vermont, también hacíamos fuegos en la noche cuando bajaba la temperatura. Él encendía fogatas afuera después de ir a pescar por las mañanas para poder cocinar toda nuestra pesca. ¡Nada más delicioso que esto!

La pequeña casa de Margie en Nuevo México también tenía una chimenea. Y tal vez era el calor del fuego el que atraía a las tarántulas, que la visitaban con frecuencia, además de los búhos. Cuando estaba allí con ella, a los diecisiete años, solíamos sentarnos delante de la chimenea después del ocaso. Aunque ya no teníamos la misma conexión que habíamos tenido cuando era niña (ella era mejor con los niños más pequeños), aún era importante para mí en esa etapa de mi vida recordar que alguien me había visto y amado en verdad y no temía expresarlo. Intenté arrojar los sueños rotos de la última década de mi vida a su fuego para poder seguir adelante, regresar a la universidad y no dejar de ser creativa con mi vida. Creo que con ese fuego de testigo confirmé mis sueños de actuar, escribir y bailar. Yo sé que mis padres no consideraban mi decisión una elección práctica, pero cuando regresé a Nueva York tenía muchas ganas de regresar a la universidad para perseguir mis sueños.

Esta primera tarea te ayudará a acercarte al fuego con seguridad, mientras comienzas a establecer una relación con él. El fuego refleja las pasiones que arden en nuestro interior y revela la verdad acerca de quiénes somos. Con mucha frecuencia debemos quemar las cosas que otras personas nos han impuesto como importantes y hacer un espacio para lo que es realmente importante para nosotros.

❧ Primera tarea: viaje al fuego

Dirígete a tu lugar sagrado. Experiméntalo a través de tus sentidos. Cuanto más te entregues a tus sentidos y los detalles de este viaje a tu lugar sagrado, más poderoso será.

Encuentra el fuego en tu lugar sagrado. Siente el poder que tiene allí. Llévalo hacia ti. Es posible que encuentres el fuego donde menos lo esperas. Puede ser un fuego real, un volcán, lava, agua geotérmica o un animal de fuego, guía, dios o diosa, o huaca. Puede ser el fuego de tu ADN o la mitocondria, en lo profundo de estas moléculas celulares y organelos*.

Permite que el fuego te cubra, sintiendo este proceso. Puede ser literalmente un baño del sol. O puedes tú saltar al volcán o ser devorado por un dragón para emerger purificado. Puede ser también un ritual de limpieza realizado por tu guía de fuego. Déjate purificar, incluso si tienes que "morir" para renacer.

Es posible que percibas un sentido profundo de las viejas percepciones, creencias y energías que te consumen. Quizás te veas a ti mismo y al mundo de una manera nueva. El fuego puede decirte lo que necesitas saber de tu verdad y de tu yo más profundo. Puedes ir a donde te lleve el Espíritu, la inconciencia o tu imaginación.

Vuelve a la realidad ordinaria y registra el viaje en tu diario.

---

*Un chamán del Amazonas con quien estudié me explicó que el ADN es la luz de fotones y nuestra conexión cósmica con el fuego de las estrellas. Todos estamos hechos de los átomos de la explosión de estrellas. Jeremy Narby también escribe sobre esto en su libro *La serpiente cósmica*, "El ADN emite fotones con tal regularidad que los investigadores han comparado el fenómeno con un láser ultradébil".

❧ Segunda tarea: una ceremonia cotidiana del fuego

Para conectarte con el fuego, sal al exterior. Siente el sol. (Si te preocupa el riesgo de exposición, hazlo en un momento de menor intensidad solar). Siente cómo entra en ti. Absórbelo. El sol brilla intensamente, incluso detrás de las nubes. Siente la energía del fuego exterior fusionarse con el fuego interior. Encontramos el fuego dentro de nosotros en el ADN y la mitocondria celular. Tal vez puedas también sentir fuego en el abdomen, especialmente a nivel del plexo solar, donde reside el tercer chakra.

Regresa al interior. Enciende un fuego en la chimenea o una vela. Este lugar cerca del fuego puede ser tu lugar especial para la meditación. Conéctate con la energía ancestral del fuego. Siente el apoyo de la chispa de la creación que eres tú. Confíale al fuego tus sueños para la humanidad y tu misión dentro de esos sueños. Libera tus inseguridades, sabiendo que has resuelto ya las crisis de los chakras anteriores. Siente la plenitud. Deja que la energía del fuego te transforme al tiempo que ves con claridad tu misión y desarrollas la capacidad de tolerar tu pasión. Respira y deja que el fuego sea un contenedor para tu pasión y tu misión. Expresa tu agradecimiento al fuego por tu apoyo.

❧

La adolescencia puede ser un tiempo poderoso cuando probamos todas las creencias (afiliaciones políticas, religiones, orientaciones filosóficas, posibilidades vocacionales, estilos de vida, autoimágenes) que nos ofrecen nuestras familias y la cultura en la que vivimos, y decidimos si nuestro espíritu puede prosperar dentro de ellas. Con bastante frecuencia, las personas cargan con esas creencias en la vida adulta por miedo, incluso cuando ya no tienen ninguna utilidad. La creencia se convierte en lo normal, pero lo normal no es enriquecedor.

En la próxima tarea nos convertiremos en fuego a través del movimiento. El fuego tiene su propio ritmo y puede servir como un canal para expresar la pasión y apoyar nuestra posibilidad creativa. Mientras bailas, llegarás a ser fuego y recibirás la bendición de la energía. Esto te dará la posibilidad de quemar los vínculos y energías de las estructuras poco sólidas y las creencias muy limitadas. Cuando mi colega chamán Leigh Reeves y yo dirigíamos nuestras ceremonias del fuego, les pedíamos a los participantes que arrojaran al fuego lo que ya no necesitaban. A esto Leigh lo denomina "una venta de garaje para la mente". Todos podemos conectarnos con viejas creencias, irracionales e inútiles acerca de nosotros mismos y otras más que limitan lo que hacemos en el mundo. Cuando estemos preparados, podremos echarlas al fuego y aprender a ser libres.

❧ Tercera tarea: convertirse en el fuego a través del movimiento

Ahora exploraremos cómo movernos como el fuego. El fuego chisporrotea, revienta, salta y aletea. El movimiento del fuego tiende a ser un *staccato* y su instrumento es el tambor. Nuestros ancestros han bailado alrededor del fuego sagrado al ritmo de un tambor. Comienza esta tarea reproduciendo música que sea primordialmente de percusión.

Vibración de pies a cabeza

Parado en un lugar donde puedas moverte con libertad, con tus pies alineados a las caderas, deja primero al cuerpo entero vibrar, agitarse y balancearse. Vibra y levanta tus brazos por arriba de tu cabeza mientras inhalas. Vibra y lleva tus brazos hacia abajo al exhalar. Puedes intensificar la vibración permitiendo que las rodillas se flexionen ligeramente. Siente todos tus órganos vibrar y entrégate al gozo de esta sensación. Vibra las caderas primero y después los hombros y el tórax. Haz vibrar los hombros adelantando primero un hombro y luego el otro hasta que cobren vida propia: derecho, izquierdo, derecho, izquierdo. Camina y muévete mientras haces vibrar las caderas, los hombros y el cuerpo entero. Después de unos cinco minutos, descansa, respira y siente tu cuerpo y el fuego.

Golpe de cadera

Dobla las rodillas suavemente mientras te paras con las extremidades inferiores alineadas con las caderas. Deja el abdomen descansar en el espacio sagrado de la pelvis. Empuja con suavidad la cadera derecha hacia ese mismo lado, como si trataras de cerrar una puerta con ella. Repítelo con la cadera izquierda. Al ritmo del tambor, impulsa las caderas a la derecha, izquierda, derecha, izquierda. Hazlo con suavidad, para que el movimiento resulte un masaje para el cuerpo, pero al ritmo de *staccato* del tambor, de tal forma que sea también estimulante y fuerte. Siente cómo tus órganos se mueven y se liberan con lentitud al sentir el fuego.

Haz estos movimientos sutilmente lo mejor que puedas, de acuerdo a tus posibilidades. Sé creativo a la hora de compensar cualquier limitación. Como resultado de este ejercicio, lo más importante es la conexión con el elemento del fuego. Es realmente inspirador sentir el movimiento de la energía del fuego en nuestro interior, que desprende chispas y calor. Deja que la energía de fuego que has generado te ayude a liberarte de lo que ya no deseas y te limita al tiempo que recibes con los brazos abiertos todo aquello que es esencial y magnífico de ti.

❖ Cuarta tarea: respiración de fuego

Ahora aprenderemos una ancestral técnica del yoga de respiración llamada respiración de fuego. Está contraindicada en mujeres embarazadas y personas con cáncer abdominal o hipertensión no controlada.

Coloca tus manos en el abdomen. Al inhalar, tus pulmones se expanden, tu diafragma se contrae y tus órganos abdominales ejercen presión hacia fuera. Aquí sentirás que los órganos del vientre te presionan las manos.

Al exhalar, los pulmones se vacían, el diafragma se eleva y el abdomen se aplana. Al final de la exhalación, contrae suavemente el ombligo hacia la columna mediante los músculos abdominales para liberar los residuos del dióxido de carbono pulmonar.

A continuación, inhala suavemente por la nariz y percibe cómo se expande el abdomen. Exhala por la nariz mientras contraes el ombligo hacia la columna vertebral suavemente con ayuda de los músculos abdominales. Haz esto rápida y rítmicamente, como un perro jadeante, pero por la nariz. Siente cómo rebota el abdomen. Esto fortalece el tercer chakra y el plexo solar y reanima las glándulas suprarrenales tras sufrir agotamiento por estrés.

Haz esto unas treinta veces (una inhalación y una exhalación, treinta veces). Puedes repetir treinta rondas hasta cuatro veces. Siéntete purificado y energizado. A continuación, puedes hacer unas respiraciones *ujjayi* para invocar al elemento de agua si necesitas equilibrar o enfriar el fuego; o bien, haz unas "respiraciones de la tierra", llevando energía de la Madre Tierra al inhalar, liberando en dirección a la tierra todo aquello que ya no necesitas mientras exhalas.

❖

El tercer chakra regula las glándulas suprarrenales y el sistema nervioso simpático. Este aspecto de nuestro sistema nervioso es un componente importante del mecanismo de sobrevivencia humana que nos permite luchar o huir como reacción a amenazas y peligros. Este mecanismo de sobrevivencia es un regalo maravilloso de la creación, pero para hacer más que sobrevivir y prosperar como individuos y como cultura, debemos saber equilibrar el tercer chakra y conectarlo con los otros centros y partes de nosotros mismos que pueden ser más creativos, compasivos y sabios. Si el miedo nos guía por completo en la búsqueda de soluciones, nuestras capacidades para solucionar problemas serán muy limitadas. Necesitamos reflexionar, viajar y sanarnos a nosotros mismos para que nuestras respuestas a los desafíos de la vida y las tragedias puedan convertirse en expresiones de la totalidad que somos. Debemos adoptar la práctica chamánica para usar toda nuestra creatividad, compasión, capacidad y perspectiva al enfrentar una crisis.

La posición del triángulo, nuestra próxima tarea, nos ayudará a equilibrar las glándulas suprarrenales. Además de movilizarnos en respuesta a una amenaza, las glándulas suprarrenales también liberan químicos, como la cortisona, que mitigan la inflamación o el fuego del cuerpo. En consecuencia, la posición del triángulo es importante para modular nuestro fuego interno. Puede ayudarnos a equilibrar y a entrar en contacto con nuestra mente lógica para determinar si algo es una amenaza real o no, y a mantenernos firmes ante los grandes retos, en contacto con todos nuestros recursos espirituales interiores y exteriores.

Esta tarea te ayudará a tomar decisiones reales sobre lo que deseas hacer ante una situación particular, alentando tu propio objetivo y una misión de bien superior. La posición del triángulo es una maravillosa manera física de llevar el cuerpo y las glándulas suprarrenales al equilibrio para que las soluciones a los problemas sean sabias y libres de juicios basados en el miedo y la manipulación. Dado que a menudo es difícil permanecer inmóvil en un estado de respuesta al estrés, la posición del triángulo puede ser una buena forma de moverse mientras nos relajamos.

⬧ Quinta tarea: la posición del triángulo

Párate con los pies separados a nivel de las caderas y paralelos, y extiende los brazos a la altura de los hombros en posición de estrella (fig. 3.2). Inclinándote hacia la derecha, toca tu pierna derecha con la mano del mismo lado y eleva tu mano izquierda hacia el cielo (fig. 3.3). Inhala. Exhala de regreso a la posición de estrella. Ahora haz exactamente lo mismo, pero hacia la izquierda (fig. 3.4). Inhala. Exhala de vuelta a la posición de estrella. Repite este ejercicio varias veces, reduciendo la velocidad al tiempo que te relajas y equilibras las glándulas suprarrenales.

⬧

Ahora es el momento de encontrar una huaca de fuego u objeto sagrado del fuego. Hallar un objeto sagrado que represente el elemento del fuego y pasar tiempo con él cada día nos ayuda a equilibrar nuestro fuego interior. A través del tiempo, he aprendido que hago contacto con el fuego más

Fig. 3.2

Fig. 3.3

Fig. 3.4

plenamente ante la presencia de llamas, y me siento atraída a usar velas en mi proceso de sanación a otras personas. Utilizo en particular las velas como mis huacas de fuego y las tengo en todos los colores de los chakras. Encenderlas representa una poderosa conexión con la energía y un recordatorio para enfocar mi pasión en lo espiritual. Me gusta encender una vela amarilla para establecer contacto con la energía de este chakra.

Mis huacas de fuego también incluyen pedazos de ladrillos y hojas secas. Es maravilloso que la naturaleza nos regale una huaca de fuego, algo que tal vez ha sido tocado por el fuego o la intensa luz del sol. Muchas veces mis estudiantes encuentran hojas secas, palillos o piezas de carbón de un fogón. Pero no te límites a estos ejemplos; deja que la Madre Tierra te conceda el singular regalo de tu huaca de fuego.

❖ Sexta tarea: encontrar un objeto sagrado de fuego

Permítete viajar físicamente a un lugar sagrado en la naturaleza. Puede ser cualquier lugar, pero si te encuentras cerca de un volcán o de aguas termales o algún sitio que reciba mucha luz solar, este lugar puede atraerte y ser el sitio perfecto para encontrar tu huaca de fuego. Pídele a ese sitio un objeto sagrado que represente el poder del fuego.

Tu huaca te llamará. Puedes escuchar su voz o este puede llamar tu atención. Cuando lo veas en esta caminata sagrada, experimentarás una sensación visceral y energética en algún lugar dentro de tu abdomen superior y sabrás que se trata de tu huaca de fuego. Cuando te conectes con tu huaca, sostenla en tus manos o colócala sobre tu vientre y pregúntale si trae consigo un mensaje para ti del fuego sagrado en relación con tu viaje. Escucha atentamente el mensaje. Hazle preguntas aclaratorias, en especial sobre la pasión, el compromiso, el respeto, tu misión y lo que puede significar llegar a la mayoría de edad luego de explorar, abrazar y afirmar tu propio sistema de valores. Llévala a casa y ponla en tu kit de medicinas. Agradece a tu huaca, el lugar sagrado, el fuego y la *Pachamama* por este precioso regalo.

❖

CONECTARSE CON LA
PASIÓN Y EL COMPROMISO

Juana de Arco se convirtió en una de las figuras más legendarias de la historia como resultado de su inflexible pasión por la verdad y su compromiso inquebrantable por honrarla. Ella se transformó literalmente en el fuego y no permitió que los poderes políticos de su tiempo le obligaran a renunciar a sus conexiones espirituales y su verdadero poder, que fluía de su relación con el Espíritu. Esto muestra su monumental compromiso con el Espíritu y su innegable pasión por servir a su verdad, su Dios y su país. En la obra de George Bernard Shaw, *Santa Juana*, su personaje dice: "Espero que la gente sea mejor al recordarme, y no me recordarían tan bien si no fuera porque me llevaron a la hoguera". Muchas mujeres poderosas en el tiempo de la Inquisición eran chamanas o brujas. A ellas también las quemaron por rehusarse a sacrificar su pasión y compromiso.

Descubrí por primera vez la verdadera esencia de Juana de Arco en mi primera clase de actuación en la universidad cuando tenía dieciséis años. Una mujer de mi clase interpretó un monólogo de la obra de Shaw. Este me perseguiría por muchos años y con el tiempo lo estudié y lo representé muchas veces. Después de que Juana se entera de que sería condenada a prisión perpetua, se retracta de su declaración original en la que asevera estar de acuerdo con la versión de su acusador y exige testificar su propia experiencia de la vida y su relación personal con el Espíritu. Ella exclama: "¡Enciendan sus fuegos! ¿Creen que le temo tanto como a la vida de una rata en un agujero? Mis voces tenían razón. Sí, me dijeron que eran tontos y que no debía escuchar sus bellas palabras ni confiar en su caridad". Esta es la voz de una persona joven entrando de lleno en la pasión y el compromiso de su misión. Ella reprendió con valentía a los que querían que negara su pasión y faltara a su compromiso.

Juana de Arco sirvió a Dios al guiar a los hombres a la batalla y eso fue inmensamente insólito para las mujeres de su época. Reclamó valientemente su verdadera identidad en una cultura que exigía que las mujeres renunciaran a su individualidad para desempeñar un papel secundario.

Por lo tanto, como era previsible, le quitaron la vida, pero no antes de que mostrara que su misión podía conseguirse espléndidamente, al dejar constancia de lo absurdo que era vivir en una dimensión cultural restrictiva, separada del Espíritu y de su verdadera pasión. Ciertamente hubo complicadas políticas "nacionales" y religiosas involucradas, pero la dinámica importante para esta polémica era su compromiso con la voluntad del Espíritu y la manera singular de honrarlo. Este compromiso la llenó de poder y la capacidad de manifestar lealtad, victoria y una vida auténtica.

Siempre que yo practicaba e interpretaba el monólogo, podía encarnar la pasión y el compromiso con el Espíritu de Juana. Sentía más energía en mis brazos y piernas. Mi sentido de la claridad era radiante e intenso y para lograr una mejor interpretación debía comprometerme con el Espíritu yo misma. Me encantaba abolir la barrera entre el actor y el público y hablar directamente a la gente sobre la conexión con la naturaleza, el Espíritu, la energía de la vida; no debía dejar que las autoridades establecidas decidieran qué era mejor para nosotros.

Juana estaba tan comprometida que estuvo dispuesta a sacrificar su vida por lo que le parecía correcto. Sin embargo, como seres humanos normales, no santos, debemos mantenernos vivos para luchar contra un sistema enfermo. Mi instinto de sobrevivencia me mantuvo viva durante mi niñez para poder salir de mi casa algún día, conectarme con el Espíritu, y crear una mejor vida para mí y ayudar a otras personas que luchan por su integridad en circunstancias desfavorables. Al conectarnos con nuestra pasión y comprometernos con nuestra verdadera misión, podemos sobrevivir entornos destructivos y curarnos a nosotros y a otros.

Cuando nos comprometemos, estamos obligados a seguir un curso de acción, que es una expresión de quiénes somos y qué hacemos aquí en la tierra. Ese vínculo requiere energía. Si no producimos energía continua para perpetuar el vínculo, este se romperá. Si tú has luchado con compromisos de diferentes tipos, quizás no tengas suficiente energía en este chakra. Los siguientes ejercicios pueden ser de gran ayuda. Yo personalmente creo que me apoyaron en el compromiso requerido para cumplir y terminar este libro.

Para conectarse con la energía de compromiso, es de gran ayuda activar físicamente el abdomen superior y el tercer chakra. Esto ayudará a mover y hacer girar el centro conectado con el poder, la voluntad, la identidad y el compromiso, y generar la energía para manifestarlos.

❧ Séptima tarea: conectarse energéticamente con el compromiso

1. Acuéstate boca arriba. Lleva las rodillas al pecho o los hombros y masajea tu espalda en la Madre Tierra mientras te balanceas de un lado a otro. Acerca tus piernas y lleva tu mentón a tus rodillas. (Si esto te resulta incómodo para el cuello en algún momento, vuelve la cabeza otra vez a la Madre Tierra). Haz treinta rondas de la respiración de fuego. Luego relaja la espalda y cabeza hacia abajo, dejando que la Madre Tierra te sostenga mientras respiras con normalidad. Puedes repetir este paso varias veces.

2. Estírate boca arriba, con los brazos extendidos sobre la cabeza por encima de la tierra (fig. 3.5). Inhala. Exhala mientras llevas la rodilla derecha hacia el mentón usando los músculos abdominales, los músculos flexores de la cadera y los brazos al tiempo que levantas la cabeza. La pierna izquierda debe permanecer alargada mientras llevas la rodilla derecha hacia el mentón (fig. 3.6). Estírate otra vez e inhala con las piernas y los brazos sobre la tierra. Repite con el lado izquierdo. Exhala y lleva la rodilla izquierda al mentón mientras la sujetas con ambas manos (fig. 3.7). Inhala, una vez más, estirando y alargando el cuerpo. Repite este ejercicio por lo menos un minuto, alternando entre derecha e izquierda, moviéndote lentamente al principio y a continuación más rápido, al ritmo de una suave respiración de fuego. Utiliza los músculos frontales del cuello para erguir la cabeza, de modo muy consciente y amoroso para no lastimarte.

3. Después de concluir este ejercicio, relájate boca arriba y siente el abdomen ascender y descender mientras inhalas y exhalas. Siente la parte superior del abdomen, tu centro de compromiso, tu centro de voluntad. Siente allí la fuerza y el poder.

Fig. 3.5

Fig. 3.6

Fig. 3.7

En esta meditación, reclinada, pregúntate: "¿Con qué desearía que mi voluntad y energía de compromiso estuvieran conectados?". ¿Qué es lo que amas en verdad? ¿Con qué sueñas? Visualiza las fibras luminosas de tu abdomen superior conectadas con imágenes o símbolos de esos compromisos que empoderan y satisfacen. Siente la reciprocidad de la conexión energética satisfactoria y el fortalecimiento de este tercer chakra.

❖

Entrar en contacto de esta manera con este chakra y la energía del compromiso fue una gran ayuda para motivarme a escribir este libro, pero me di cuenta de que no podía comprometerme con todo. Había viejos patrones, creencias y relaciones que debía liberar si quería tener toda la energía necesaria para terminar este libro. Muchas veces observamos que es necesario prescindir de las conexiones que agotan nuestra energía y que nos hacen incapaces de seguir plenamente nuestras misiones.

He tenido que romper muchos vínculos para continuar mi misión. Ha sido angustioso dejar algunos de ellos y otros han representado un alivio. Terminar mi matrimonio con el padre de mi hija fue desgarrador, pero en verdad necesario para mí si quería continuar mi viaje. El siguiente ejercicio aborda este problema.

Yo usé este ejercicio para separarme de la incapacidad de mis padres de materializar sus pasiones. Ellos no creyeron en la posibilidad de hacer sus sueños realidad y parecían tener miedos financieros que tal vez los mantuvieron atrapados en las cajas que otras personas crearon para ellos. Mi madre tras divorciarse y tener dos hijos pequeños, contestaba los teléfonos de una enorme corporación, algo que las mujeres podían hacer en los años sesenta. Mi padre se dedicó a la ingeniería. En ciertos aspectos, era una pasión para él. Sin embargo, su enfermedad le impidió tener un empleo estable cuando se hallaba entre sus años veinte y treinta. Mi padrastro también intentó seguir algunas de sus pasiones, pero no tuvo éxito de la manera en que esperaba. Cuando yo estaba en la secundaria, se ganaba una pobre vida alquilando apartamentos, lo cual, gracias a Dios, le mantenía ocupado catorce horas al día. Él siempre dijo que su sueño era enseñar literatura a niños desfavorecidos, pero hasta donde yo sé nunca lo hizo.

Mis padres habían frustrado sus pasiones y manipulado a otros, en vez de enfocarse en sus propias heridas, las cuales necesitaban curarse desesperadamente. Mi pasión para crecer me impulsó a ver más cosas del mundo viviendo lejos de ellos. Yo logré romper los vínculos con ellos a lo largo de un viaje que tomó años.

Este viaje comenzó cuando tenía diecisiete años, después de pasar un año lejos de ellos, en la universidad y con otros amigos y familiares. Nuevamente motivada para estudiar mis pasiones artísticas, pasé el verano en casa para ganar dinero e ir el siguiente año a la universidad. Trabajé tiempo completo en una panadería en Grand Central Station, tomando el tren de las 5:30 cada mañana. Ya comprometida a tratar mi depresión de forma integral, comía alimentos saludables, tomaba vitaminas y corría cinco millas todos los días. Algunas veces tomaba una siesta por la tarde.

Un día estaba tratando de dormir una siesta y mi padrastro escuchaba música a un volumen muy alto, lo suficiente como para oírla en la terraza desde la sala. Le pedí de manera cordial que bajara el volumen y se enfureció conmigo; me golpeó y me echó por la escalera entre la sala y la cocina, gritando que me saliera de la casa. Yo estaba aterrada y enojada también y le dije que lo haría apenas me pusiera unos pantalones. (No los llevaba porque estaba tratando de tomar una siesta). Estaba tan trastornada que salí de la casa sin mis zapatos y caminé casi una milla hasta la estación de policía en Irvington.

Le conté a la policía lo que había pasado, pero en ese verano de 1978 me dijeron que no querían interferir con los asuntos domésticos y llamaron a mi madre, quien quiso saber qué había hecho para provocar el ataque. Le dije a mi madre que nunca entraría en su casa otra vez a menos que acordáramos que nunca más volvería a hablar con mi padrastro. Él me amenazó con golpearme si no lo saludaba. Pero yo no quería decirle hola una vez más. Debo admitir que mi madre lo enfrentó y le advirtió que yo no le hablaría más. Y no lo hice por mucho tiempo.

Ese fue el primero de los vínculos destructivos que seguiría cortando a lo largo de muchos años.

Si tú sabes que te has comprometido en formas que no te benefician, estancado en un estado hipnótico de viejas creencias o patrones de relaciones poco saludables, este es un buen ejercicio para practicar hasta que sientas que esos vínculos se rompen. Esto se conoce como las tijeras y funciona en los planos consciente e inconsciente. Le infunde a nuestro cuerpo energético el poder requerido para suministrar combustible a nuestras verdaderas misiones, en vez de sufrir una innecesaria pérdida de energía por apoyar las manipulaciones de la cultura y de otras personas. Una vez que te liberes de los viejos lazos, puedes identificar a dónde quieres dirigir la energía ya liberada. La verdadera libertad consiste en saber que tenemos el poder de cortar los nexos que son tóxicos para nosotros.

◈ Octava tarea: las tijeras

1. Recuéstate boca arriba y lleva las dos rodillas hacia el tórax. Luego extiende las piernas y los brazos directamente hacia el cielo (fig. 3.8, p. 116). Deja que los codos y rodillas se distiendan. Esta posición recibe el nombre de insecto muerto. Permite que los muslos descansen en las articulaciones de las caderas y la parte superior de los brazos para luego descansar en las articulaciones de los hombros. Disfruta la paz que puede obtenerse representando a este insecto muerto.

2. Cuando estés listo, recuerda cualquier vínculo consumidor de la energía que estés listo para romper o cortar. Puede ser útil visualizar a quién o a qué estás atado y cómo se ven el cable o la conexión. Si se siente cómodo, abre las piernas y los brazos sobre el suelo al nivel de las caderas y hombros, como dos tijeras que se abren (fig. 3.9, p. 116).

3. Cierra las piernas y los brazos de forma entrecruzada, de derecha a izquierda (fig. 3.10, p. 116). Abre otra vez. A continuación, cierra y entrecruza de izquierda a derecha. Inhala mientras abres. Exhala cuando cierres.

Fig. 3.8

Fig. 3.9

Fig. 3.10

4. Repite de uno a cinco minutos hasta que no puedas hacerlo más o hasta sentir que has cortado todos los vínculos. Sentirás una clara energía alrededor de tu abdomen y tal vez cierto alivio emocional.

5. Relájate, lleva las rodillas al tórax y alarga la espalda. Entonces desciende las piernas y los brazos a la tierra.

Siente los vínculos improductivos y destructivos rotos. Si te parece apropiado, puedes desearle lo mejor a todo aquello que has liberado ahora que has encontrado nuevas formas y conexiones saludables en el universo. Tómate un momento para sentir y disfrutar tu libertad.

❖

El tercer chakra es el centro de la pasión, responsable de ayudarnos a descubrir quiénes somos en realidad porque tiene el poder de sacarnos de nuestros patrones habituales de comportamiento o de los límites sociales. En consecuencia, es esencial para nuestro desarrollo aprender a valorar nuestras pasiones y expresarlas de forma auténtica.

En nuestra cultura occidental, casi nunca se nos alienta a expresar nuestras pasiones de una manera saludable. La percepción de nuestras pasiones se filtra muchas veces a través de nuestros desequilibrios culturales. Por ejemplo, nuestra pasión sexual natural se ve con frecuencia como algo inmoral. Se instruye a los adolescentes a utilizar la abstinencia como único método de control de la natalidad, cualesquiera que sean sus edades y grados de desarrollo. A pesar de algunos cambios legales, esperados por mucho tiempo, las personas siguen considerando que las personas homosexuales y bisexuales muestran una tendencia "antinatural". Por tanto, en vez de aprender a integrar y canalizar nuestra pasión en la dirección del amor, la madurez, la creatividad, el respeto y la conexión espiritual, tenemos una cultura adicta a la publicidad sensacional y sexual, la pornografía, la violación y otras formas de violencia. (Hago la distinción entre la pornografía y la literatura, cine y arte eróticos que expresan la pasión sexual de una manera honrosa).

Yo estuve conectada a mis pasiones a una edad temprana porque estaba deprimida y solo mis pasiones podían moverme. La pasión era la única manera de sacudirme la depresión por la pérdida de la inocencia. Desafortunadamente, en la primera adolescencia, mi pasión se expresaba como comportamientos autodestructivos. Mi cólera había empezado a bullir y me llevó un tiempo encontrar el camino creativo. Probablemente estaba muy perdida entre los doce y catorce años. Comencé a fumar marihuana y tabaco y a beber. Había visto *Rebelde sin causa* y llegué a adoptar el carácter de James Dean. Habría sido muy doloroso en esos años saber que mi "causa" era el maltrato de mis padres y mi muy dañada autoestima.

Mantenía contacto frecuente con mi amiga Debbie, con quien me metí en todo tipo de problemas. Ella tenía quince años cuando yo tenía doce. Tuvimos muchas aventuras, viajábamos en autoestop por los pueblos ribereños, embriagándonos, fumando marihuana y teniendo relaciones con muchachos, o algunas veces frecuentando bares. Yo me sentía muy sofisticada. Muchos años más tarde me di cuenta de que nuestro vínculo era quizá una pérdida mutua, pues ella había perdido a su madre a una edad temprana y yo nunca había tenido padres que me apoyaran.

Sé que durante mis tiempos de inmadurez pude lastimar a algunas personas. Esa fue la única vez en mi vida en que me dediqué a satisfacer mis propios apetitos sin conceder atención a las necesidades de otras personas. Sé que pisoteé los sentimientos de algunos muchachos. Si no nos conectamos con el verdadero poder de expresar nuestras pasiones y creatividad en los años de la adolescencia, expresaremos nuestro poder por medio de la manipulación y la explotación.

En la siguiente tarea buscaremos a un guía espiritual que pueda ayudarnos a dirigir el cumplimiento y la realización equilibrada de nuestras pasiones. Sin un guía espiritual, las pasiones pueden llevarnos con facilidad a la destructividad, la manipulación y el mal uso del poder.

María Magdalena es una de mis guías para la pasión. A través del contacto con su energía sentí que era seguro dejar que mis pasiones bailasen por mí, expresadas completamente, sin vergüenza ni disculpas. Yo la experimento como una mujer que fue humillada por sus experiencias de la vida, una estudiante sincera del Espíritu que llegó a ser una gran maestra por derecho propio. El amor estaba en el centro de su poder y ella se conectó con una encarnación humana del Espíritu. Ella no permitió que el sexismo de su época inhibiera su pasión, su misión ni el compromiso con su trabajo; amó la vida y la verdad. Ahora será tu turno de viajar para encontrar esa guía.

◄◈► Novena tarea: encontrar un guía espiritual para apoyar tu pasión

Dirígete a tu lugar sagrado. Experimenta su riqueza en evolución con todos tus sentidos. Tal vez sea aconsejable ponerse en contacto con tu guía espiritual protector en tu lugar sagrado para sentirte seguro y apoyado en este viaje. Las nuevas aventuras pueden provocar tanto emoción como miedo.

Invoca a tu guía espiritual de la pasión. Este guía puede aparecer en tu lugar sagrado; o quizás necesites viajar más lejos, a un lugar que siempre haya sido tu pasión o un sitio que se relacione con tu misión. Es posible que tu guía espiritual tenga pasiones intensas, probablemente similares a las tuyas, y puede ayudarte a conseguirlas. Puedes identificarte con este guía, lo cual fortalecerá tu propio sentido de identidad. En este viaje podrán tener la oportunidad de hacer algo inspirador en conjunto, algo que exprese tu pasión mutua para alguna actividad o causa.

Cuando encuentres tu guía espiritual para la pasión, pregúntale si tiene un mensaje para ti acerca de tu propia pasión y tu expresión en el viaje de tu vida. Pregúntate a ti mismo cuál es el próximo paso para apoyar tu pasión. Siente el apoyo de tu guía en tu cuerpo energético al visualizar cómo esa pasión será expresada. Pregúntale a este guía cómo interactuará ahora contigo mientras manifiestas esta expresión.

Agradece a tu guía de la pasión por estar presente en tu vida.

Comienza una relación con este guía espiritual que te brindará apoyo al honrar tus pasiones. Quizás puedas visitar a este guía en la realidad no ordinaria con cierta regularidad y hablar de las cosas que están cerca de tu corazón, o quizás puedas también encontrar una manera de entrar en contacto con él o ella en la realidad ordinaria. (Por ejemplo, Martin Luther King es uno de mis guías espirituales porque compartimos una pasión por la evolución humana sin violencia, así que leo partes de sus discursos con frecuencia y eso nos mantiene en contacto).

❖

Es sumamente empoderador y crítico para nuestro crecimiento como individuos reunir la pasión con el compromiso y el compromiso con la pasión. Es necesario el compromiso para perseguir nuestras pasiones con éxito; y, sin el fuego de la pasión, nuestros compromisos más sinceros pueden perder su fuerza.

Cuando tenía diecisiete años conocí a Evgen Drmola, director de teatro y un complejo hombre que se convirtió en mi modelo para llevar el compromiso a la pasión y la pasión a los compromisos. La primera vez que lo escuché hablar, parecía como si se estuviera hablando a sí mismo en el sótano del edificio de Bellas Artes en la universidad. Su marcado acento checoslovaco reforzó su monólogo hipnótico. Parecía mirar fijamente al techo y al suelo. Yo me preguntaba qué podría enseñarme este hombre acerca del "entrenamiento físico y vocal para actores", el nombre del curso que iba a tomar con él ese semestre. De repente percibí que, en vez de salir a encontrarnos, nosotros estábamos acercándonos a él. Había un mundo asombrosamente rico en su crisálida, el profundo lugar interior desde donde él creaba.

Tuve la suerte de que reconoció algo especial en mí y buscó mi compañía. Él no me buscaba sexualmente como lo había hecho mi padrastro. Él se refirió a mi belleza en un sentido curativo, y me comparó con los sujetos del gran arte del Renacimiento. Podía identificarme con su profundidad, del mismo modo en que yo sentía que él se identificaba con la mía. Llegamos a ser buenos amigos, una pareja improbable, pues yo tenía diecisiete años y él tenía poco más de cincuenta. Algunas veces las almas se encuentran y la edad no tiene ninguna importancia. Nunca fuimos románticos, aunque lo encontraba un tanto coqueto y divertido. Durante los tres años que lo traté, él estuvo casado, y aunque al final se separó, siempre le fue leal a su esposa y estaba enamorado de ella. Esto resultaba muy curativo para mí, ver a un hombre que era devoto y cuyo comportamiento sexual era correcto.

Él reconoció la pasión en mí y me dio el papel de Hermia, la ardiente amante con mente propia de *Un sueño de verano*. Dirigió la obra con tanta riqueza y nos ayudó a entrar al mundo de los sueños, a conectarnos con el poder de la naturaleza y las hadas, y a reconocer la magia con que actuamos en nuestro inconsciente. Él honró a este mundo por medio de su interpretación de la obra. La escenografía era un gran árbol con forma de raíz sobre el que vivían la reina, el rey y las hadas, rodeados por una plataforma redonda que representaba a una vagina espiritual, que sostenía y permitía que la vida saliera de ella. Mirando en retrospectiva, puedo ver que este decorado lleno de maravillas representaba un mundo intrincado céltico y chamánico de realidad no ordinaria, de vida y aventura. De Evgen aprendí que el teatro y el arte son expresiones de la realidad no ordinaria que nos llevan a nuestro yo más profundo y expresivo. Estaba comprometido con su pasión de crear estos mundos donde las personas podían verse a sí mismas y todo lo que es heroico, conflictivo, intrigante, humano y complejo en nosotros. Siempre estaba buscando la expresión más profunda y alta de cada texto.

Cuando tenía veinte años regresé a la ciudad de Nueva York para asistir a una escuela de masaje. Evgen también habló de mudarse a esa ciudad. Pero poco después de irme, Evgen se ahorcó, desesperado por la decisión de su esposa de dejarlo y por la política de ese tiempo que le impedía visitar a su hija en Checoslovaquia, quien lo necesitaba.

Su muerte me entristeció profundamente y creo que ello influyó en parte en mi decisión de perseguir la curación en lugar del teatro. Sentí que era algo individual, algo más profundo que debía hacer para mí y para los demás. Percibía que había algo en mi interior que debía continuar sanándose para no quedar estancada, como a él le había sucedido, sin ninguna manera de salir. Los escasos años de formación que estuvo en mi vida me enseñaron tanto acerca de vivir plenamente las pasiones, ser valiente para afrontar nuevas formas y riesgos, y comprometerse lo suficiente como para actualizar las visiones. Mi pasión para el crecimiento, que es un valor central y una parte integral de mi identidad, me llevó a comprometerme con el trabajo de sanación. Indudablemente ha estado presente para la redacción de este libro. Puedo escuchar su voz profunda con su marcado acento suspirando: "Ah, Suzie...".

El siguiente ejercicio te ayudará, bien sea por medio del movimiento físico o por el viaje espiritual, a reunir las energías de la pasión y el compromiso para alcanzar expresiones fructíferas de todo tu ser y de tu misión en el mundo.

❖ Décima tarea: reunir la pasión y el compromiso

Para comenzar, haz los ejercicios de las tareas séptima y octava, incluida la respiración de fuego, para generar mucha energía en esta área del tercer chakra. Con este propósito, observa si puedes esforzarte un poco sin lastimarte.

Pídele a tu guía espiritual de la pasión que se presente mientras ejercitas tu centro del compromiso. Mientras realizas el ejercicio, visualiza a tu guía de la pasión en tu lugar sagrado. Siéntete completamente apoyado en tu energía y voluntad, visualiza a tu guía espiritual compartiendo tu pasión plena y no explotadora.

Después de hacer el ejercicio *kundalini* del tercer chakra hasta no poder hacerlo más, relájate y pregúntale a tu guía espiritual en tu lugar sagrado: "¿En qué tipo de pasión debo canalizar esta energía de

compromiso?" o "¿Cómo debo comprometer esta energía de pasión?".
Escucha la respuesta. Si parece correcta, siente la energía que se canaliza
hacia la pasión o el compromiso. Observa el cuerpo de tu compromiso
sagrado infundido con el poder de tu pasión.

También puedes preguntarle a tu guía cómo expresar de manera
segura la pasión y compromiso en tu vida cotidiana en la realidad ordinaria. Abandona el estado alterado de la realidad no ordinaria con al
menos una tarea chamánica específica para emprender. Agradece a tu
guía de la pasión.

La tarea con la que surjas puede adoptar muchas formas. Por ejemplo, si tu pasión es escribir un libro, tu guía puede sugerir escribir en tu
diario todos los días. Si tu pasión es el chamanismo, tu guía puede sugerir emprender una peregrinación para encontrar a un chamán dotado y
aprender de él o ella. Tu compromiso en torno a esta tarea incluye por
tanto crear y atender los detalles de este plan, que nacen y se apoyan en
tu pasión.

❖

ENCONTRAR Y HONRAR TU VISIÓN

Todo el trabajo que hemos realizado en los capítulos anteriores culmina
en la tarea chamánica crucial de buscar la visión. En algún momento
es esencial saber quiénes somos y qué hacemos aquí, aunque eso esté
sujeto a cambios. Requiere mucha valentía y franqueza preguntarnos realmente qué hacemos aquí, escuchar la respuesta y cumplir con
la acción.

En la búsqueda de la visión, tú no podrás comunicarte con otros
seres humanos ni usar la tecnología, y necesitarás una mente tranquila
por un largo periodo. Cuando tu mente está quieta, encuentra tu balance
natural y tus guías espirituales, la naturaleza y tu propia alma y espíritu
podrán comunicarse contigo; esto te dará una visión clara de tu identidad y tu misión. También te ayudará a comprender profundamente

quién eres, sin distracción y manipulación, y conocerás a los guías espirituales que darán un paso al frente para apoyarte a cumplir lo que debes hacer en la tierra.

La búsqueda de la visión se puede efectuar de muchas maneras diferentes. Si te parece seguro, puede ser muy efectivo planear un día entero, desde el amanecer hasta el atardecer, para llevar a cabo la búsqueda de tu visión. No es bueno interrumpirlo, salvo por razones de seguridad. Es importante buscar un espacio que provea seguridad física. Yo he imaginado muchas veces escaparme al bosque por días, sola, para estar exclusivamente con la Madre Naturaleza. Sé que esto no sería seguro para mí debido a las violentas fantasías de otras personas. En vez de ello, he pasado un día en los bosques locales, un lugar que es relativamente seguro para mí.

Lleva contigo lo que necesites para sentirse seguro. Debido a la criminalidad de nuestra cultura, las mujeres pueden tener necesidades muy diferentes en comparación con los hombres. Yo he encontrado que tener mi teléfono celular conmigo, apagado, es una ayuda. Esto es algo bueno de los bosques locales. Llevo también una navaja suiza y me mantengo alerta al movimiento a mi alrededor. Tal vez quieras llevar a un amigo como escolta, pero este debe guardar silencio y distancia para que puedas escuchar los mensajes de los espíritus en tu búsqueda. Piensa en tus necesidades y tómalas en cuenta cuando planifiques tu búsqueda.

Es posible que quieras ayunar, parcial o completamente, de acuerdo con tus necesidades biológicas. Debido a que en ocasiones usamos la comida como una distracción, al ayunar algunas veces se escuchan los mensajes espirituales más profundos. Algunas personas pueden utilizar el ayuno como una distracción, así que debes conocerte a ti mismo. Haz lo más propicio para acercarte a la plenitud y a los mensajes del Espíritu. De nuevo, ten en cuenta la seguridad, incluidos los niveles de azúcar en la sangre, la hidratación y otras consideraciones.

Si tienes dificultad para que una visión aparezca durante tu búsqueda, puede ser importante volver al capítulo 2 y realizar un poco de trabajo adicional en la recuperación del alma. Esta ayuda a crear y fortalecer nuestra fuerza e integridad central, las cuales son necesarias para realizar una búsqueda con éxito. Debes tener un centro energético sólido para soportar la verdad sobre quién eres y lo que debes hacer en esta vida.

Mi águila siempre ha llegado en mis búsquedas de visión y me ha enseñado cómo integrar las piezas para conformar la totalidad. Me ha ayudado a reconocer que mi misión es conectar los aspectos de nosotros mismos, ayudar a las personas a sanar el cuerpo energético para alcanzar la integridad completa como raza humana. Cada uno de nosotros tiene todas las energías y colores en su interior, y en mis búsquedas de visión el águila me ha mostrado las visiones de nosotros en muchos círculos que tejen una maravillosa telaraña de poder. Cada vez que he intentado apartarme de un camino que incluyera las artes de la sanación, sobrevino una dolorosa crisis y el Espíritu me indicó que debía seguir el camino de la sanación con el amor, el apoyo, la protección y la guía del águila.

❖ Undécima tarea: la búsqueda de la visión

Una vez que sepas a dónde irás, cuánto tiempo pasarás allí y si ayunarás o no, consigue lo necesario para tu seguridad y lleva tu bolsa medicinal con sus huacas. Es el momento de rendirse a la experiencia. Siente tu conexión con la Madre Tierra, tus guías, tus huacas, los elementos de tu interior y los del exterior.

Es bueno caminar por un tiempo, dejando que la naturaleza limpie el aura de tu vida desordenada. Esto puede llevar mucho tiempo, pero después de caminar una hora en un área natural te sentirás muy diferente. Esto sucede por lo general cuando comienza la búsqueda de la visión. En este momento puedes continuar la caminata o encontrar un lugar agradable para sentarte. Siéntete libre de mover tu cuerpo en cualquier forma que sea necesaria. Abraza la comunicación con la Madre Tierra y todos sus seres. Reconoce que has venido aquí a conocerla.

Haz las preguntas básicas o más profundas sobre quién eres y a dónde te diriges. Establece tu intención de recibir las respuestas. Deja que la Madre Tierra y todos sus seres (incluidos los cuadrúpedos, los de múltiples patas y los alados), las rocas, las plantas, los árboles y los elementos profundicen tus preguntas para luego contestarlas. Recibe sus comunicaciones. Quizás intentarán hacerse entender con palabras, movimientos, imágenes, bailes, canciones, energía, comunicaciones telepáticas o empáticas, o símbolos. Recibe el regalo de la experiencia. Siente profundamente.

Estos seres pueden visitarte tanto en la realidad ordinaria como en la no ordinaria. Ambos tipos de comunicación son muy valiosos. Si tu viaje es exitoso, al término de la comunicación habrás recibido un mensaje profundo acerca de quién eres y qué debes hacer en la tierra. Si al concluir tu búsqueda conoces tu misión, es importante indicarlo antes de abandonar el lugar sagrado donde realizaste tu búsqueda de visión.

Al final expresa tu agradecimiento. Es bueno dejar una ofrenda de tabaco o maíz para la Madre Tierra y todos sus seres. También es bueno revalidar tu promesa y compromiso de usar tus visiones para hacer una contribución satisfactoria y sin ánimo de explotación al círculo de la vida.

Es posible que necesites efectuar viajes adicionales u otro trabajo introspectivo, por ejemplo, hablar con amigos, maestros o terapeutas, antes de encontrar completamente tu misión. Pero cuando puedas articular quién eres y qué contribución debes hacer aquí, quizá desees volver al lugar donde realizaste tu búsqueda de la visión sagrada y, si es posible, decirle a la Madre Tierra y a sus seres sagrados todo lo que has conocido.

Mantén tu visión. Puede ser necesario alojarla en un lugar especial de tu corazón. Lleva tus manos a él y siente cómo puedes abrazar tu misión con amor profundo, cuidado y compromiso. Muchas fuerzas de la vida intentan distraernos, consciente o inconscientemente, de nuestra comprensión de quiénes somos en verdad en nuestro núcleo y de nuestra misión en esta vida.

Es importante volver al conocimiento de nosotros mismos y nuestro propósito una y otra vez. Si nos distraemos de ello con demasiada frecuencia o por mucho tiempo, experimentaremos un sentido de pérdida o depresión.

❖

Esto nos lleva a la última tarea de este chakra, soñar o volver a imaginar una ceremonia para celebrar alcanzar la mayoría de edad. Viajaremos en la realidad no ordinaria y crearemos una ceremonia esencial y poderosa en un lugar sagrado que específicamente sustente quiénes somos. En esta ceremonia reconocerás tu pasión, acompañada por los guías que te apoyan, y comprometerás tu misión en compañía de testigos. Esta ceremonia de alcanzar la mayoría de edad es una oportunidad de reconocer qué es importante como adulto en esta vida. Es un viaje, por lo que puede ser tan simple, detallado o exótico como sea necesario. En esta ceremonia se celebra la maduración del fruto de tu verdadero yo central.

La ceremonia de mayoría de edad en la realidad ordinaria puede o no ser todo lo esperado. Puedes decidir si te gustaría que este viaje a la realidad no ordinaria corrija o agregue algo a la previa, o bien que represente un complemento en el reino del Espíritu, o rehacerla por completo. Si no tuviste una ceremonia de mayoría de edad, deberás comenzar desde el principio y probablemente necesites esta tarea para sanar a tu adolescente interior.

❖ Duodécima tarea: la ceremonia de llegar a la mayoría de edad

Dirígete a tu lugar sagrado. Imagina a todos tus seres queridos allí, además de tus guías espirituales y tus animales de poder. Siente tu presencia allí, rodeado por tus seres queridos. Absorbe el apoyo.

Visualiza tu ceremonia. ¿Dónde está parada la gente? ¿Hay objetos sagrados en tu ceremonia? ¿Cómo se utilizan? ¿Cómo vas vestido? ¿Qué significado tiene tu vestimenta? ¿Qué desarrollo o acontecimiento está siendo reconocido en este evento? ¿Tu primera menstruación, aprender a conducir, votar por primera vez o algún otro acontecimiento importante? ¿Qué significa para ti?

¿Algunos de tus seres queridos hablan en esta ceremonia? ¿Qué dicen? Cuando es tu turno de hablar en esta ceremonia, ¿qué dices? ¿Tienes la oportunidad de declarar tu misión? ¿Tienes un nuevo nombre como adulto maduro? ¿Hay alguna otra actividad que puedas realizar como parte de la ceremonia?

Permítete vivir plena y detalladamente esta ceremonia y regístralo en tu diario mientras te encuentras todavía en la realidad no ordinaria.

❖

A pesar de que exploré varias tradiciones religiosas y espirituales en mi adolescencia, no tuve ninguna ceremonia de mayoría de edad hasta que ya fui una mujer mayor. La ceremonia que aquí describo honró mi sexualidad como mujer y mi poderosa posición, consciente e igualitaria en la sociedad. Era muy importante para mí tener reconocimiento como mujer adulta en mi poder pleno, vibrante, sensual, creativo e inteligente. Para mí esta ceremonia fue tan poderosa que una parte de mí permanecerá allí siempre, siendo reconocida, honrada y nutrida para que pueda continuar con mi trabajo de sanación.

▼

Me encuentro de pie en el centro de una arboleda sagrada que ha provisto curación profunda a mi alma herida y atribulada en el pasado. Es el día anterior de mi decimonoveno aniversario y me he dado cuenta de que estoy comprometida con un estilo de vida y una carrera enfocados en la expresión creativa y la conciencia terapéutica. Tras crear una relación con el teatro, baile, poesía y terapia, he comprendido que este es mi camino.

En un momento privado de preparación, estoy recostada en el césped húmedo, desnuda y entibiada por el aire del verano. Me conecto con la Madre Tierra, sintiéndome sostenida, sólida, pero liberada. Estoy consciente que hay una gran cantidad de capas de su profundidad que siempre me dan apoyo. En esta arboleda hay un círculo sagrado de muje-res que viven y practican las artes espirituales y una de ellas me guía a la catarata sagrada en el bosque, un poco más allá de la arboleda, donde se realizará la ceremonia.

La catarata cae sobre mis hombros, limpiando las preocupaciones y tensiones de tantos años implacablemente difíciles. Yo nado en el pozo en la base de la catarata. Mi guía me lleva a calentarme en una piedra lisa al sol.

Mientras encienden el fuego sagrado en el pedazo de tierra en el cen-tro de los árboles que acaban de sostenerme, algunas de las mujeres me visten con sedas, como pañuelos con los colores del arcoíris, atándolos en torno de los chakras. Las piezas individuales crean un hermoso ves-tido y me siento cubierta con la suavidad transparente desde la cabeza hasta los tobillos.

Escucho el tambor. Hay un hombre dedicado a la práctica espiritual rodeado por un círculo formado por doce mujeres. Él percute el tambor y siento su vibración en mis huesos. La resonancia me invita a bailar alrededor del fuego sagrado. Las mujeres están esperándome cuando entro al círculo bailando. Sé que estoy afirmando mi compromiso con mi camino de conciencia y creatividad.

El fuego exterior enciende aún más mi fuego interior. El tambori-leo me mueve a bailar desenfrenadamente. El sudor brilla en mi piel. Comienzo a desatar los velos de mis chakras, primero en mi cabeza, dejando entrar la luz de los cielos, invocando mi sabiduría más alta y conexión con el Espíritu. Mientras bailo en el círculo, arrojo los velos uno a uno al fuego, revelando los talentos espirituales inherentes que viven en cada centro de todos nosotros, los talentos que me apoyarán en mi misión. Los colores de los velos convierten al fuego en un espectáculo de luz maravilloso de múltiples colores. Entonces me acuerdo del fuego mágico en la chimenea de mi abuela en mi infancia.

Una vez más estoy desnuda, todas las células de mi piel expertamente acariciadas por el aire fresco, bailando mi misión, mi pasión emergiendo completamente mientras se conecta con mi deseo de ampliarme al mundo bello y agitado. Al tiempo que mis huesos se estremecen, mi piel está maravillosamente viva, extendiéndose para corresponder el roce del aire. Mi círculo de guías aplaude mi baile y mis deseos. Me entregan una manta de sacerdotisa y me declaran una de ellas, para permanecer de pie en el círculo sagrado y trabajar conjuntamente con este grupo en la transformación y expansión de la misión humana para incluir la alegría, pasión, respeto y equilibrio.

4

El sagrado matrimonio interno

Un viaje a la conexión

El sonido rico y profundo de su corazón, los ecos únicos del tejido vivo, vibraron en mis oídos y en todo mi ser, casi como si mi sangre fluyera con el calor de su sangre. En ese momento supe que había estado sola demasiado tiempo, casi toda mi vida. Nat, mi tercer terapeuta, tenía un sentido respetuoso por la mujer en la que yo trataba de convertirme. Después de trabajar juntos alrededor de un año, me invitó a colocar mi cabeza sobre su amplio pecho para escuchar el latido de su corazón. Me habló sobre el vínculo de unión que crea el latido del corazón, como los niños en el útero y recién nacidos apoyando sus cabezas en los pechos de sus padres se apegan al escuchar el latido del corazón. Él sabía que yo no había tenido la oportunidad de vincularme con mis padres y quería proveerme de una experiencia emocional correctora. Todavía puedo sentirlo acariciando mi cabello y susurrándome: "Dulce niña".

Sentí un poder muy profundo cuando descansé en los brazos de alguien que no tenía ningún plan para mí fuera de mi propio crecimiento y sanación. Esta fue quizás una de mis primeras experiencias de intimidad sin miedo. Mi corazón estaba conectado con otro en simplicidad y dulzura, dado que en verdad dependía de él para crecer. Sentí algo abrirse dentro de mí, algo que tal vez no se había abierto desde el útero. Fui una flor cuidada por un jardinero sincero.

▼

Este capítulo se enfoca en el cuarto chakra, el chakra del corazón, que gira desde el centro del esternón (fig. 4.1), envolviendo y energizando

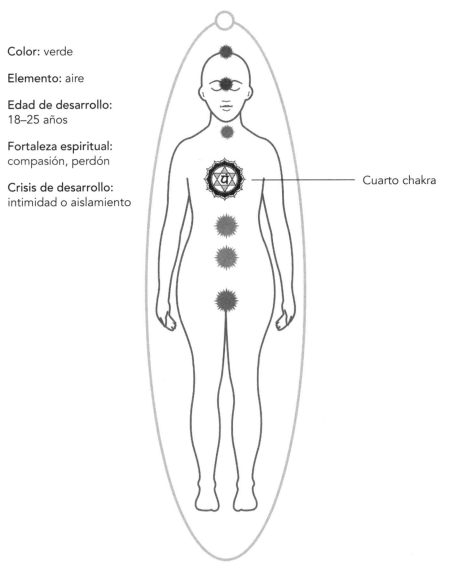

Color: verde

Elemento: aire

Edad de desarrollo:
18–25 años

Fortaleza espiritual:
compasión, perdón

Crisis de desarrollo:
intimidad o aislamiento

Cuarto chakra

Fig. 4.1. Cuarto chakra

al corazón y los pulmones. Es el centro del alma, conectado con el elemento del aire. Este chakra representa las calidades de compasión, perdón y amabilidad amorosa: las poderosas danzas energéticas del corazón.

Cuando este chakra del corazón se conecta con nuestro tercer chakra, el chakra de fuego en el plexo solar, podemos ser suficientemente poderosos como para realizar enormes cambios de conciencia. Martin Luther King Jr. invocó el poder del amor cuando ayudó a dirigir un movimiento que introdujo grandes cambios en algunas conductas culturales dementes y dañinas: "Dios conceda que mientras los hombres y las mujeres de todas partes del mundo luchan contra los sistemas del mal, lo hagan con amor en sus corazones, con comprensión y buena voluntad". Desafortunadamente buena parte de la locura continúa, así que debemos fortalecer este centro y fortalecer también nuestro amor, compasión y comprensión.

Este chakra encarna la crisis del desarrollo de la intimidad contra el aislamiento que aparece entre las edades de dieciocho y veinticinco años. A través del trabajo chamánico de este chakra abrazamos y exploramos nuestras propias dualidades interiores, incluidos el *animus* (el aspecto masculino del ser) y el *anima* (el aspecto femenino) para poder sanar nuestra relación íntima en nuestro interior. Esto nos prepara para avanzar hacia la manifestación externa de la intimidad: sostener una relación sana con un amante o compañero en la realidad ordinaria.

A partir de este cuarto chakra aprendemos a extender nuestros corazones en armonía y plenitud. En nuestros corazones alojamos el poder de reconocer y sostener con valentía la dualidad: la nuestra y la de otras personas. Creo que el valor puede definirse como el miedo sostenido por la respiración. Afortunadamente este chakra expresa el elemento del aire, que suministra todo lo necesario para respirar plenamente y poder ser verdaderamente valiente y amoroso. Para conectar de una manera comprometida y duradera, debemos establecer una relación sólida con el elemento del aire. A medida que incrementamos nuestra capacidad de respirar de modo consciente, desarrollamos nuestra valentía para vivir.

CONECTARSE CON EL ELEMENTO DEL AIRE

La respiración proviene del área del corazón; los pulmones acunan el chakra del corazón. La respiración es sumamente poderosa. Es un sagrado recipiente energético. Cuando respiramos de forma intencionada nos conectamos con la tierra: conectamos nuestros cuerpos físicos y energéticos de forma consciente con ella. A partir de esta base construimos el apoyo para abrazar la carga electrizante del amor y el miedo que representa abrir nuestros corazones. Cuando respiramos y rezamos, estamos siempre conectados con el poder en nuestros corazones, el centro de la compasión. Esto permite asegurar que perseguiremos nuestras intenciones amorosas con responsabilidad.

❖ Primera tarea: limpieza con el elemento del aire

Dirígete a tu lugar sagrado. Experiméntalo con todos sus sentidos: ve, escucha, huele, toca y siente. Nútrete de tu lugar sagrado. Conéctate con los elementos de los capítulos anteriores: la tierra, el agua y el fuego. A continuación, entra en contacto con el aire y pídele que se manifieste completamente aquí, en tu lugar sagrado.

Permítete percibir el aire en todo. Hay aire en la tierra, en el agua, las plantas, los animales y en tu entorno acariciando tu piel. Tu lugar sagrado te enviará una manifestación sagrada de aire para purificarte: un huracán o un tornado, una criatura alada gigante, o un dios o una diosa del aire. Interactúa con esa manifestación del aire para poder limpiar la energía vieja y agotada de tu chakra del corazón. Deja que el aire disipe ese desorden inconsciente de ignorancia que está bloqueando la compasión. Podrás sentir el viento soplar alrededor y dentro de ti, limpiando energéticamente las fuerzas que te impidan contactar el amor profundo en tu corazón. Un guía del aire podrá tener un mensaje para ti acerca de cómo sanar las viejas heridas del corazón y liberar tu alma para evolucionar.

Entrégate por completo a la purificación que te ofrecen tu lugar sagrado y el elemento del aire, incluso si al principio sientes que te consumen. Siéntete a ti mismo en tu viaje bailando con el aire. Deja que tu espíritu se eleve y expanda. Siente la inspiración apoderarse de ti.

Podrás sentir cómo la tormenta o el encuentro apasionado disminuyen. Siente la paz en tu lugar sagrado. ¿Cómo te siente después de haber sido purificado por medio del aire?

❖

Ahora realizaremos algunos movimientos para invocar y sentir la energía del aire en el cuerpo. El proceso de transformarse en seres expansivos y amorosos se sustenta en la conexión consciente con el aire que hay dentro de nosotros. Terminaremos esta tarea mediante una posición del yoga ancestral llamada "postura del árbol". Estamos literalmente atados de por vida a nuestra relación recíproca con los árboles, especialmente en relación con el aire del cuarto chakra. Inhalamos oxígeno y exhalamos dióxido de carbono. Los árboles inhalan el dióxido de carbono y exhalan el oxígeno que necesitamos para la vida. De esta manera estamos ligados irrevocable y profundamente a ellos por medio de nuestra respiración.

Puede ser difícil para nosotros como civilización industrializada y tecnológica reconocer u honrar esta profunda interdependencia. Este equilibrio hace posible que la vida continúe en la tierra. Honrar este equilibrio constituye la acción más básica de respeto, aunque la parte "civilizada" de la especie humana lo haya estado destruyendo. Al efectuar los ejercicios de esta sección podrás experimentar esa conexión, la belleza, el amor y la paciencia de los árboles en tu propio cuerpo energético. Ellos están maravillosamente equilibrados de una manera que nosotros, en la dimensión humana, solo podemos aspirar a entender. Quizás la naturaleza de su vida física los ha obligado a ser más conscientes.

Los árboles permanecen inmóviles por largos periodos y establecen una relación profunda con la Madre Tierra. Quizás al movernos con el aire, como hacen los árboles con el viento, podemos profundizar esta relación con nosotros mismos.

❧ Segunda tarea: moverse con el aire

Echarse a volar

Primero, volaremos. Párate con tus pies alineados a las caderas y tu columna erguida. Siente la tierra debajo, el aire alrededor y el cielo arriba. Deja tus brazos volar, trazando barridos hacia el cielo al inhalar y abajo hacia a la Madre Tierra al exhalar. Conecta el cielo con la tierra. Siéntete como una enorme ave, un ángel, un dios o diosa, o bien una gran criatura alada. Siente cómo tu columna se mueve con sus alas mientras respiras. La parte frontal de tu columna se abre cuando inhalas y extiendes los brazos hacia arriba. La parte dorsal de la columna se abre cuando bajas tus brazos y exhalas. Siente tu respiración cada vez más profunda. Mediante la respiración absorbemos *prana*, la luz sanadora que es la fuerza vital de los cielos.

Planear con la brisa

Ahora cambiaremos de forma y seremos árboles ladeados por la brisa, dejando que nuestros cuerpos adopten su forma y esencia. Todavía con los pies alineados con las caderas, extiende tus brazos hacia el cielo, hasta que se conviertan en las ramas de un árbol. Siente cómo tus raíces se hunden profundamente en la tierra, a través de capas de tierra, agua y piedra. Siente las ramas abriéndose al cielo y las hojas extendiéndose hacia el sol. Percibe el aire que se mueve a tu alrededor y déjate ladear y moverte como respuesta al aire que choca contra tu corteza. Siente que tú eres el árbol y respira como él.

La postura del árbol

Ahora adoptaremos una antigua posición de yoga llamada "postura del árbol". Existen muchas maneras de hacerla, varias de las cuales pueden verse en libros y videos sobre yoga, pero aquí describiré la más básica. De una posición erguida, desplaza todo tu peso a una sola pierna. Siente cómo cambia tu equilibrio a medida que cambias la distribución de tu peso. Enfoca tu mirada en un punto a una distancia de

Fig. 4.2

Fig. 4.3

Fig. 4.4

unos dos metros frente a ti en la tierra para poder equilibrarte de una forma más poderosa.

Cuando sientas que estás fijamente equilibrado y apoyado sobre tu pierna, lleva el otro pie hacia ella. Puedes colocar la planta del pie en el tobillo opuesto con los dedos apuntando al suelo, o bien colocarlo a la altura de tu pantorrilla o muslo, en función de tu flexibilidad y equilibrio (fig. 4.2, p. 137). Lleva tus manos a la posición de oración juntando las palmas a nivel del corazón. Siente cómo las palmas ejercen una suave presión una contra otra. Cuando te sientas en equilibro y estés listo, puedes extender tus manos/ramas hacia el cielo (fig. 4.3, p. 137) y abrir tus hojas al sol (fig. 4.4, p. 137). Haz circular la energía hacia arriba desde la tierra por todos los chakras. Cuando estés listo para soltar esta postura, repite con el otro lado.

❖

Nuestra próxima tarea consistirá en encontrar una huaca del aire. Mi huaca del aire es un ala de codorniz que me regaló mi amiga Susan unos años después de que ambas terminamos la escuela de masaje. Susan también estudiaba el chamanismo en ese tiempo y usaba un ala de una codorniz muerta que había encontrado para ahumar. (Ahumarse es limpiar el campo de energía de un espacio o alrededor de una persona usando el humo de salvia, cedro o hierba dulce, a menudo haciendo movimientos de barrido con plumas.) Susan pensó que yo debería tener la otra ala. Aunque apenas hemos mantenido contacto a través de los años, sé que más adelante llegó a ser quiropráctica y estoy segura de que sigue siendo chamana a su propia manera. Me pregunto muchas veces si guardó y atesora aquella ala de esta sagrada codorniz.

❖ Tercera tarea: encontrar un objeto sagrado del aire

Da un paseo por un área natural que invite a tu conciencia a entrar en contacto con el elemento del aire. Respira. Siente tu integridad y conexiones con tu corazón, las personas, tus guías, los elementos y todos los seres y espíritus en todas partes.

Pídele al Espíritu un objeto sagrado que encarne al espíritu del aire, uno que te ayude a ti y a cualquier otra persona a quien desees ayudar. Con frecuencia, las criaturas voladoras dejan alas que podemos encontrar. Mis estudiantes muchas veces hallan plumas o ramas con hojas que usan como huacas del aire, pero no dejes que la mente te limite. Deja que el Espíritu y tu corazón te guíen al corazón de tu huaca del aire. Quizás esta huaca te ayude con problemas de compasión, amor e intimidad, al sanar las conexiones sagradas.

Confía en el Espíritu para guiarte hasta tu huaca. Cuando la encuentres, expresa tu agradecimiento. Pasa un tiempo escuchando los mensajes que están destinados para ti. Cuando estés listo, colócala en tu kit de medicinas.

❖

Recuerdo a Ellen, mi terapeuta por veinte años, pedirme que le contara la forma en que visualizaba mi corazón. Cuando quise observarlo únicamente a través de mis ojos heridos, mi corazón era de vidrio, fracturado en pedazos y fragmentos, puntiagudos e inertes. Ellen me pidió que intentara verlo como un músculo fuerte, quizás golpeado, pero flexible. Esta imagen me transmitió calidez y pude sentir que tal vez tenía un corazón dentro de mí como el de Nat: un tejido vivo que había latido por décadas cuando encontré la plenitud de la vida al pensar en mi espíritu flexible.

Pude conectarme con más intensidad a mi corazón y profundizar mi compasión y amor por medio de mis estudios de masaje y yoga. Aprendí técnicas para ayudar a aliviar dolores de cabeza y estómago, y la tensión en la columna y el cuello. Sentí que era capaz de extender mi amor a las personas por medio de mis manos y en verdad ayudarlas a sentirse mejor. Cuando fui al Instituto Sueco, estaba muy consciente de que mis brazos eran una extensión de mi corazón. Las energías fluyeron por mí desde la tierra y el cielo para apoyar mi corazón y mi capacidad de cuidar a la gente de esa manera.

En el yoga hay un *mudra*, o posición de la mano, llamada postura de la oración, que ya realizamos en una tarea previa. Las manos se juntan, con las palmas en contacto, frente al corazón. Este es un reconocimiento del corazón espiritual y el lugar de compasión en el interior donde siempre deseamos lo mejor para las almas, la nuestra propia y las de todos los demás. Uno respira profundamente en la posición de la oración y pronuncia "*namasté*", una palabra sánscrita que significa: "Mi luz interior honra tu luz interior".

⟨⟩ Cuarta tarea: viaje a tu corazón

Coloca ambas manos sobre tu corazón y siente su calor. Permite que este calor sane cualquier vieja herida que allí se encuentre. Inhala de forma que el aire llegue a tu corazón. Siente cómo el centro del corazón se expande y se contrae con la respiración.

Inhala esa atención amorosa que te estás concediendo a ti mismo. Exhala el miedo y cualquier sentimiento de abandono. Siente la conexión entre la energía del amor y el receptáculo sagrado que es tu corazón. Siente la calidez en tu corazón y la forma en que se irradia a tu cuerpo entero a través de tu sistema circulatorio, y siente cómo la energía del amor circula por tu cuerpo energético, tocando cada aspecto de lo que te hace ser quién eres. Siéntete bendecido por el amor que eres tú.

Extiende tu mano derecha desde tu corazón en dirección a cualquier persona a quien te gustaría transmitir tu amor. Envía a esa persona la energía del amor desde la distancia, o tócala, ahora mismo, aquí mismo. Siente cómo el amor se mueve desde tu corazón a través de tus brazos y manos.

También puedes sentirte conectado con el espíritu de los chamanes aquí, incluidas las personas que viven hoy en la Madre Tierra y los ancestros sanadores que todavía están con nosotros en espíritu, entre ellos Jesús, las Marías, Buda, San Francisco, la Madre Teresa, etc. Deja que tu corazón se fortalezca por la presencia de tu amor.

⬥

DESPOSAR EL INTERIOR MASCULINO Y EL FEMENINO

Como ya se mencionó al principio del capítulo, este chakra del corazón representa el estado del ser del joven de los dieciocho a los veinticinco años y abarca la crisis del desarrollo de la intimidad contra el aislamiento. Es durante esta etapa que buscamos acoplar lo masculino y lo femenino, sea en nuestro propio interior o dentro de una fusión, asociación o desposorio del uno con el otro. Si uno tuviera conciencia espiritual a esa edad, podría tener una idea de las fortalezas y limitaciones de lo interno masculino y femenino y sanar lo que necesita ser sanado. Si fuera el caso, tal vez los años restantes de esta etapa podrían dedicarse a encontrar una pareja maravillosa en el mundo.

Puesto que hasta ahora la conciencia no ha sido un valor cultural común, muchas personas no encuentran al compañero adecuado hasta muy tarde en la vida y, en cambio, pasan esta etapa del desarrollo aislados de la verdadera intimidad madura. Esto puede deberse a que la mayoría de las personas carece de la sabiduría o conciencia para conectar lo masculino y lo femenino dentro de sí mismos antes de intentar conectarse con otra persona. Con los siguientes ejercicios intentaremos resolver esta crisis.

La unión de la divinidad masculina y femenina nos deja crear nueva vida y belleza en la forma de una relación sagrada, y posiblemente un niño, fruto de esa relación. Esta es la danza sagrada de la espiral del ADN, el fruto de la concepción, que se origina en las semillas en el reino vegetal y en el óvulo fecundado en el reino animal. La intimidad nos permite concebir nuevas energías y formas. Yo creo que la calidad de nuestra intimidad influye mucho en la calidad de lo que concebimos y creamos.

Debido a los abusos sufridos en mi niñez y a la cultura, he tenido que sanar de forma consciente el lado oscuro del hombre y la mujer no evolucionados que llegaron a vivir dentro de mí, el victimario y la víctima, la dinámica del poder desigual y por consiguiente patológica. Llegar a la mayoría de edad durante la revolución sexual atrasó mucho este proceso terapéutico porque, con mi carga emocional, seguí dejándome explotar por un buen tiempo, lo que me dejó más heridas que curar. La doble moral sexual y las dinámicas destructivas permanecen hoy en día vigentes en nuestra cultura y muchas personas todavía requieren mucha sanación interna antes de ser capaces de crear una verdadera intimidad.

En las tareas que siguen, primero viajaremos para conectarnos con nuestro propio ser divino femenino, y después profundizaremos esta conexión en el cuerpo físico de la realidad ordinaria. Con frecuencia hay muchos aspectos del interior femenino que deben tratarse y curarse debido a que lo femenino ha sido objeto de desvalorización y deshonra en nuestra cultura moderna. Hace unos diez años escuché hablar de una cultura indígena que tenía lo que yo consideré como un ritual singular de la llegada a la mayoría de edad para los muchachos. Cuando los varones llegaban a la pubertad construían pequeños "úteros" de arcilla que llevaban consigo todos los días. Eran instruidos para sostener y hacer contacto consciente con ese útero varias veces al día durante su vida. Fue muy conmovedor conocer este método de mantener contacto con la divinidad femenina de una manera tan consistente, poderosa y tangible. Nuestra propia cultura patriarcal disuade tanto a hombres como a mujeres de conectarse con el poder de la divinidad femenina interior. En nuestro caso, necesitamos mucha sanación en esta área.

"El poder femenino" no es un contrasentido ni se trata de manipulación y seducción. Es un poder que proviene del dominio de la conexión con los elementos femeninos de la tierra y el agua. El poder es el fruto de una relación consistente, honesta y respetuosa con estos elementos, una comprensión profunda del cuerpo y los ciclos de la vida.

Mis terapeutas mujeres y amigas me han apoyado muchísimo a curar mi interior femenino. A través de una conexión saludable e íntima con otras mujeres pude comprender la belleza y el poder de lo que representa ser mujer. También estoy asombrada de mis guías espirituales femeninas y aspiro a comprender el poder que tienen. Mi terapeuta por veinte años, Ellen, me ha enseñado muchísimo sobre el ser mujer. A través de todos los años que trabajamos juntas, yo apreciaba muchísimo lo conectada que parecía estar ella con la tierra en la realidad ordinaria y sin embargo estaba abierta a toda clase de teorías y técnicas diferentes de curación. Me conmueve profundamente constatar cuánto me ha nutrido con una consistencia impresionante. Ella me ha enseñado más de lo que nunca pensé que había que saber sobre la divina calidad femenina de la crianza. A través de ella aprendí cuál es la fuerza más poderosa del universo.

De muchas formas, nuestra cultura nos presiona para conformarnos con roles masculinos y femeninos, muchas veces en detrimento de nosotros mismos. Los roles, aunque muchas veces necesarios para proveer cierta estructura, pueden ser superficiales y alejarnos de la profundidad de nosotros mismos. Los chamanes tradicionalmente han abrazado el aspecto femenino y el masculino, o *yin* y *yang*, para que puedan beneficiarse de la totalidad de su poder. En nuestro cuerpo energético tenemos energía masculina y femenina. En nuestros cuerpos físicos, hombres y mujeres tenemos hormonas masculinas y femeninas. Puesto que la mayoría de nosotros somos en realidad definitivamente femeninos o masculinos en cuanto a la estructura corporal y equilibrio hormonal, no tenemos nada que temer al explorar el aspecto recesivo de nosotros mismos. Después de estos viajes volveremos a nuestro imperativo biológico definitivo, enriquecidos por tener la experiencia del poder interno que hemos explorado y abrazado.

❧ Quinta tarea: conectarse con la divinidad femenina interior

Permítete viajar a tu lugar sagrado, conectado de una manera sólida con los elementos de la tierra y el agua, tal y como lo hiciste en los primeros dos capítulos. A continuación, siente cómo la tierra y el agua fluyen sincronizados, como cuando el océano baila con el fondo del mar y la orilla. Siente cómo fluyen juntos dentro de tu cuerpo y cómo los líquidos se mueven por los cuerpos de las células más densamente formados.

A partir de una conexión profunda con los elementos femeninos, deja que una visión de tu ser femenino emerja de tu lugar sagrado. Esta puede emerger del interior de tu cuerpo energético o de otro ser, objeto o dirección. Contempla este aspecto de ti mismo en plena existencia y movimiento dentro de tu lugar sagrado. Comienza a adoptar un sentido de lo que significa el poder femenino. ¿Tiene este aspecto de ti mismo alguna fisonomía física, emocional, mental o espiritual sobresaliente? ¿Cómo te imaginas a este ser manejando los desafíos del mundo? ¿Esta parte de ti requiere sanación o apoyo? ¿Se ha visto afectado este aspecto de ti por eventos o traumas del pasado que aún deban abordarse?

¿Existe un guía espiritual que emerja para apoyarte o sanar este aspecto de ti mismo? Deja que este guía cure y sustente tu ser femenino. Este guía puede escuchar tu historia, proveer una ceremonia para tu ser femenino u ofrecer algún tipo de trabajo práctico que sea terapéutico y enriquecedor. Este guía puede ofrecer gran sabiduría sobre cómo recuperar ciertos aspectos de tu alma y poder de acontecimientos y dinámicas culturales enfermizas. Incluso puedes comenzar a hacer parte de esta tarea a partir de tu primer viaje hacia lo femenino.

Cuando estés listo para emerger suavemente, vuelve a la realidad ordinaria desde tu lugar sagrado. Escucha alguna música que le guste a tu ser femenino para bailar, alguna melodía que exprese el poder femenino que te representa. Comprueba si sientes la valentía suficiente como para expresar de forma física tu ser femenino. (Esto requiere un gran valor para la mayoría de los hombres de nuestra cultura). Siente como la energía de "ella" llena y mueve tu cuerpo. Siente como es sólida, fluida y fuerte.

Por favor anota esta experiencia en tu diario y trata de contestar las preguntas que tu ser femenino te hace sobre sus heridas y lo que necesita para sanarlas. Esas preguntas te llevarán a una mejor comprensión de ti mismo y de aquello que se requiere para tu curación progresiva.

❖

Ahora emprenderemos un viaje similar para hacer contacto con la divinidad masculina interna. Es probable que, si fuiste educado en esta cultura, tu interior masculino deba sanarse. A los hombres se les enseña a temer y sentirse humillados por sus emociones y la dependencia natural a sus madres y a la Madre Tierra. Esto crea demasiado conflicto y estrés. A los hombres se los ha alentado a buscar chivos expiatorios mientras "ejecutan", en vez de expresar sus propias emociones, ya que a menudo no han desarrollado el carácter para contenerlas y procesarlas con seguridad dentro de sí. Por lo tanto, son en buena medida responsables del crimen de la violencia doméstica, verdaderamente rampante en nuestra cultura, aun en los lugares menos pensados. Los hombres también aprenden a tener que ponerse a sí mismos a prueba siempre, lo cual desafortunadamente resulta muchísimas veces en una muestra de fuerza y victoria en detrimento de los demás. Esta dinámica se halla en el fondo de la actitud imperialista de nuestro país hacia la política y la economía.

Gran parte de la curación del interior masculino se basa en cultivar una relación profunda con los elementos del fuego y el aire. Estos son tan poderosos como la tierra y el agua. Sin embargo, hay una agresión natural contenida en el fuego de la testosterona que necesitamos aprender a modular de una manera saludable en nuestra cultura. Quizás algunas de estas necesidades de expresar agresión se satisfagan naturalmente en las culturas indígenas, en las cuales los hombres hacen prácticas de caza. Este es un canal útil para la agresión. Y la agresión, similar a la pasión en muchos aspectos, es una expresión poderosa de la fuerza vital y es necesaria algunas veces para la continuación de la vida. Como Fritz Perls, el padre de la psicoterapia Gestalt, señala en su libro *Yo, hambre y agresión*, incluso comer requiere agresión, al morder, masticar y deglutir. Así que necesitamos este poderoso ímpetu para nuestras propias vidas.

Desafortunadamente, la agresión es una fuerza tan potente que cuando se desequilibra puede ocasionar grandes daños. Si la agresión deja de ser canalizada en relación con la Madre Tierra para proveer las necesidades de sobrevivencia, como el alimento, la ropa, la protección y el sexo consensuado, y se emplea para precipitar la guerra, las matanzas, la esclavitud, el genocidio, la violación y la contaminación que intoxica los cuerpos de nuestros hijos, es el momento de devolverla al equilibrio. Yo creo que la agresión debe ser contenida en una relación espiritual con la Madre Tierra para que sea una fuerza constructiva en las vidas de todos los seres. Cultivar esto se traducirá en una gran sanación para la divinidad masculina interior.

Mis conexiones con Evgen, Nat y mi primer maestro de yoga, Swami Shantanand, me ayudaron enormemente a curar mi interior masculino. Todos eran muy distintos y juntos me proveyeron una imagen integral de la masculinidad real. Mi relación con Nat fue particularmente importante, dado que le permití realmente ser una figura paterna. También fue muy sanador para mí el hecho de que hubiera grandes semejanzas entre Nat y mi padrastro, incluidos el interés por la literatura y las artes, la fluidez en el yiddish, abdómenes grandes y rasgos faciales anchos; sin embargo, eran diametralmente diferentes en el temperamento y el carácter.

Nat era gentil y amable. También era un contenedor poderoso y seguro para la expresión de mi rabia y agresión, y me ayudó a curar mi energía masculina interior y mi yo, tan distorsionado por la violencia en mi familia. Arrodillada delante de enormes almohadas, Nat me alentaba a golpearlas y proferir mi cólera y sacar mi dolor. Yo golpeaba y gritaba hasta que me cansaba y mi voz se agotaba, y entonces sollozaba tanto que me sentía vacía y despojada de esa ola de heridas. Fue un acto poderoso de agresión segura que me permitió honrar mis sentimientos y perspectiva en relación con los sucesos que ocurrieron en mi familia, y me ayudaron a poner límites a la violencia emocional y sanar mi ser masculino interior.

Evgen fue la encarnación de la pasión responsable y creativa. Estaba dispuesto a situarse justo en el centro de la autoridad de su genio, lo cual hizo con respeto por los demás y sus contribuciones a todo lo que estaba creando. Su intrepidez me enseñó a no tener miedo de encarnar verdaderamente lo que sé y a pronunciar con libertad y valentía las palabras que llevan el mensaje de mi visión.

❧ Sexta tarea: conectarte con lo divino masculino interior

Viaja a tu lugar sagrado, esta vez en conexión con los elementos del fuego y aire, como hicimos en el capítulo tercero, y antes en este capítulo. Siente cómo estos elementos están presentes en tu lugar sagrado y en tu cuerpo energético. Siente el poder del fuego y el aire.

Siente tu ser masculino interior emerger de tu cuerpo energético o de algún otro sitio en su lugar sagrado. Obsérvalo y siéntelo realmente. ¿Tiene algunas características físicas, emocionales, mentales o espirituales notables? ¿Cómo lo imaginas al resolver los desafíos que surgen en el curso de la vida? ¿Necesitas sanar sucesos y traumas del pasado?

Permite que tu lugar sagrado te ofrezca un guía espiritual para ayudarte a sanar su hombre interior. De nuevo, si fuiste educado en esta cultura, tu interior masculino debe aprender acerca de la interdependencia saludable y la autoaceptación. Debe seguir aprendiendo a desarrollarse y satisfacer sus necesidades y las de sus amigos, su familia y su comunidad sin explotar a nadie. Tu guía masculino puede animarte a sentir y expresar el espectro completo de tus emociones en torno a tu vida, sosteniéndote con amor y aceptación para que no reprimas ni exteriorices estas emociones de modo irresponsable. Él te ayudará a comprender cuán poderoso es este acto de valentía, así como a expresar visiones para la acción que incluyan una perspectiva de corazón abierto y un sentido de justicia para todos los seres afectados, incluido tú mismo.

Cuando regreses a la realidad ordinaria, recuerda tocar música para que tu interior masculino pueda bailar a través de tu cuerpo. Registra en tu diario las experiencias de tu interior masculino y responde con gentileza las preguntas formuladas en esta tarea. Siente cómo la agresión puede ser una poderosa fuerza y parte del proceso creativo.

❖

El matrimonio interior representa la unión sagrada de nuestras energías internas masculinas y femeninas, y nos permite vivir siempre con un equilibrio total de los elementos de creación dentro de nosotros. El matrimonio sagrado interior hace posible una resolución interior de la crisis del desarrollo de la intimidad contra el aislamiento. Así, esta resolución podrá reflejarse en nuestra vida exterior.

He tenido el privilegio de presenciar matrimonios maravillosos entre mis guías espirituales. Mis padres águilas viven y trabajan juntos; cada uno completa las intenciones del otro. Han estado juntos por varios siglos y su conexión fluye de manera maravillosa. El Águila Guía encuentra la fuerza, la claridad y la feroz protección de la bella Mujer Águila, y esta se halla profundamente conmovida por la gentileza y ternura del Águila Guía. Ambos tienen profundidad y perspectiva que mantienen su relación extraordinariamente viva. Aunque son ahora personas mayores, no han dejado de ser románticos y parecen unos jóvenes cuando se miran fijamente a los ojos. Juntos, dan a luz a la sanación.

Jesús y María Magdalena son también una pareja magnifica que ha estado en mi conciencia desde aquellos días de *Jesucristo Superestrella*. Son una pareja muy sensual y amorosa, y creo que estar sometidos a la exposición espiritual de su relación ha impulsado mi sentido de lo que yo he buscado para mí misma románticamente. Siempre he querido que el amor sea espiritual, creativo y apasionado. Juntos, Jesús y María Magdalena crearon un modelo para la relación heterosexual saludable: un amor dinámico en el cual se alientan uno a otro a crecer y expresar la plenitud de sus espíritus, a pesar de cualquier temor a la pérdida o al cambio. Desafortunadamente el mundo todavía no los ha adoptado.

Para experimentar mi propio matrimonio interior he sido guiada por un viaje sagrado inca para unir mis energías masculinas y femeninas.

Dado que he repetido este viaje a través de los años, este se ha profundizado y expandido hasta llegar a convertirse en la ceremonia que a continuación describo.

Él lleva un pareo de seda blanca que se adhiere a la ondulación de sus poderosos muslos, acentuando su piel morena cremosa. Ella viste un pareo negro que hace contraste con su piel blanca suave. Se toman de la mano junto al pozo suave y receptivo y la cascada clara y penetrante de mi lugar sagrado, y prometen ponerse uno al lado del otro, honrando en primer lugar todos los aspectos de la otra persona, y apoyando la pasión y el equilibrio que crean juntos. Mis guías los rodean mientras bailan, trazando remolinos con el *yin* y *yang*, la seda blanca y negra que se retuerce y fluye. Tejen su conexión energética con la profundidad de la Madre Tierra y la extensión del universo al danzar. Mientras hacen el amor sobre el musgo y las suaves agujas de pino del caluroso bosque, se susurran los nombres dulcemente, reconociendo la gran ola que crece de su unión y rompe sobre ellos mientras expresan su amor, creando la semilla de mi sueño.

Puedes llevar a cabo la siguiente tarea para fortalecerte, para encontrar a un compañero o para consolidar una relación con tu pareja actual. No importa si somos hombres o mujeres, homosexuales, bisexuales o heterosexuales; debemos tener una conexión sagrada entre estos aspectos interiores de nosotros mismos.

❧ Séptima tarea: el sagrado matrimonio interior

Viaja a tu lugar sagrado. Permite que tanto tu interior femenino como el masculino emerjan. Déjalos celebrar una ceremonia de matrimonio sagrado. Invita a tus guías espirituales y también cualquier otra persona que te parezca apropiada.

Visualiza el proceso de esta ceremonia. ¿Qué necesitan ambas partes en forma de apoyo para establecer este compromiso uno con otro? ¿Intercambian votos? ¿Qué se dicen y se prometen uno a otro? ¿Intercambian objetos sagrados? ¿Cómo se entrelazan los elementos en la ceremonia sagrada? ¿Cómo se ven tus seres, masculino y femenino, apoyados por tu lugar sagrado, los elementos y los guías espirituales al crear juntos un compromiso saludable y hermoso?

¿De qué manera celebra todo el mundo? Tal vez quieras hacer una celebración o recepción en la realidad no ordinaria, en tu lugar sagrado, y otra más en la realidad ordinaria. Cuando regreses a la realidad ordinaria, escucha algo de música y deja bailar de modo sincrónico a tu interior masculino y al femenino dentro de ti mismo. Deja que se mezclen. Siéntelos bailar alrededor de tu columna vertebral, dado que la energía *kundalini* tiene una espiral masculina y otra femenina.

Siente la santidad masculina y femenina en cada célula de tu cuerpo, en la doble hélice del ADN. Siente cómo el sagrado matrimonio interior vive en cada una de tus células. Si te parece bien, puedes visualizar o experimentar tu interior masculino y femenino haciendo el amor en la realidad sagrada de este profundo baile interior. Puedes sentirlo en completa tranquilidad o puedes liberar tu cuerpo en los movimientos hallados en este libro u otros movimientos espontáneos. Siente la forma en que ocurre la concepción al dar a luz a algo nuevo.

CREAR COMPASIÓN DENTRO DE LAS RELACIONES

El chakra del corazón es el centro de la compasión. En el corazón, la expresividad de la compasión nos deja saber y entender la dualidad. Al abrazar la totalidad de nosotros dentro del corazón —lo masculino y lo femenino, la luz y la sombra, lo fuerte y lo débil— aprendemos a abrazar a los demás. Podemos tener opiniones distintas en el corazón, con gracia; podemos tener conflictos, con compasión. Muy a menudo esta compasión nos puede llevar a un entendimiento central de nuestros conflictos con nosotros mismos y con otros. La compasión nos puede llevar a adoptar una polaridad para encontrar su esencia. Por ejemplo, en mi corazón yo sé que la codicia y la explotación son en realidad intentos de alcanzar seguridad y mantenerla; hay tan solo un desequilibrio de la agresión saludable. Con la compasión, estos impulsos pueden canalizarse de una manera más creativa porque existe una comprensión más profunda de los motivos.

Yo exploré la idea de la siguiente tarea en un taller que tomé con Víctor Sánchez, un poderoso profesor de técnicas chamánicas que ha estudiado de forma intensiva con los descendientes de los toltecas en el centro de México. De Víctor aprendí que los antiguos toltecas tenían un saludo. Cuando dos personas se conocían, decían: "Tú eres mi otro yo". Esto va un paso más allá del *namasté* sánscrito. En el saludo tolteca, puedo escuchar a nuestra perpetua y con frecuencia repudiada humanidad reconocida en otra persona. Es muy importante hacer esto. Si lo hacemos, nadie es "otro" y por lo tanto nadie está disponible para ser enjuiciado y explotado. En la siguiente tarea el saludo antiguo nos lleva a establecer empatía y compasión para los demás.

⬖ Octava tarea: "Tú eres mi otro yo"

Toma diez minutos de tu día para caminar en un área poblada. Silenciosamente, tal vez al decir "hola" también di "tú eres mi otro yo" a cada persona que encuentres.

Anota cómo sientes lo anterior con cada persona y quizás por qué puede resultar más fácil con algunas personas y menos con otras. Observa cómo te siente después de diez minutos de saludar a las personas internamente de esa manera. ¿Se torna más fácil o difícil a medida que avanzas? ¿Cómo lo sientes en tu corazón?

Cuando regreses, registra en tu diario la experiencia y el conocimiento que hayas obtenido de ella.

⬖

Ahora exploraremos una tarea con un compañero. Esta tarea de la posición del árbol en pareja es especialmente productiva si se trabaja en grupo, pero puedes hacerlo también con cualquier persona importante de tu vida. Se siente maravilloso respirar y dar a luz a una nueva forma mientras trabajas junto con otro individuo. Permítete sentir el desafío de equilibrarte con alguien, estar en proximidad y tocarse. Libera la alegría de tener éxito y lo gracioso de caer e intentarlo nuevamente.

◆ Novena tarea: postura del árbol en pareja

Crea una postura árbol en equilibrio junto con otra persona. Manténganse de pie uno junto a otro, o espalda con espalda, o en otra posición cerca de tu compañero. Conéctense físicamente, hombro con hombro, cadera con cadera, tomados de la mano, o espalda con espalda antes de que ambos levanten una pierna y se mantengan en equilibrio para adoptar la posición del árbol descrita en la segunda tarea. Pueden apoyarse en el torso del otro, presionar las palmas de las manos juntas o, si se hallan lado a lado, pueden presionar la planta del pie levantado contra la planta del pie levantado del otro. Experimenten cómo la inclinación de uno sobre otro les dificulta o quizás les facilita la capacidad de balancearse.

Descubran juntos cuántas maneras hay de hacer esto. Encuentren su propia forma de equilibrarse y crear belleza y divertirse. Vean cuántas formas o cuántos árboles pueden hacer los dos.

Observa lo que sientes al crear estas formas con otra persona. ¿Cómo se siente al crear belleza sagrada, equilibrio e incluso comedia con otro ser?

◆

Gran parte de lo que aprendemos de la intimidad lo sabemos por observar la relación entre nuestros padres. Ahora haremos un viaje en el cual invitaremos a nuestros padres para sanar cualquier desequilibrio que haya en su matrimonio o su relación. Esta es una faceta importante del proceso de sanar el equilibrio y la conexión entre el interior sagrado femenino y el masculino. Todos hemos sido profundamente afectados por lo que era saludable o no en el matrimonio o la relación entre nuestros progenitores. Este viaje nos da la oportunidad de trabajar dinámicamente en un contexto sagrado.

Es importante honrar aquí su propia experiencia. Si no conoces a tus dos padres biológicos, debes elegir a las personas que en hayan ejercido la mayor influencia parental sobre tu ser energético. Si tu situación familiar es complicada, sigue tu intuición en relación a estas instrucciones, o inténtalo más tarde cuando hayas hecho el resto de las tareas en el libro, cuando quizás tengas mayor claridad sobre las cosas. En tal caso, puede que sean necesarios varios viajes para abordar las complejidades.

❧ Décima tarea: curar el matrimonio de tus padres

Viaja a tu lugar sagrado. Pasa un poco de tiempo allí recogiendo lo que necesitas, en particular la fuerza, porque a todos nos afecta la interacción de nuestros padres. Mantén a tus guías espirituales y animales de poder cerca para el apoyo, la dirección y la protección. Absorbe todas las energías curativas necesarias para proteger la integridad de tu cuerpo energético.

A continuación, viaja a un lugar que sería familiar para tus dos padres. El lugar al que viajamos ahora puede ser un sitio al que tus padres acostumbraban ir juntos, un lugar donde siempre quisieron ir o algún sitio donde tú presupones que les gustaría estar (siempre que sea un ambiente bello, sustentador y sagrado para ellos). Puede ser una azotea, el patio de alguien, un jardín, un parque, una isla exótica u otro planeta. Busca en tu viaje un lugar donde sepas que tus padres se hubieran sentido un poco más relajados.

Obsérvalos en este lugar, asimílalo, disfruta las vistas, los sonidos, las texturas, las fragancias. Puedes incluso imaginarlos relajándose un poco más de lo que solían hacerlo. Tal vez los dos puedan ser un poco más conscientes o estar presentes.

Pídele a este lugar sagrado que proporcione un animal de poder o guía espiritual diferente para cada uno de tus padres. Luego haz una pausa y respira. Este lugar sagrado puede tener vida silvestre propicia para el propósito, o algunos seres espirituales que aparezcan y que ayuden a tus padres a sentirse seguros, dentro de sí mismos o con el otro. Si uno de ellos fue abusado por el otro, es especialmente importante que el padre o la madre tengan suficiente protección y que el padre o la madre abusivos tengan una guía iluminada.

Ahora permíteles interactuar en este lugar sagrado, relajados, con apoyo, protección y dirección. Ellos no serán conscientes de tu presencia. Imagínalos interactuando de tal manera que creen una relación más segura para los dos en todos los aspectos: físico, emocional, mental, espiritual y anímico. Esto incluye ser amoroso hasta cierto punto que sea apropiado para su conexión real. Por ejemplo, si tus padres tienen treinta años de estar divorciados, probablemente no se tomarán de la mano en este viaje, pero es posible que quieran estar de acuerdo en no estar de acuerdo en temas como la política o sobre lo que sea que acostumbraban discutir. Si la relación de tus padres estuvo cargada de conflicto, es probable que no se enamoren en el lugar sagrado. No tienen que resolver nada; solo van a estar juntos bajo estas condiciones terapéuticas, teniéndote a ti como testigo. Ellos permanecerán juntos aquí en su lugar sagrado, de una manera en que se hallen seguros e íntegros.

Quizás tu madre deje de criticar y juzgar a tu padre por cosas que escapan de su control. Tal vez tu padre note la fuerza y belleza de tu madre. Deja que los animales de poder y los guías espirituales apoyen a tus padres en verse e interrelacionar desde una perspectiva más centrada en el corazón. Es posible que mientras tus padres interactúen sean honestos y asertivos sobre sus sentimientos, en vez de irrespetuosamente agresivos o pasivo-agresivos. Si tus padres ejercían una carga emocional pesada el uno sobre el otro, tal vez recurran al humor y traten de suavizar las cosas. Si eran sarcásticos, es probable que reconozcan sus heridas y lloren juntos.

Dedica tiempo a observar a tus padres mientras sanan su relación en este mágico lugar. ¿Cómo se sienten juntos cuando ambos están a salvo en cada nivel?

Cuando la curación parezca completa, deja que tus padres continúen con la interrelación en seguridad en el lugar sagrado que encontraste para ellos y regresa a tu propio lugar sagrado.

Invita a esta experiencia a integrarse a ti junto a los elementos y tus guías y aliados. Pregúntate, "¿de qué modo el cambio en la conexión energética entre mis padres afecta mi energía de manera favorable en este momento? ¿Cómo me siento al atestiguar la interacción de mis padres o verlos conectarse de forma más sana y sincera?". Deja que la energía se mueva en tu interior al tiempo que procesas estos sentimientos.

Cuando estés listo, regresa de tu lugar sagrado a la realidad ordinaria. ¿Cómo se siente tu corazón? Registra esta experiencia en tu diario.

◆◆◆

El matrimonio de mis padres fue al parecer una experiencia difícil para ambos. Se casaron porque estaban embarazados de mi hermano y luego me tuvieron un año después de que él nació. Aproximadamente un año después estaban separados y luego de otro año más estaban divorciados. Debido a que yo era muy joven cuando pasó todo esto nunca pareció tener demasiada relación conmigo, pero aprendí por medio de la terapia que yo tenía unos temores muy arraigados conectados con esta temprana inestabilidad, mi experiencia personal con los residuos de la enfermedad mental de mi padre y con el hecho de que mi madre se sentía sumamente agobiada y decepcionada.

Mientras mi padre tuvo trabajo no dejó de hacer los pagos de manutención de los hijos hasta que tuve dieciocho años. El problema es que para él era difícil mantener un empleo y ahora me doy cuenta de que eso probablemente angustiaba a mi madre, quien me imagino que recibía en esos tiempos una proporción menor de pensión. Ella debía trabajar tiempo completo para pagar las cuentas.

Debido a que mis padres no tuvieron diversión alguna cuando estuvieron juntos, cuando hice este viaje para ayudarlos a sanar su conexión parecían dispuestos a divertirse juntos, sentirse a gusto el uno con el otro. Yo conservo muy pocas fotografías de mi padre, pero mi favorita fue tomada cuando él tenía unos veinticinco años, durante su luna de miel con mi madre. Él se encuentra en la parte trasera de una embarcación, cantando y moviendo sus brazos mientras mi madre le tomaba la fotografía. En mi viaje yo los veía sentados al lado de la laguna donde se tomó esta imagen, haciendo bromas sobre las limitaciones humanas de la otra persona: la rigidez aburrida y crónica de mi padre, y la rara irresponsabilidad del amor libre de mi madre. Yo creo que, luego de transcurrir mucho tiempo, es posible hacer bromas sobre tales cosas, y sobre otras más difíciles, como el mal genio, la tendencia a hacer ciertas locuras y la frialdad. En este viaje yo les hice apreciar que eran muy jóvenes y que vivieron en circunstancias muy difíciles. Todos en la cultura de entonces tenían dificultades para reconocer y enfrentar la enfermedad mental.

Ellos jugaron tenis, se sentaron en sillas y se rieron. Tomaron café. La tristeza de mi padre se diluyó y la dureza de mi madre se suavizó. Estaban perdidos juntos y era evidente que no estaban destinados a ser compañeros de por vida. Eran adolescentes que se encontraron en una situación en los Estados Unidos anteriores al caso de Roe contra Wade, después del cual se despenalizó el aborto inducido en el país. Desafortunadamente, mucho dolor vino de esta situación.

Algo dentro de mí se relajó después de realizar este viaje. Algo en mi corazón, una especie de compasión por la humanidad colectiva de mis padres, y algo más profundo en mi pelvis, en mi centro de creación. Yo percibí una mayor paz conmigo misma, como la creación sagrada de mis padres, Jane y Frank.

La relación de mi madre con mi padrastro también exigió un viaje de sanación. Necesitaría un libro entero para explicar cuánto daño me infligió la relación de mi madre y mi padrastro. De alguna manera yo formé parte de una relación triangular, que me ponía esencialmente en desventaja extrema. Mi padrastro me convirtió en una extensión de mi madre; yo llegué a ser la parte de ella a la que él podía golpear, gritar, abusar y humillar. Al mismo tiempo tenía a mi madre sobre un pedestal y parecía adorarla. Mi madre estaba dispuesta a dejarme ser el amortiguador o el recipiente de esta manera. La ventaja obvia para ella era un mejor trato y yo fui sacrificada. Esto fue aún más claro cuando me hice mayor. Cuando reclamé mi poder para rehusarme a hacer este papel, su relación se deterioró con rapidez y se separaron.

En el viaje de sanación de mi madre y mi padrastro, que se realizó en un velero muy bonito en Long Island Sound un día muy tranquilo, ellos se enfrentaron directamente, sin mí para evitar tomarme como chivo expiatorio. Mi padrastro debía confrontar la apatía intelectual de mi madre y mi madre afrontar la perversidad y la enfermedad de mi padrastro. Pudieron discutir racionalmente, sin beber alcohol; mi madre le reclamó su catástrofe financiera, su tendencia maniaco-depresiva y su constante ausencia. Mi padrastro reconoció su soledad y falta de autoestima, y cómo mi madre era para él solo un trofeo para compensar lo que él sentía que le faltaba en su interior.

Cuando se trataron directamente en este viaje, yo me sentí segura y protegida, ya no golpeada como en mi juventud. Ellos también se sintieron mejor, tal vez porque habían sido directos de manera recíproca. Todas las manipulaciones los habían envenenado. Lo que nos habían hecho a mi hermano y a mí creó un karma muy poderoso para ellos. Algo de este se difuminó cuando se trataron con valentía uno con otro. Yo me sentí más agradecida en mi corazón y más poderosa en mi cuerpo.

▼

Es doloroso escribir sobre mí misma en esta etapa de mi desarrollo, especialmente con respecto al tema de la intimidad. Esto fue justo antes de que yo me reconociera como una sobreviviente del abuso sexual. En muchos aspectos, todavía actuaba como si fuera abusada, sobre todo por no valorarme y creer todavía que debía ser sexual para conseguir el amor de cualquier clase. Aún debí hacer mucho trabajo para conectarme con mis seres interiores masculino y femenino antes de poder encontrar a compañeros con los cuales poder intentar un proceso de compromiso maduro.

Yo había comenzado una vida sexual activa en secundaria, en dos relaciones distintas de larga duración (para esa edad). Me sentía querida. En realidad, tuve un poco de intimidad verdadera con esos dos chicos, y aún lo valoro mucho. Al reflexionar sobre ello puedo decir que fueron experiencias buenas porque amé y me sentí amada, pero era realmente demasiado inmadura como para una relación tan intensa en ese momento. Por desgracia, todavía sufrí otro incidente de abuso sexual cuando tenía dieciséis años, esta vez perpetrado por mi tío, quien me robó las últimas migajas de mi autoestima.

Mantuve el contacto con mi tío por unos años después de la secundaria porque sentía que era mi familia y, lamentablemente, su comportamiento parecía normal. Cuando tenía diecinueve años me mudé a Boston por un año para asistir a la Universidad de Massachusetts y estudiar teatro con Evgen. Mi tío vivía allí. En algún momento tuve que encontrar alojamiento temporal y, dado que era trabajador social, me encontró un lugar para quedarme por un par de semanas en una casa de fraternidad del MIT, lo cual fue una gran ayuda. Cuando quiso un cierto tipo de pago sexual por sus acciones, se encendió una luz en mi conciencia sobre cómo me había abusado. En ese entonces me sentía ya suficientemente empoderada como para decirle que sabía lo que había hecho y lo terrible que era eso. También le hice saber que no quería verlo nunca más. Él tuvo muy poco que decir en su defensa.

Desafortunadamente sus acciones ya habían hecho estragos en mi vida. Pasé muchas relaciones en esos años, de los dieciocho a los veinticinco, reaccionando al abuso previo, intentando conseguir el amor por medio del sexo, la única manera que yo conocía. El amor nunca llegó, por lo menos no en ninguna forma en que yo lo pudiera recibir con seguridad. Debido a que todos los hombres de mi familia eran disfuncionales o abusivos, y yo había interiorizado eso, debía sanar la energía de mi interior masculino antes de lograr y mantener un equilibrio de poder saludable dentro de mí misma. Mi interior femenino estaba justamente comenzando el aprendizaje para abandonar el papel de víctima y mi interior masculino estaba interiorizando las influencias de Nat, Swami Shantanand y Evgen, así que se estaban sembrando semillas vitales para relaciones más saludables en el futuro.

Un cambio enorme tuvo lugar cuando cumplí veinticinco años y comencé a tratar el abuso sexual directamente, en un grupo de sobrevivientes de incesto. Yo fui capaz de seguir adelante y mantener relaciones que eran más seguras emocionalmente para mí. Podía honrarme a mí misma lo suficiente como para exigir seguridad. Al tener la valentía de tratar directamente las heridas de mi corazón por el abuso sexual y curarlas, comencé a tener la capacidad de ser mi propia madre alimentadora y protectora y de escoger a compañeros capaces de sostener un amor mutuo y respetuoso.

Me tomó hasta los veintinueve años para conocer al hombre con quien procreé a mi hija. Tomaría un libro entero analizar mi matrimonio de siete años. Como yo carecía de ejemplos de intimidad saludable, aprendí mucho de esta relación. Aprendí lo necesario para la seguridad y la realización, y lo que podía y no podía dar.

Al final dejé mi matrimonio por profundas diferencias entre el padre de mi hija y yo. En retrospectiva, siento que todavía no me conocía a mí misma, ni a mis seres interiores masculino y femenino a la edad de veintinueve. Tal vez escogí a un compañero desde un lugar de relativa ignorancia y una falta de conexión interior. Necesitaba hacer más trabajo en este chakra y creo que ese crecimiento desembocó en un divorcio necesario. Aunque mi exmarido es en muchos aspectos un hombre y padre maravilloso, no me sentía ni segura ni realizada en mi matrimonio, dos calidades importantes de la vida que me he proveído desde que volví a estar soltera. Estar divorciada me hace sentir insegura algunas veces, pero me causa un gusto enorme depender de mí misma.

Me hubiera gustado seguir siendo amiga de mi exmarido, pero eso no ha sido posible para él. Hacemos lo que podemos para cooperar por el bien de nuestra bella hija. El gran amor que los dos tenemos para Kelly y nuestro compromiso mutuo para el cuidado de ella nos ha permitido aprender a sostener nuestros conflictos dentro de nuestros corazones con valentía.

Hace unos dos años, un hombre y yo nos besamos. Fue como si las corrientes de nuestras dos vidas se juntaran en un río muy poderoso y sagrado de éxtasis. El centro de la tierra unido con los confines más remotos del universo. Ambos hemos experimentado un gran crecimiento personal y estamos comprometidos a abrazar la vida, centrados en nuestros corazones. Estamos dispuestos a reconocer y confrontar cualquier cosa que nos atraiga de ese centro sagrado, incluidas las heridas de nuestras relaciones anteriores, conflictos y desequilibrios que permanecen mientras nuestras almas continúan su evolución.

Hay un lugar sin esfuerzo que creamos juntos que nunca ha existido antes. Está construido sobre la fundación del trabajo que los dos hemos hecho para movernos en la dirección de la conciencia. Es la cima de la montaña más hermosa, con exquisitas vistas. Yo percibo esto como la energía de una conexión de un alma gemela. Él y yo continuamos navegando y negociando los detalles cotidianos más desafiantes de nuestras vidas.

Se necesita coraje para mantener las dualidades dentro de mí en comunicación en mi propio corazón y alineadas entre ellas a pesar de todo lo que hay en mi entorno. Siento que tengo una familia del alma. Mi hija es el amor de mi vida y compartimos una proximidad especial. También tengo a varios amigos magníficos con quienes comparto el amor, mi camino de conciencia y mi hija. He aprendido a compartir mucho más de quién soy con mis allegados, a dar y a recibir, lo cual muchas veces se puede sentir más vulnerable que dar. Continúo respirando para poder ser valiente y aprender más sobre el amor y la compasión y tratar con los miedos que emergen mientras las intimidades crecen con las personas que sostengo más profundamente en mi corazón. Me siento bendecida por tener tanto amor en mi vida. He aprendido de los viajes y de mis guías a equilibrar las energías masculina y femenina interiores, lo cual me ha hecho una persona íntegra, lista para compartirme completamente con otras personas íntegras y conscientes.

5
Un portal a tus sueños
Un viaje a la expresión del espíritu

Me encuentro sentada en el útero de las diosas, rodeada por las ener-
gías de mis guías, y respiro. Las plantas sonríen en la ventana, la fuente
fluye, las llamas de las velas destellan y el humo del incienso tiene un
olor dulce. Las paredes son del color de la arena de Bali. El cuarto está
enfrente de un viejo cementerio del pueblo, y los bonitos árboles y las
puestas de sol bendicen las ventanas de mi tienda. Hay diosas de muchas
tradiciones frente a mi ventana, entre ellas Venus, Kali, Tara, Isis, Gaia
y María Magdalena. Cuando las personas pasan por enfrente, recuer-
dan muchas tradiciones ricas de culturas de todo el mundo, de épocas
cuando los poderes de las mujeres no estaban sepultados ni aniquilados.

Justo antes de cumplir cuarenta años manifesté este útero sanador
afuera de mi cuerpo. Lo había soñado por mucho tiempo. Durante
años había hecho visitas domiciliarias o había trabajado en clubes,
agencias de servicios sociales o centros de educación holística para que
mis servicios estuvieran disponibles. Había imaginado con frecuencia
tener un útero o habitación propia donde pudiera invitar a las perso-
nas a renacer. Me encanta facilitar clases de yoga, terapia craneosacral,
reflexología, psicoterapia, meditación y viajes chamánicos curativos,

todos en el mismo lugar. Ahora, en cualquier día, la gente viene a este
cuarto sagrado para someterse a relajamiento y bendiciones, y muchos
de ellos hablan de la energía o paz que encuentran aquí.

▼

La crisis de desarrollo que busca resolverse en esta etapa de la vida, de
los veinticinco a los cuarenta años, es la generatividad contra el estancamiento. Si somos afortunados, en este momento nuestro conocimiento
de quiénes somos y qué amamos se manifiesta en la creación de trabajo
significativo y la vida familiar. Pero si estamos atrapados en el pantano
de las crisis del desarrollo previas aún no resueltas, no seremos capaces
de adelantar en este proceso de realización y nos estancaremos.

El quinto chakra es el centro energético de la autoexpresión, específicamente la expresión de la verdad de su espíritu mientras viaja por esta
vida. Esta actualización del yo es literal y figurativamente la entonación
de la canción de su alma, ya que la energía de este chakra gira en el área
de la garganta (fig. 5.1). Un quinto chakra saludable produce una laringe
y tiroides saludables.

Desde la perspectiva chamánica, este es el chakra que genera y contiene
el poderosísimo quinto elemento: el éter. John Perkins me enseñó el éter, al
que él denomina *arutam* (pronunciado ah-ruu-tahm), un nombre que proviene del idioma y la tradición *shuar*. El éter es la energía pura del espíritu
que hace posible que nuestros sueños se manifiesten en la realidad ordinaria. En consiguiente, este capítulo incluye las tareas para llevarlo a la conexión con este elemento e invocar su poder en la búsqueda de sus sueños.

Este es el lugar donde lo material se encuentra con el Espíritu. Este
es el chakra en el que tejemos nuestros sueños y los distinguimos de las
fantasías y las pesadillas. Los sueños son manifestaciones universales
respetuosas, equilibradas y vivas de la conciencia y energía. Tu sueño se
relaciona con quien has descubierto que eres, tu identidad y tu misión,
lo cual se describió en el capítulo 3. Los sueños se tratan de la expresión
concreta y específica de nuestra misión. Por ejemplo, yo descubrí que
mi misión era ayudar a hacer el mundo un mejor lugar por medio de

las actividades creativas y la sanación. En el servicio a esta misión he manifestado los sueños de mi estudio del yoga y la curación integradora, mi curso de entrenamiento de la curación chamánica y mi hija. Con el apoyo de la energía de este chakra podemos crear una vida maravillosa para nosotros mismos y para todos los seres del planeta.

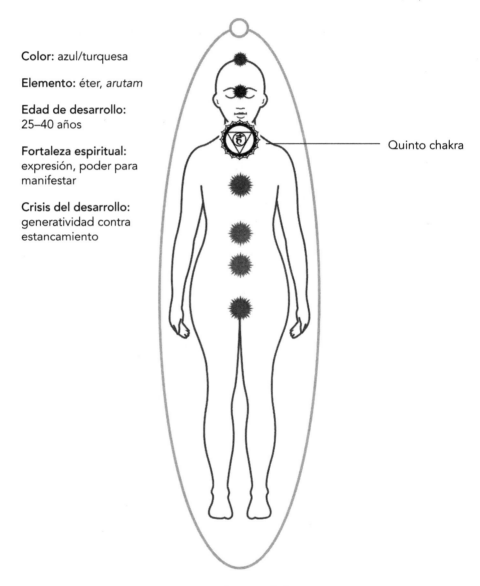

Color: azul/turquesa

Elemento: éter, *arutam*

Edad de desarrollo: 25–40 años

Fortaleza espiritual: expresión, poder para manifestar

Crisis del desarrollo: generatividad contra estancamiento

Quinto chakra

Fig. 5.1. Quinto chakra

Las preguntas espirituales y chamánicas para este chakra versan sobre cómo procedes para materializar tus sueños. ¿Está persiguiendo los sueños de otra persona, los sueños de tus padres o los de tu cultura, porque no has resuelto exitosamente las crisis del desarrollo anteriores? ¿Eliges tener una adolescencia prolongada e idealizar la vida, en vez de tomar una acción productiva? ¿O te atreves a soñar los sueños sagrados que alimentas y cultivas en tu corazón y utilizas las energías de todos los cinco elementos para hacer lo que amas? Cuando puedas comenzar a responder esta pregunta con un sí, te convertirás en un chamán y un cambiador de formas.

El deseo de expresarte eficazmente en el mundo, que es la función energética de este chakra, puede crear a su vez un deseo de regresar y sanar cualquier asunto no resuelto en los chakras previos. Esto es verdad especialmente si tu energía está estancada cumpliendo los sueños de otra persona, lamentando la tragedia de nuestro perpetuo drama humano a expensas de tus propios sueños, o sintiéndote todavía muy poco amado en los lugares jóvenes dentro de tu interior como para tener empatía y compasión consistente, bien sea para ti mismo o los demás. Sanar el cuerpo energético no es un proceso lineal, de la misma forma en que el tiempo no es siempre un proceso lineal, particularmente en el mundo chamánico. El crecimiento es una telaraña, siempre entretejida entre el pasado, el presente y el futuro. En consecuencia, además de las tareas enfocadas en el crecimiento de este chakra, he incluido tareas en este capítulo para enfocarse en sanar aspectos persistentes del pasado. Debemos ser siempre compasivos con nosotros mismos en nuestro proceso de crecimiento.

Durante el comienzo de esta crisis del desarrollo y este periodo de la vida, fui gravemente interrumpida por un trauma que al final condujo a la manifestación de mi centro de sanación. Cuando tenía veintinueve años fui violada mientras viajaba en Jamaica con mi amigo Patrice. Recuerdo despertar de las múltiples pesadillas que tuve después, con sudor frío y caliente, empapada y temblando. Veía imágenes del suelo cayendo debajo de mí y pedazos afilados y rotos de madera, metal y vidrio moviéndose a mi alrededor. Me preguntaba si en algún momento volvería a encontrar una manera de sentirme segura otra vez. Las voces más profundas de mi interior me aseguraban que debía transformar mis miedos en una fuerza de curación, para mí misma y para el bien común. En un proceso multifacético que duraría una década, hice exactamente eso. Este capítulo describe el viaje que podemos hacer para transformar una pesadilla en un sueño y superar nuestros miedos para expresar plenamente nuestro espíritu y amor interior.

El viaje transformacional que emprendemos utilizando la energía espiritual proveída en este quinto chakra es un proceso de cambio de forma.

Cambiar de forma puede describirse como un cambio en la dirección de la generatividad centrada en el corazón. Esto es posible al desarrollar una afinidad por formas maravillosas de ser que mejoran la vida. Las tareas al final de este capítulo usan esta poderosa herramienta para cambiar de forma y liberarnos para crear el mundo que soñamos.

ENCONTRAR TU SUEÑO

Todos estamos soñando siempre, aunque muchas veces de forma inconsciente. *Soñar conscientemente* para mejorar la vida es una tarea terapéutica chamánica. Pero antes de emprender esa tarea debemos volvernos compasivamente conscientes de nuestros sueños inconscientes.

Esto supone distinguir entre los sueños y las fantasías. Estas últimas, en el contexto chamánico, están por naturaleza conectadas con nuestros impulsos para la gratificación, casi siempre una gratificación inmediata. Algunas veces es útil para profundizar y preguntarnos por qué tenemos una fantasía particular. Las fantasías pueden revelar mucho de nuestras necesidades más profundas y cómo necesitamos crecer y satisfacerlas de maneras más satisfactorias; por ejemplo, es posible tener la fantasía de construir una mansión, con los mejores adornos de mármol y oro. En un contexto chamánico esto puede considerarse fuera de equilibrio porque implica tomar más de lo necesario de la *Pachamama*. Pero puede haber un sueño dentro de los muros de tu mansión de grandeza: quizás la necesidad de producir un gran efecto en la comunidad o en el mundo. El sueño dentro de esta fantasía podría ser crear una escuela o un centro de yoga para niños.

Las fantasías, en particular las que son de naturaleza violenta, pueden ser también viejos hábitos que surgieron de patrones de energía no saludables, como un intento de ganar dominio sobre circunstancias traumáticas de la niñez. Yo pasé muchos años trabajando en soltar y transformar estos tipos de fantasías por la violencia en mi familia. La cultura en general también impone la violencia sobre nosotros, así que todos debemos trabajar para eliminar la energía de estas imágenes.

En su libro, *El mundo es como uno lo sueña*, John Perkins cita a uno de sus maestros, el poderoso chamán Manco, acerca de distinguir entre los sueños y las fantasías. "Tu gente tiene gran dificultad en distinguir entre ambas cosas. Son demasiado racionales, dependen mucho de la fantasía moderna de que la ciencia puede contestar todas las preguntas y hacer del mundo un gran patio de recreo para gringos ricos. Se han convencido de que pueden controlar a la *Pachamama*, una fantasía que es maravillosamente entretenida, pero como sueño es terriblemente destructiva". Las palabras de Manco revelan la importante verdad de que, si nuestros "sueños" perjudican a otras personas, otros seres o a la *Pachamama*, estos son en realidad fantasías o pesadillas.

Los sueños, en el contexto chamánico, provienen de un lugar más antiguo en el interior y se aproximan a una realización con mayor paciencia, perspectiva, respeto, comprensión y valentía, calidades que no son por lo regular tan fáciles o completamente accesibles en las etapas de desarrollo más tempranas. Nos movemos de la realización de fantasías a la realización de sueños cuando nos movemos hacia la madurez.

Puedes optar por mantener algunas fantasías favoritas y refugiarte en ellas en los momentos de mucho estrés o para complacerte (por ejemplo, en un día particularmente frustrante, puedes imaginarte ganar la lotería o tener sexo desenfrenado con una atractiva estrella de cine), o bien puedes querer transformar una fantasía en un sueño reconociendo la necesidad que expresa la fantasía y encontrar una forma creativa (no destructiva) y respetuosa (no explotadora) para satisfacer esta necesidad. Algunas fantasías no pueden transformarse de esta manera porque solo podrían ser dañinas si se concretan en la realidad ordinaria, pero otras requieren apenas algún ajuste o reformularse para ser seguras. Cuanto más aprendas de ti mismo a través del proceso de la práctica chamánica, más entrarás en la luz de la conciencia, y más disponible estarás para la realización de tus sueños genuinos.

Para distinguir entre el sueño y la fantasía, puedes preguntarle a tu sueño si en verdad es un sueño y observar si la respuesta resuena como verdadera en tu corazón. Comienza por observar tu vida en el presente y cómo tu energía baila para crear tu realidad actual. ¿Eres feliz así y te sientes realizado en todos los planos de su ser? Si no, es preciso hallar un sueño verdadero que exprese tu alma y espíritu. Es importante evitar ser seducido por una fantasía o pesadilla en el chakra de realización ubicado en el centro de la garganta. Debemos tener cuidado de que los sueños a los que damos vida en el ámbito de la realidad ordinaria no tengan consecuencias destructivas.

En la tarea de mesa siguiente, examinarás tu sueño con todos los elementos y los chakras relacionados. Antes de que naciera mi estudio, o el útero de las diosas llegara a existir, yo lo visualicé y lo sentí. Después de sentir a mi hija crecer dentro de mí, el útero me parecía la metáfora perfecta para un centro de curación. Sabía que el estudio era mi sueño porque lo sentí tanto en mi corazón creativo —mi útero— como en mi cuarto chakra, o centro del corazón de compasión y bondad amorosa. Entonces una gran cantidad de energía estuvo disponible para mí en mi chakra de la garganta, porque estaba consciente de mi necesidad de expresar este sueño en mi vida de adulto. Cuando el programa holístico del hospital donde yo trabajaba se cerró, decidí buscar un espacio para mi propio centro y tuve la energía para perseguir ese sueño.

❖ Primera tarea: encontrar tu sueño

Viaja a tu lugar sagrado. Como siempre, experiméntalo por medio de tus sentidos. Absorbe la seguridad, el cuidado y el amor. Siéntete sostenido en tu lugar sagrado de sanación.

Invita a todos los elementos de tu lugar sagrado de sanación a purificarse y bailar contigo. Tómate el tiempo para experimentar realmente la tierra, el agua, el fuego y el aire en tu lugar sagrado. Muévete allí con las poderosas energías de esos elementos, con abandono e intensidad. Quizás pises la tierra, nades en las cataratas, saltes con el fuego y gires con el viento. Después haz una pausa, dejando que las energías se arremolinen juntas. En la integración sagrada de estos elementos sentirás la energía absoluta llegar a ser más grande que la suma de tus partes. Esta nueva energía generada, conectada con toda materia pero que trasciende lo material, es el quinto elemento: el éter. Siéntelo moverse a tu alrededor y a través de ti. Este tiene una cualidad de Espíritu expansiva, poderosa e indescriptible, diferente de todo lo que hayas sentido antes: abre un portal energético por donde puedes entrar y encontrar tu sueño.

Conéctate a tu protección y dirección espiritual e invita a tus guías y animales de poder a estar allí contigo en esta energía sagrada omnipotente. Siéntete conectado con el Espíritu en tu corazón y con la totalidad de tu ser. A continuación, pídele a tu sueño que te lleve a él. Invítalo a llamarte. Quizás escuches la canción o la voz de tu sueño. Puede ser un zumbido casi imperceptible, como el sonido sagrado de "om". Tal vez escucharás a alguien o algo llamándote por tu nombre.

Observa si tu sueño te llama a viajar al interior de tu cuerpo, a otro lugar o elemento de tu lugar sagrado o más allá de él. Quizás haya una persona a la que debas ver o un lugar en el mundo al que debas ir en tu viaje.

Dirígete adonde la voz de tu sueño te llame. Una casa, un jardín, un pueblo, una ciudad, una montaña, un país, el universo… cualquier lugar y en todas partes. No importa a dónde se dirija en este viaje, siempre que tu sueño te llame.

Siente cómo se te presenta tu sueño. Siéntete recibido por tu sueño. Este puede presentarse en la forma de una imagen, una visión, un ser, un símbolo, una canción o un baile. Tu sueño puede hablarte acerca de su presencia en tu vida, lo que te aporta y lo que requiere de ti. Cuando sientas que has aprendido todo lo que necesitabas aprender de él en este momento, regresa a tu lugar sagrado, donde quizás desees conversarlo con tus guías. Cuando estés listo, agradece a tus guías, los elementos y tu lugar sagrado, y vuelve a la realidad ordinaria.

Cuando regreses de tu viaje, es muy importante registrarlo en tu diario. Si el sueño que encontraste allí resuena en tu corazón, comienza a desarrollar tu relación con él de inmediato. Pregúntale a tu sueño cuáles son tus posibilidades de manifestarlo. ¿Cuáles son los pasos que deberás tomar en el mundo? Las tareas que siguen en este capítulo apoyarán también tu relación con tu sueño al enseñarte la manera de generar energía para él, alimentarlo y realizarlo.

Es posible que debas permitir que el significado de tu experiencia se desarrolle a través del tiempo. Tu sueño puede convertirse en tu ser amado; en el espíritu de generatividad, nuestros sueños pueden sentirse algunas veces como si fueran nuestros hijos. El Espíritu te apoyará en tu relación con él.

❖

GENERAR ENERGÍA PARA TU SUEÑO

Es importante abordar los cuatro chakras anteriores, toda la parte inferior del cuerpo energético, cuando empecemos a trabajar con este chakra y las tareas de soñar y cambiar de forma. Los chakras inferiores forman nuestra base y el centro, y los mejores sueños provienen del hecho de tener fuerza e integridad en esta área. Con estos chakras sanados puedes comenzar a sentir que no solo tienes centros de energía individuales, que son extremadamente poderosos, sino que se conectan para crear un núcleo de fuerza que se irradia hacia el exterior para formar su cuerpo energético. El deseo de realizar fantasías, en vez de perseguir un sueño auténtico y digno, procede casi siempre de los desafíos del desarrollo previos no resueltos por completo, y por lo tanto de no conectar estos centros de una manera poderosa e integrada. Después de haber trabajado en los primeros cuatro chakras, las siguientes tareas te ayudarán a prepararte para el proceso de selección e integración de tus sueños genuinos.

Como hemos visto, el éter o *arutam* es una fuerza poderosa. John Perkins me enseñó cómo generarlo, conectarse con él y usarlo para manifestar los sueños. Todo lo que uno piensa, siente y hace tiene más poder con *arutam*. Esta es otra razón por la cual es bueno sanar los asuntos pendientes en relación a los primeros cuatro chakras antes de comenzar a generar demasiado *arutam*. De otra manera, el gran poder del éter puede dirigirse a canales no saludables o destructivos.

Parte de la belleza de lo que John enseña radica en la realidad de que nosotros generamos *arutam* al estar en comunión profunda con los elementos de tierra, agua, fuego y aire. Este concepto es impecable porque el poder verdadero proviene de los elementos que nos conectan con la tierra, nuestros chakras y nuestro centro. Si permanecemos en nuestros centros, entonces podemos estar seguros de que nuestros sueños serán respetuosos de la tierra, de nosotros y de nuestros compañeros espirituales y seres en todas partes. La intimidad con los elementos de nuestro centro requiere madurez expresada como nuestro compromiso para hacer este trabajo. Esta es la madurez requerida para el ensueño extático.

Es importante usar la siguiente tarea para saber que en verdad tu sueño nace por completo de tu integridad y esencia. Esto es especialmente cierto si los pasos hacia la concreción de tu sueño producirán algún trastorno en tu vida. Yo necesitaba dejar mi matrimonio para continuar realizando mi sueño. Pasé horas en terapia y haciendo esta tarea para asegurarme de que esa elección procedía de mi centro.

Segunda tarea: construir una mesa

En esta tarea agruparás tus objetos sagrados de sanación para los cuatro elementos en la forma de una mesa o altar. Para comenzar, define el espacio para tu mesa en la tierra extendiendo un trozo de tela que tenga algún significado para ti. Coloca tu huaca de la tierra en la parte de la mesa que se extiende hacia el sur y tu huaca del agua hacia el oeste, la del fuego hacia el este y la del aire hacia el norte. (Varias tradiciones indígenas colocan los elementos en direcciones distintas. Honra tu tradición si tienes una, o si tus huacas necesitan colocarse en posiciones diferentes, escucha su sabiduría).

Al acercarte a la mesa con gran reverencia, pídele apoyo para saber si tu sueño es verdad. Con tu conciencia, entra o viaja a la huaca de la tierra y tu primer chakra. Te proyectarás y te sentirás adentro de tu huaca como si esta fuera un hogar sagrado o un universo en sí mismo. Tal vez podrás explorar tus huacas por un tiempo largo de esta forma, pero estas aquí ahora solo para hacerles tus preguntas más importantes. Para viajar a tus chakras, respira en ellos con tu conciencia. Cada chakra es un lugar interno sagrado, el hogar de su correspondiente estado de ser, con sabiduría para compartir.

Pregúntale a tu huaca de la tierra y a tu primer chakra si tu sueño es verdadero, y escucha la respuesta. Haz esto con cada uno de los huacas restantes. Querrás obtener una respuesta afirmativa de cada chakra para saber si tu sueño es, en realidad, un sueño genuino y no una fantasía sin espíritu. También puedes consultar a tus guías espirituales para cada uno de estos chakras y elementos, así como a los guías de cada uno de estos chakras y elementos. Puedes incluso consultar a tus estados del ser en cada una de las edades que corresponden a estos chakras, utilizando la sabiduría que has adquirido al resolver las crisis del desarrollo anteriores.

Si recibes una respuesta afirmativa para cada chakra, tus motivaciones vienen de la mejor integridad posible en ese momento. Si tus guías, huacas, chakras o cualquiera de tus estados de ser te indican en un mensaje que este no es realmente un sueño auténtico, pregunta si puede modificarse para reflejar tu madurez completa y ser una manifestación saludable del espíritu. Si existe esa posibilidad, consulta con todos tus aliados espirituales y averigua cómo lograr la transformación. En el caso improbable de que no sea posible llegar a un sueño verdadero, puedes relegarlo a la categoría de fantasía y viajar hacia un nuevo sueño. El proceso te habrá enseñado cómo evaluar la autenticidad de un sueño y te preparará para reconocer y responder a uno que sea genuino.

Después de consultar con cada huaca y chakra individual, dedícate a meditar sobre tu mesa un tiempo. Ingresa conscientemente al centro del espacio creado con la colocación de las cuatro huacas que encarnan los elementos de la tierra, agua, fuego y aire: este es el ojo o corazón de la mesa. Siente la energía que tiene este espacio sagrado. Es la energía etérica o *arutam*. Este corazón de la mesa es la puerta a tus sueños. A medida que medites, podrás sentir la vibración proveniente del poder de manifestar y materializar aquí en este portal. Esta es la energía del quinto chakra, lista para infundir tu vida con el éxtasis de hacer tus sueños realidad.

❖

En este punto de tu proceso, es posible que desees encontrar una huaca etérica sagrada. Invita una a presentarse ante ti. Puedes dirigirte a cualquier lugar de la naturaleza para encontrar una o bien podría ser un regalo espiritual que alguien ya te haya dado, bien de la naturaleza o de una tradición indígena. Si buscas tu huaca en la naturaleza, puedes conectarte con una semilla; el potencial de la planta o el árbol entero (el sueño realizado) están presentes en la semilla. Puesto que el centro de la mesa es el ojo o corazón de la mesa, es posible que quiera encontrar una huaca que parezca encarnar a un ojo o un corazón.

Cuando hayas encontrado una huaca sagrada etérica, puedes colocarla en el centro de tu mesa. Permite que siga reuniendo energía de todos los elementos, *kundalini* de la tierra y *prana* del cielo. En las futuras meditaciones de mesa pregúntale al final a esta huaca si tu sueño es auténtico.

Mis huacas del quinto chakra fueron un regalo de mi hija y de una amiga para mi trigésimo noveno aniversario. Son corazones de cuarzo amatista, uno más grande que utilizo para la mesa en el estudio y uno más pequeño que uso para mi mesa en casa. Recibí este regalo justo antes de materializar mi sueño del estudio. Siento que los corazones fueron un gran apoyo para hacer de este sueño una realidad. Tienen como propiedad una sensación maravillosa, suave, pesada, fresca, pero muy dulce. Creo que son una bendición ya que me apoyan para manifestar la dulzura del ser a través del amor.

▼

La tercera tarea es la culminación de muchos años de estudio en el arte antiguo de la danza del vientre, durante el cual me di cuenta con la ayuda de mis guías de que esta es el baile de los elementos. Hay secciones de la danza que se ejecutan con diferentes tipos de música tradicional y pude reconocer que estas diferentes cualidades de movimiento encarnaban a los elementos de la creación. Los movimientos del suelo se relacionan con la conexión de la tierra, los movimientos fluidos con la del agua, los movimientos en *staccato* con la del fuego y los movimientos ligeros y libres con la del aire. Cuando uno danza durante veinte minutos a una hora, genera energía que entonces se convierte en la energía etérica de *arutam*.

Esta expresión de poder exclusivamente femenina de una antigua tradición que honra a la tierra fue un descubrimiento vital en mi viaje de sanación. El incidente que sufrí en Jamaica me lastimó profundamente, tanto el sentido de mí misma como mujer individual como parte de "las mujeres" en sentido colectivo. Mi sexualidad necesitaba ser honrada e incluida en el movimiento: no escondida, reprimida, controlada y fragmentada, como algunas veces sucede en ciertos estilos del yoga o en las artes marciales.

Yo había estado expuesta a la danza del vientre por primera vez a los veintidós años cuando terminé la escuela de masaje y regresé a tomar clases de actuación. Serena, una bailarina de la danza del vientre profesional muy experimentada y dinámica, fue mi compañera de escena. Su estudio se hallaba en el mismo edificio que el de mi maestra de actuación, así que fui a verla bailar y tomar un par de clases. Aunque estaba interesada, era difícil para mí conseguir que mis caderas y pelvis se movieran en todos los patrones requeridos antes de resolver mis problemas por el abuso sexual. Pero esta danza antigua se alojó en mi conciencia. Parecía seguir presentándose en mí.

Cuando tenía poco más de treinta años, cuando en verdad lo necesitaba para sanar mi cuerpo, encontré a una maestra maravillosa, Liana. Era una mujer "del espectáculo" con una técnica excelente. Ella también tenía un lado espiritual profundo y me ayudó a encontrar mi baile espiritual. El primer baile en que trabajé era la danza del velo. Se trataba del espíritu femenino ascendiendo con una fuerza cromática y fluida después de mucha lucha. Los movimientos de la danza del vientre masajean la pelvis y fluyen con las curvas del cuerpo femenino. Cuando bailaba, podía sentir la energía moverse a través de mí de una manera diferente. El baile incluyó un elemento de trascendencia, el conocimiento de que la verdad, la belleza y el poder no tenían por qué ser cualidades mutuamente excluyentes.

La siguiente tarea utiliza los movimientos de la danza de vientre para entrar en contacto con los elementos de la mesa y encarnarlos física y energéticamente. Por tradición, la danza del vientre ha sido un baile para mujeres, pero he enseñado este baile particular a cientos de hombres en los talleres de John Perkins. El poder que generamos con esta danza puede guiarnos a salir del estancamiento y entrar a la plenitud de la expresión.

◈ Tercera tarea: bailar los elementos

Recuerda los movimientos relacionados con los elementos de los cuatro capítulos anteriores. Con suerte habrás conseguido practicarlos un poco. Pon una música rítmica que te invite a moverte. Genera la energía de los elementos por medio de los movimientos de su cuerpo. Para moverte con la tierra, ponte de pie con las rodillas distendidas y los pies alineados a las caderas, mientras te balanceas suavemente de un lado a otro, trazando círculos con tu pelvis para proyectar el *kundalini* de la tierra. Mientras realizas estos movimientos, experimenta sintiendo la energía de la tierra más profundamente y generando esa energía con el movimiento. Al bailar en la tierra puedes percibir su propia solidez, densidad, magnetismo y profundidad. Genera el poder de la tierra mientras te mueves de forma consciente.

Continúa los movimientos fluidos del agua (capítulo 2, quinta tarea), los movimientos en *staccato* del fuego (capítulo 3, tercera tarea) y los movimientos ligeros del aire (capítulo 4, segunda tarea). Mientras bailas con la música muévete a través de todos los elementos, tierra, agua, fuego y aire, con todo el contacto íntimo y minucioso que puedas. Siente tus cualidades individuales otra vez, tu fuerza vital. La forma de bailar los elementos es tan única como tú mismo.

Después de haber bailado con entusiasmo y de conectarte intensamente con los elementos durante al menos veinte minutos, puedes hacer una pausa y sentir el *arutam*. Tal como lo hiciste en el viaje a tu lugar sagrado, siente las energías de los elementos que han girado a tu alrededor. Poco después surge una energía que parece trascender a las otras, que se expande a partir de la danza de los otros elementos. Este es el *arutam* o el quinto elemento, el éter. Es una sensación expansiva, ya que el *arutam* es el elemento de toda posibilidad. Sentirás pulsaciones, vibrarás e irradiarás con la energía del *arutam*, aunque es posible que sientas el impulso de detenerte en relativa tranquilidad, asombro y expectación. Podrás sentir que se ha abierto un portal a otro reino de energía.

Puedes entonar "a-ru-tam" varias veces y permitir que esta energía sagrada se mueva alrededor y a través de ti, llenándote con la alegría de la posibilidad. Lleva tu sueño al interior de tu conciencia y siente las energías bailando en tu entorno.

❖

El quinto chakra es el centro donde la energía espiritual puede cruzar el puente hacia el mundo físico de la materia. Ahora realizaremos la postura del puente para poder llevar más de esta energía al quinto chakra y usarla en los sueños y el cambio de forma.

❖ Cuarta tarea: la postura del puente

Para la postura del puente empieza por acostarte sobre tu espalda, sintiendo la Madre Tierra debajo de ti, apoyándote y acunándote. Siempre tómate el tiempo de sentir tu influjo y amor. Ella siempre está allí. Inhala confort, exhala presión, estrés y tensión. Expúlsalas hacia la *Pachamama*.

Dobla las rodillas para poder pisar el suelo con las plantas de los pies; tus pies deben estar alineados con las caderas y tus talones estar lo más cerca posible de tus huesos de asentamiento, sin crear incomodidad en las rodillas (fig. 5.2, p. 178). Toma un momento para conseguir más contacto con la tierra al estrechar las plantas de los pies y el sacro, el hueso triangular que conecta el cuenco creativo de la pelvis a la serpiente de la columna, hacia abajo en la tierra. Presiona toda la columna hacia la tierra junto con los triángulos de los omóplatos. Los triángulos del sacro y los omóplatos se combinan para formar un triángulo más amplio. Presiona suavemente hacia abajo a través de este centro de poder. Ejerce presión con los brazos y las manos hacia la tierra extendidos a los lados del torso.

Ahora levanta suavemente la pelvis, como si una cuerda invisible tirara del hueso púbico hacia el cielo, levantando lentamente la columna de la tierra, vértebra por vértebra, hasta que tu cuerpo forme una línea recta entre tus hombros y las rodillas. Esta postura se alcanzará a un

Fig. 5.2

Fig. 5.3

ángulo aproximado de treinta grados de la tierra. Continúa estirando tu columna y detente cuando tu peso esté apoyado en el espacio entre los omóplatos. Nunca apoyes tu peso sobre el cuello. Sigue presionando con los brazos (fig. 5.3).

Con esta postura llevarás energía al chakra de la garganta. Puedes facilitar esto aún más rodeando suavemente el coxis, creando un movimiento espiral en el espacio pélvico y la columna. Este movimiento dará un buen masaje al tenso y cansado espacio entre los omóplatos y desplazará la energía en los chakras del corazón y la garganta helicoidalmente. Tal vez quieras entonar "a-ru-tam" e invocar este poderoso elemento de transformación.

Siente el *arutam*, inhala y baja lentamente, vértebra por vértebra, sintiendo cómo todo tu ser es recibido por la totalidad de la Madre Tierra y el poder de su corazón amoroso. Siéntete apoyado por el amor de la Madre Tierra. Continúa sintiendo el *arutam* y la sensación de formar conscientemente el puente entre el espíritu y la materia, y la materia y el espíritu, llegando al conocimiento del proceso en todos los niveles de tu ser.

❖

ALIMENTAR TU SUEÑO

La semilla de una planta o árbol necesita la tierra, el agua, el fuego y el aire tanto como el *arutam* para moverse a través del proceso de crecimiento y manifestación exitosa. También lo necesita la semilla metafórica de nuestro sueño. Como acabamos de viajar para encontrar nuestros sueños y estamos explorando cómo los elementos los empoderan, aún estamos en la etapa de semilla. La siguiente tarea te dará una imagen progresiva de este proceso de crecimiento que energéticamente representa la dinámica de alimentar y realizar los sueños.

❖ Quinta tarea: de la semilla al árbol

Para realizar esta tarea sal a la naturaleza o escucha alguna música que sea transformadora para ti. Comienza en la postura del niño (fig. 5.4, p. 180) o acostado de lado en posición fetal. Ahora sé tú mismo la semilla. Materialízala. Lleva tu sueño al interior de tu conciencia. Obsérvalo en todas sus dimensiones y desde todos sus ángulos. Concientiza el hecho de que tú, al encarnar esta etapa de semilla de materialización de su sueño, contienes la totalidad de tu sueño dentro de ti. Siente el universo del árbol dentro del universo de la semilla.

Siente cómo la semilla hace contacto con el elemento de la tierra. Siente su solidez. Relájate sobre el seno de la Madre Tierra. Libera la energía del conflicto de encarnaciones previas, de todo lo que eras antes de convertirte en semilla. Libera a la Madre Tierra todos tus sueños rotos y tus pesadillas. Siéntete cuidado. Recibe la rica energía magnética que la Madre Tierra te ofrece, el abrazo de su atracción gravitatoria. Siente tu profundo anhelo como semilla de interactuar con todos los elementos y de materializarte.

Absorbe el elemento del agua desde tu interior y a tu alrededor. Siente cómo comienzas a germinar y a brotar. Mueve tus rodillas y extiende las manos hacia el cielo (fig. 5.5). Tu centro emerge hacia arriba al tiempo que sientes la solidez de su tronco, y expresas tu fuerza y compromiso. Siente la inteligencia instintiva de tus raíces cuando

Fig. 5.4   Fig. 5.5

corren debajo de la Madre Tierra. Percibe su calor y sustento mientras la fluidez de tu forma sigue expresándose a medida que te revelas. Observa cómo tu sueño empieza a desarrollarse conforme te apoyas en tu creatividad.

Siente crecer tu pasión y tu fuego mientras tus ramas se extienden hacia arriba para hacer contacto con el sol. Tus hojas se despliegan para abrirse a la luz, para crear alimento y sustento (fig. 5.6). Tu sueño se está manifestando. Siéntete respirar como el árbol, manteniendo la vida. Experimenta cómo los elementos apoyan la expresión plenamente realizada de tu espíritu como árbol. Sé consciente en cada célula de tu cuerpo de lo que eres y lo que siempre has sido: Espíritu. Expresa agradecimiento a la energía etérica siempre presente por

Fig. 5.6

apoyarte a llegar a ser el árbol, cambiando de forma para encarnar tu sueño. Visualiza, siente y experimenta emocionalmente cómo es ver tu sueño convertido en realidad en toda la plenitud posible. Florece y da frutos como este árbol.

⊰❖⊱

SANAR A TRAVÉS DEL CAMBIO DE FORMA

Ahora tú estás cambiando de forma mientras lees este libro, haces estas tareas y pasas de ser una semilla a ser un árbol. Yo he aprendido la mayor parte de lo que sé sobre cambiar de forma de mi trabajo con John Perkins. El cambio de forma es posible porque todo en el universo está hecho de la misma energía. Todos somos todo y el todo es nosotros. Cambiamos de forma o cambiamos todo el tiempo al nivel de nuestros sentimientos, pensamientos, imaginaciones y sueños.

El cambio de forma implica ser en realidad lo que antes has deseado convertirte. Todo cambio de forma ocurre por medio de la presencia y conciencia de la energía espiritual de éter o *arutam*. Los cambios de forma conscientes se presentan porque la persona que cambia de forma establece una alianza con aquello en lo que le gustaría convertirse e invitar al *arutam* para que la forma o el viejo sueño se liberen y la nueva forma o sueño se concreten.

John enseña que el cambio de forma puede transitar por tres niveles. El primer nivel es el celular, que describe la curación de una enfermedad física o el cambio de la forma física, tal vez en otro objeto o ser físicos. El segundo es el nivel intrapsíquico, interpsíquico o personal y se refiere a la curación de adicciones, relaciones y patrones de conducta. El tercero es institucional y se aplica al cambio de forma en el plano de las organizaciones, incluidas las instituciones sociales de los negocios, la educación, el gobierno, la política y la comunicación.

John Perkins es un maravilloso ejemplo inspirador de un hombre que reformuló sus sueños y su viaje se proyectó por una ruta de integridad y valentía que no dejan de crecer. En el prólogo de su libro *Confesiones de un gángster económico*, John describe su encuentro desgarrador con las consecuencias de una represa que era parte de un proyecto de desarrollo que él había ayudado a facilitar. Al regresar al Ecuador, en 2003, para visitar el sitio de la represa, nos relata su respuesta visceral y mental al sufrimiento que este proyecto infligió a los indígenas y los agricultores que vivían a la orilla del río. Solo "unos pocos hombres codiciosos" se beneficiaron realmente.

Después de un tiempo pudo dejar la empresa que promovió este tipo de "desarrollo". Se transformó en una persona que creó una empresa de energía sustentable que sentó los precedentes terapéuticos para una industria egoísta y problemática. La revelación de tu propia sombra y la sombra de toda una institución política y económica, a través de la redacción de su libro, fue un poderoso cambio de forma hacia la integridad, y una expresión de un nuevo y audaz tipo de poder masculino. Estar dispuesto a tomar responsabilidad y pasar directamente de la culpa y la vergüenza a la luz del Espíritu, sin dejar de tener sueños sabios, es un cambio de forma de considerable magnitud.

Antes de mi entrenamiento formal en la tarea chamánica de cambiar de forma, pude experimentar un cambio de forma en relación con la violación que describí antes en este capítulo. La violación es principal, pero no exclusivamente, un crimen contra las mujeres. Las mujeres tienen una historia larga de ser culpadas por los delitos cometidos contra ellas. Y nos hemos culpado las unas a las otras porque, paradójicamente, creer que tenemos una fórmula para evitar la violación nos hace sentir más seguras. Si no llevamos una falda corta, no seremos violadas. Si no provocamos al hombre enojado, no seremos golpeadas. Supongo que yo también había sido consolada antes por una mentalidad de "culpar a la víctima". Yo escuché con compasión las historias de violación de otras personas, pero mentalmente pensaba que yo nunca hubiera hecho lo que las llevó a estar en peligro. Tuve incluso una terapeuta que era especialista en el tema del abuso sexual que me dijo que ella nunca fue violada porque podía decir "no" de modo muy enfático. El problema es que estas fórmulas no funcionan y nos estamos haciendo más inseguras al perpetuarlas.

Como yo era consciente en cierto modo de mí misma, tras dedicarme más de diez años a la psicoterapia, incluida la curación del abuso sexual, sabía que la violación no había sido mi culpa. Y dado que yo misma pasé por ello, comprendía que, salvo que hubiera tenido una bola de cristal, no podía haberlo evitado. Debido a que podía ver con claridad que la violación no era mi culpa, lo que refleja una evolución de mi conciencia duramente ganada, la dinámica de culpar a la víctima en la cultura llegó a ser muy clara para mí. Había trabajado mucho durante toda la década anterior (para curarme, ser responsable, estar sobria, terminar la universidad, seguir aprendiendo y establecer mi consultorio) solo para ser victimizada, lo cual podría pasarle a cualquiera. La peor parte del trauma fue la culpa que asumía formas sutiles cada vez que yo contaba mi historia. De alguna manera, lo personal se volvió político para mí en este momento de una manera mucho más profunda que nunca antes. Reconocí la enfermedad más insidiosa de nuestra cultura: culpar a la víctima.

En consecuencia, durante los siguientes cinco años, junto con algunas otras sobrevivientes y colegas, creé una compañía de teatro que se enfocaba en temas de violencia sexual y las actitudes de culpar a la víctima que perpetúan la violencia. Nosotras representamos el programa en universidades, escuelas de Derecho, organizaciones de servicios sociales y centros espirituales. El taller incluía representaciones dramáticas emocionalmente explícitas de violación y la disociación consiguiente del alma del cuerpo. Había improvisaciones analíticas y dinámicas culturales sexistas, y respuestas de pares y "autoridades" masculinos y femeninos. Animamos al público a dialogar con los personajes. Siempre terminábamos con un ritual de "recuperar la noche", pasando una vela, dejando que cada persona del público nos compartiera sus necesidades y la luz de sanación y conciencia. Esto resultó en un cambio de forma curativo, un re-soñar la pesadilla, para mí y mis dos codirectores, quienes también eran sobrevivientes.

Nuestro proyecto tuvo resonancia en el mundo. Pudimos cambiar la forma en que se educaba a la gente sobre la prevención de la violación, por lo menos aquí, en el condado de Westchester, en Nueva York. Los programas comenzaron a cambiar el modo de enseñar a las mujeres a decir "no" con más fuerza, porque la gente se dio cuenta finalmente de que las acciones de la víctima no eran la causa. Algunos poderosos educadores, especialmente de personas jóvenes, desarrollaron planes de estudio para tratar la necesidad de la cultura de asumir su responsabilidad por perpetuar esta dinámica al culpar a la víctima. Estos programas sirvieron de apoyo a hombres jóvenes para comprender profundamente los temas de consentimiento y las consecuencias de sus acciones sobre otros. Fue una poderosa lección del quinto chakra acerca de no permitir que una fantasía para uno se convierta en la pesadilla para el otro.

La generatividad y la realización de los sueños se desarrollan a lo largo del tiempo. Elba, la chamana quechua del Perú que me enseñó la mesa, también me enseñó el modo de cambiar de forma para abrazar el pasado, el presente y el futuro de forma simultánea, porque en el ámbito chamánico todo ocurre al mismo tiempo, en diferentes niveles y en distintas realidades. Para cambiar de forma debemos abrir nuestras almas, mentes, emociones y cuerpos a esa verdad, aun si no lo comprendemos por completo intelectualmente. Nuestros espíritus ya conocen esta verdad.

Elba me habló sobre la configuración de tres hojas de la planta sagrada de la coca y cómo se reflejó en la arquitectura antigua inca. Ella me contó sobre los tres animales que encarnan las cualidades de los tres estados de ser —pasado, presente y futuro— en su tradición cultural y espiritual. Con Elba estudié los movimientos de la serpiente, el puma y el cóndor. Recordé lo que había aprendido del misticismo egipcio en mis estudios del arte antiguo de la danza de vientre, en el cual uno encarna también a los seres sagrados de la serpiente, el gato y el pájaro mítico. Las enseñanzas de Elba me inspiraron para escribir el siguiente poema:

Tres estados simultáneos del ser

La serpiente se deshace de su pasado nuevamente y revela un yo más
    profundo.
El espíritu danza con el alma y vive la experiencia.
La serpiente es el centro, la columna vertebral, su corazón se mueve
    con las olas
de energía de la Madre Tierra.
Ella es el pasado en la luz de la verdad
la fuerza de la resiliencia magnética.

El jaguar es el presente. El agua y el fuego,
el incendio, la crepitación, el vapor.
En su conciencia aguda él caza.
Él asimila.
Él es.

El águila es el aire.
Ella ve.
Ella vibra con su propia majestuosidad.
Ella lleva nuestros sueños a la manifestación
en la anchura
de sus alas.

El pasado está representado por la serpiente. Una serpiente muda su piel y deja atrás las expresiones de su ser pasado y revela su ser más auténtico, siempre en evolución. Las serpientes se deslizan en contacto con la Madre Tierra, conectándose profundamente con su energía. El presente lo representa el jaguar, que está conectado con los elementos del agua sinuosa y el fuego humeante. Como depredadores, los jaguares tienen una conciencia aguda que los mantiene vivos y presentes en cada momento actual. Y el futuro lo simboliza el águila que remonta y se conecta con el elemento del aire. Desde su posición ventajosa por encima de las nubes y con su agudeza en la visión, las águilas pueden ver de lejos las posibilidades del futuro y llevar nuestros sueños a realizarse.

Cada ser existe en estos tres niveles y, si podemos tener conciencia de ello, expandiremos nuestro poder y nuestros efectos positivos. Mientras bailamos con estos tres animales asombrosos, los sentimos y los conocemos, y podemos recurrir a la sabiduría que hemos acumulado a través de nuestros antepasados. Podemos recibir el apoyo para estar completamente presentes aquí y ahora, y podemos remontarnos sin esfuerzo sobre los vientos del futuro. Podemos soñar y cambiar la forma de nuestro mundo.

❖ Sexta tarea: bailar los tres estados simultáneos del ser

Pon música. Puede ser una pieza que evoque a cada animal o puedes simplemente tocar música de percusión continua. Comienza a danzar con los animales, los tres estados simultáneos del ser, uno a la vez.

Explora cómo la serpiente y los antepasados se encuentran dentro de ti en el ADN de tus células. Enróllate tú mismo. Siente tu cuerpo como un largo músculo. Empuja tu vientre contra el vientre de la Madre Tierra. Siente cómo esta consumada metamorfa muda la piel y se renueva de manera perpetua.

Después, siente la gracia, el poder y la conciencia del jaguar. Déjate merodear, acechar y cazar. Ronronea y toma el sol.

Por último, abre tus alas y vuela como el águila. Expándete más allá de los confines de tu mente. Vuela por el universo de tu corazón y el corazón colectivo.

Experimenta cómo has llegado a ser un cambiador de formas, al encarnar a estos poderosos animales espirituales que proveen las dimensiones y capas de energía que necesitamos para realizar nuestra magnificencia. ¿Cómo se sintió el encarnar a la serpiente, el jaguar, el águila majestuosa? ¿Cómo pueden su energía, sabiduría y presencia ayudar a apoyarte para realizar tu sueño?

❖

Puedes descubrir que tus fantasías y pesadillas persisten a pesar de intentar entrar en contacto con tu sueño. Si es así, entonces puedes necesitar una extracción para eliminar lo que interfiere con la expresión de tus sueños. La dinámica básica de una extracción implica remover o liberar algo negativo de tu campo energético.

Con mucha frecuencia estas cargas negativas son viejas y profundas creencias sobre no merecer las recompensas y el placer que provendría de la concreción de tu sueño. También es posible que una carga negativa de otra persona o un grupo de individuos incida en tu campo energético. Esta energía negativa casi siempre se genera cuando alguien es irresponsable o vengativo por naturaleza y te ha convertido en un blanco en algún momento en que eras vulnerable. Si una recuperación del alma no disipa viejas creencias negativas y eres incapaz de extraer la energía negativa dirigida contra ti por otros a través de la recuperación de poder (sexta tarea del capítulo 6), la extracción te ofrece un enfoque energético diferente para desprenderse de estas energías.

Hay muchas maneras de ejecutar una extracción. Incluyen, pero no se limitan, a técnicas que utilizan huevos, cristales, patrones de movimiento, succión y purga. Es posible encontrar a maestros para todas estas técnicas. Resulta más efectivo realizar esta técnica con un compañero, pero también puedes llevar a cabo la extracción por ti mismo. Esta técnica funciona bien como preparación para la sesión de sanación de cambio de forma.

Mi herramienta favorita para la extracción es la del huevo de gallina. Los huevos son tan cálidos y dulces y tienen energía muy similar a la de la propia *Pachamama*. Ninguna creencia antigua ni carga negativa pueden resistir el movimiento hacia la atracción uterina del huevo de gallina. Yo creo que las personas que propagan negatividad y hacen estragos e infligen dolor lo hacen porque no recibieron amor suficiente en esta vida o tal vez en una vida previa. El huevo-útero seduce esta extensión de la energía y comenzará de nuevo la crianza básica y amorosa otra vez. Aunque su cáscara es delgada en un sentido material, el huevo es un contenedor y transformador muy poderoso.

Debido a la privación y el abuso en mi infancia tuve muchas creencias viejas y cargas negativas que debía extraer, remover y liberar. Cuando tenía treinta y un años me diagnosticaron displasia cervical; es decir, un crecimiento celular irregular que algunas veces se considera precanceroso. Esto me obligó a soltar mis viejos demonios mientras recibía una guía. Para curar esta anomalía por completo era necesario eliminar los depósitos de energía tóxica y absorber energías terapéuticas.

❖ Séptima tarea: la extracción con un huevo

Voy a presentar este ejercicio como una curación en pareja. (Sería ideal que tu pareja también trabajara con las tareas en este libro de forma independiente o que guíes a esa persona durante el proceso). Si no trabajas con una pareja, adapta este ejercicio tú mismo.

Para preparar la habitación y efectuar la extracción, genera tu mesa. Puedes usar tus cinco huacas originales, a menos que quieras reservarlas para tu propia sanación. En ese caso puedes encontrar otras huacas para los elementos con las que te sientas cómodo de usar para facilitar la curación de otros. Prepara un lugar para que tu pareja pueda recostarse, sentarse o ponerse de pie, dado que esta curación puede realizarse en cualquier posición. Utiliza los comentarios y la intuición de tu pareja para esto.

Antes de empezar la primera extracción, dedícale algún tiempo a un huevo. Pídele permiso para ser utilizado en este proceso de sanación. (Si se niega, pídele a otro huevo o considera otras posibilidades. Siempre solicita el permiso de cada nuevo huevo). Siente la energía, personalidad y espíritu del huevo. Siéntelo en tus manos. Déjalo hablar contigo. Confirma si tiene algún mensaje para ti. Frótalo o ruédalo por tu cuerpo. Agítalo o muévelo en tu campo de energía. Observa si tu energía cambia cuando haces estas cosas.

¿Hay algo que te gustaría trasladar al huevo antes de comenzar esta extracción curativa? Deja que el huevo lo absorba. ¿Cómo te sientes? Si el huevo absorbió una carga negativa de tu campo de energía te sentirás más libre y ligero, y sentirás más densidad en el huevo. Has comenzado a desarrollar capacidades de diferenciación de la energía sutil y eso puede llevar tiempo. Como el huevo absorberá algo de lo que necesitaba desprenderse, incluso si solo se trata de tensión general, es necesario deshacerse de él. No lo consumas, solo entrégalo al poder de uno de los cuatro elementos, la tierra, el agua, el fuego o el aire. Entiérralo o haz una composta, o bien ponlo en un cuerpo de agua o fuego.

Cuando estés listo para comenzar la extracción de tu pareja, toma uno o dos huevos frescos. Don José, un poderoso chamán del Ecuador, usa dos huevos para la purificación: uno para el cuerpo y otro para el alma.

Invita a tus guías y a los guías de tu pareja a estar presentes, ya que serán de ayuda en la curación que estás a punto de efectuar. Pídele a tu pareja que te enuncie su sueño. A medida que la expresión del sueño resuena en el campo energético de la persona, advierte si hay alguna dinámica energética que parezca impedir que tu compañero sueñe o realice su sueño efectivamente. Mientras sostienes el huevo o los huevos, explora el campo de tu compañero moviendo las manos alrededor de tu cuerpo. La inteligencia del huevo o su intuición ayudarán a encontrar y sentir los bloqueos y cargas negativas. Para el propósito de este ejercicio no necesitas diferenciar ni saber lo que son, aunque te puede llegar información útil por medio de espíritu, bien a ti o a tu pareja, mientras realizan la purificación o la extracción.

Confía en que sentirás o serás llevado a las áreas que requieren extracción. Acuna el huevo o rodéalo con las manos; puedes rodarlo suavemente por el cuerpo de tu pareja o agitarlo de manera cuidadosa por todas partes alrededor de él mediante movimientos de barrido o cepillado, o tan solo sostenlo en ciertos lugares para persuadir a la negatividad a entrar al huevo. Cuando termines, el campo de la persona se percibirá más nítido, ligero y menos denso. Quizás si tuviera alguna sensación de la presencia de negatividad, esta habrá desaparecido. Asimismo, el huevo se sentirá más caliente y denso conforme el campo de energía de tu compañero se purifica.

Mientras procesas o comentas la extracción con tu compañero, los dos expresando sensaciones, emociones y quizás ideas, puedes dejar el huevo con la mesa para que quede protegido. Entonces tu compañero puede tomar el huevo que aloja su carga liberada, expresarle agradecimiento y deshacerse de él hacia la tierra, el agua o el fuego, lo que le parezca correcto y esté disponible.

❖

Ahora estás listo para celebrar una sesión de sanación de cambio de forma. De esta tarea saldrán los elementos para apoyar a tu pareja a realizar su sueño. Los elementos limpian y empoderan y aproximan a tu compañero a una mayor alianza con el Espíritu en toda su expresión para que pueda efectuar un cambio de forma celular, personal o institucional. Si no tienes un compañero con quien llevar a cabo este trabajo, adapta estas instrucciones de trabajo a ti mismo.

En el libro de John Perkins *Shapeshifting*, otro de sus maestros, el chamán Kitar, describe lo que pasa en una sesión curativa de cambio de forma:

> Él anunció que haría curaciones para cualquier persona que sintiera la necesidad. "Esto implicaba un cambio de forma", dijo. "Yo lo llamo un 'cambio de espíritu' porque solo los espíritus lo ven. Para ustedes yo seré sólo un viejo sentado aquí en mi banca. Pero los espíritus me verán transformarme en un gran volcán que hará erupción. La cima de la montaña explotará. Un río embravecido saldrá y se precipitará por las laderas del volcán hacia la persona que se purificará. Ese río formará remolinos y succionará a los espíritus malignos de la enfermedad".

Para prepararte para tu sesión terapéutica de cambio de forma debes establecer la seguridad en todos los niveles: tú y tu compañero deben sentirse conectados a los apoyos, guías y protección. Siéntanse rodeado por sus apoyos espirituales, incluidos sus animales de poder y los guías espirituales. Si es necesario, puedes referirte a los ejercicios y capítulos previos para ayudarlos a establecer lo anterior.

❧ Octava tarea: la sesión de sanación por cambio de forma

Prepara tu mesa en la habitación de sanación. Haz que tu pareja enuncie su sueño, tratando de visualizarlo o experimentarlo en su cuerpo y su ser, como si ya se hubiera realizado. Convoca a los cuatro elementos de tierra, agua, fuego y aire a través del movimiento. Usa tus huacas al moverte, bailando con ellas u otros objetos que evoquen a los elementos, como el incienso, espadas, velas, agua, aceites esenciales, flores, hierbas, ramas, piedras, sonajas, tambores u otros instrumentos musicales. Si hay canciones o sonidos que empleen para invocar a los elementos, usa la voz también. Es importante hacer esto por un mínimo de veinte minutos. Tómate un momento para sentir la danza de los elementos alrededor y dentro de tu pareja.

Para ayudar a sanar y transformar a tu compañero, cambia de forma a un acantilado escarpado, pozo de brea, cañón profundo, maremoto, cascada, monzón, volcán en erupción, géiser en ebullición, estrella en estallido, tornado, huracán o vientos alisios. Ama a esta pareja con todas tus posibilidades, con tu pasión y con la totalidad de tu unión con la *Pachamama*.

Deja que tu éxtasis lleve a tu compañero al límite, arrastrando, incinerando, quitando los velos, y lánzalo al cielo para que pueda descender, con el núcleo de su ser ya desnudo, aquí en la tierra, en el centro de la encarnación de su sueño.

Siente cómo el quinto elemento, *arutam*, se activa mientras sientes el poder de efectuar el cambio en el nivel etérico. Invita a tu pareja a sentir la energía de la manifestación después del sueño que has expresado. Mantén el espacio energético para que esto pase al seguir enfocándote en las energías de los elementos, bailando con ellos si es necesario.

Dirige la energía de los cinco elementos al sueño de tu compañero. Deja que la energía fluya hacia el sueño, que cambiará la forma de la vida, las células, el cuerpo energético y las conexiones energéticas de esta persona. Tú y tu pareja se sentirán más poderosos y expandidos después de esta sesión purificadora. Agradece a todos los elementos y a la *Pachamama*.

⬥

Puede ser de gran ayuda volver a soñar nuestras pesadillas reales, los *collages* inconscientes de imágenes que se mueven por nuestros campos de energía mientras dormimos, algunas veces apareciendo en nuestra conciencia poco antes de despertar. Nuestros miedos se revelan con frecuencia a través de nuestros sueños nocturnos. Muchas veces sufrimos pesadillas cuando enfrentamos sucesos que resquebrajan nuestra seguridad o transgreden nuestra integridad. El organismo humano tratará de ganar control sobre nuestros miedos a través de las pesadillas.

La siguiente tarea nos permite lograr este sentido de control de una manera equilibrada, llevando nuestra conciencia a nuestro inconsciente. Esta tarea te dejará conectarse con la guía y protección de una manera más profunda. Podemos ser mucho más creativos y generadores con nuestros sueños saludables cuando nos sentimos apoyados y protegidos. Tendemos a ser agresivos de una manera destructiva cuando no nos sentimos apoyados ni protegidos. Nos volvemos ambiciosos, tomamos más de lo que necesitamos de la Madre Tierra y sostenemos guerras innecesarias en un vano intento de sentirnos más seguros. Es el momento de soñar otra vez todas nuestras pesadillas.

Yo necesitaba volver a las pesadillas que aparecieron tras la experiencia de la violación. Mis queridas águilas volaron alrededor de mí para protegerme de las esquirlas de vidrio y el metal afilado, tejiendo un capullo de energía suave, pero impenetrable y protector. Cuando arrancaron el suelo debajo de mí, mis águilas me sostuvieron y volaron conmigo sobre la tierra y me mostraron cómo yo también podía volar. Me acompañaron a mi lugar sagrado para poder curarme y bañarme en la energía de los elementos. Comencé a sentir mis heridas cambiando de forma hacia la percepción y la sabiduría, al tiempo que mi cólera se transformaba en acción.

◆ Novena tarea: volver a soñar las pesadillas

Siempre que recuerdes un fragmento de una pesadilla, escríbelo o grábalo de alguna manera. Tan pronto como puedas, reserva algún tiempo para revisar tu sueño en un espacio tranquilo y protector. Esta vez, mientras recuerdas los sucesos del sueño, atrae protección, guía, apoyo y amor hacia tus miedos. Por ejemplo, si sueñas con caer a un acantilado, puedes encontrar una enorme ave dispuesta a recogerte mucho antes de estrellarte contra el suelo, y tal vez incluso te lleve a una maravillosa aventura.

Si sueñas con ser atracado por una banda de ladrones, un oso grande puede llegar a protegerte. Permite resolver tu sueño utilizando poderosos recurso de apoyo que te transmitan seguridad.

Envía tu agradecimiento a todos y cada uno de los espíritus protectores que te dan apoyo al momento de revivir tus pesadillas.

◆

Podemos revivir nuestra pesadilla colectiva: el problemático sueño americano. Podemos cambiar de forma. Lo sé porque este periodo del quinto chakra en mi vida, aunque plagado de retos y cargas del pasado, me enseñó a adelantarme al futuro con integridad que ha incluido nuevas amistades, técnicas de curación, mi centro de curación y mi hija. Yo creo que todos podemos generar nuestros sueños para la sanación y la belleza al practicar las tareas de este libro; de esa manera nos mantendremos conectados con la Madre Tierra, con nuestros corazones y con el Espíritu en su infinita capacidad de expresar la grandeza.

6
Abrir el corazón de la mente
Un viaje hacia la claridad

Hace un par de años me enteré por medio de un conocido de que la copropietaria de un estudio de yoga en una ciudad cercana se retiraba de la sociedad para abrir un gran estudio de yoga al otro lado de la calle de Nacimiento de Venus. Me acuerdo haber despotricado bastante con mis amigos. Mi ira desbocada y el miedo que sentía eran difíciles de contener.

Mi nueva competidora me dejó un mensaje telefónico, presuntamente para hablarme de su apertura al otro lado de la calle. Pero cuando la llamé un par de veces, no me devolvió la llamada. Le dejé un mensaje, simplemente diciendo que con el dinero que ganaba con mi pequeño negocio yo mantenía a mi hija y que, en mi opinión, ella debía reconsiderar la ubicación de su negocio al otro lado de la calle. Entonces todo se tranquilizó por un tiempo, incluida yo misma, y por un instante pareció que tal vez ella había cambiado de idea.

Unos meses después, justo el día de mi cumpleaños, vi su aviso colocado en su ventana al otro lado de la calle. Abriría pronto. Sin duda no era el regalo que deseaba. Me enfadé otra vez, quizá un poco menos, porque ya no era una sorpresa. Cuando me tranquilicé y medité el asunto, pude ver con mayor claridad que, en realidad, lo más importante era reconocer y aceptar el reto que representaba la decisión de esta mujer. La fe puesta en mi sueño y mi capacidad de proveer la seguridad material a mi hija y a mí misma estaba a prueba y esta prueba tenía algo importante que enseñarme si podía expandirme más allá de mi miedo y prestar atención.

Esta claridad de visión provino de la apertura de mi tercer ojo, el centro del sexto chakra. La apertura del tercer ojo nos permite ver más allá de la niebla de emociones y temores, para poder separarnos del drama y poder cumplir con nuestras misiones y realizar nuestros sueños.

Tenía que permitirme la oportunidad de experimentar esta situación de manera energética, centrándome en mi tercer ojo y haciendo contacto con la luz de la sabiduría y la compasión. Mientras me sentaba para meditar sobre esta situación me di cuenta de que al haber un negocio similar tan cerca impulsaría un deseo en mi interior de transmitir mi mensaje con mayor claridad. Podía usar la energía de este desafío para alcanzar un lugar de mayor integridad. Consulté a mis diosas y mis guías y les pedí protección, guía y apoyo. Construí mi mesa. Me conecté con los elementos y bailé con ellos. Invoqué el elemento de cambio de forma, el éter o arutam. Muchos aspectos de mi práctica comenzaron a crecer en formas nuevas y positivas.

Tras siete años desde la creación de mi pequeño estudio, he visto cómo el yoga se convierte cada vez más en un asunto de venta de accesorios y productos, personas asignándoles nombre a las técnicas por sí mismos, escuelas de yoga intentando demostrar que el yoga es un buen "negocio" y cosas por el estilo. Parecía que gran parte de la intención original y espiritual de esta práctica se estaba perdiendo. Al abrir su estudio justo frente a mí, mi competidora me desafió a comprometerme de modo más integral con mi visión del yoga y la sanación.

Cambié la forma de practicar y enseñar y la manera de administrar mi negocio. Comencé a ofrecer programas de entrenamiento para sanadores chamánicos centrado en la Madre Tierra. Creé también un programa de formación de profesores de yoga y comencé a enfocarme en las yamas y las niyamas, los principios éticos del yoga, que en mi opinión se han eludido en los últimos años. En un esfuerzo por perpetuar los aspectos vitales de la orientación al servicio, abrí todas mis clases de yoga y meditación para que cualquier persona pudiera entrar y contribuir con una donación acorde a sus posibilidades de pago. El veinte por ciento de las donaciones se destinarían a organizaciones comunitarias. Puesto que llamé a los elementos y a mis guías, la competencia que estaba enfrentando me llevó al altruismo. Mediante la claridad y la sabiduría de mi sexto chakra, dejé que esa energía amenazadora interactuara y fortaleciera la mía, en vez de paralizarla.

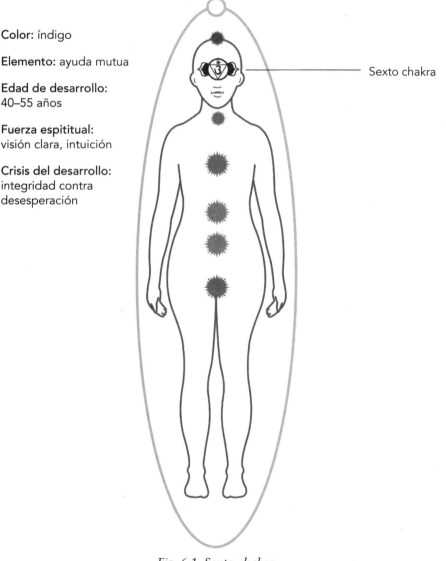

Color: índigo

Elemento: ayuda mutua

Edad de desarrollo:
40–55 años

Fuerza espititual:
visión clara, intuición

Crisis del desarrollo:
integridad contra
desesperación

Sexto chakra

Fig. 6.1. Sexto chakra

El sexto chakra se conoce por lo general como el tercer ojo (fig. 6.1). Esto se debe a que su energía gira desde el área central de la frente o entre las cejas y se relaciona con una intuición clara y visión psíquica. Cuando vemos nuestras circunstancias propias y las de otras personas desde el tercer ojo, vemos con la luz de la compasión y la sabiduría, sin prejuicios.

El estado del ego contenido en este centro del cuerpo energético se consolida entre los cuarenta y cincuenta y cinco años, y la crisis del desarrollo que se abre para la resolución exitosa es la integridad contra la desesperación. Yo creo que esta crisis es la "crisis de los cuarenta" que aparece con frecuencia en nuestra cultura.

En muchos sentidos, esta puede considerarse la crisis más crucial. Es el momento cuando nos preguntamos si hemos vivido de acuerdo con nuestra integridad y si nuestras vidas han sido en realidad la mejor expresión posible de nuestras almas. Con o sin la conciencia chamánica, la gente puede comenzar a sentir la desesperación durante esta fase de la vida, si han dado pasos fuera de su integridad. Es muy frecuente en esta etapa que las personas terminen sus matrimonios, comiencen nuevas relaciones, cambien sus profesiones o muden su residencia para mitigar la angustia derivada de malas elecciones, no tomadas como una expresión total y espiritual de su ser.

El sexto chakra, como todos los chakras, expresa un elemento o energía esencial con cualidades específicas. La expresión colectiva de estos elementos o las energías esenciales y dinámicas son vitales para empoderar a una humanidad en evolución que es respetuosa con todos los seres en todos los lugares. Hace unos cuatro años conocí este sexto elemento por mi hija que entonces tenía siete años, y que debía tener una mujer sabia al borde de la mediana edad habitando en su interior. Había llegado a casa tras pasar un día enseñando en dos talleres un par de horas al norte de donde vivo para jugar y nadar con mi hija Kelly. Ella me preguntó qué había hecho el fin de semana, así que le expliqué los cinco elementos y le hablé del cambio de forma y los bailes que había estado compartiendo. Inesperadamente ella se emocionó y exclamó: "Mami, yo sé cuál es el sexto elemento".

"Mmm", dije. No me había dado cuenta de que hubiera un sexto elemento, pero estaba dispuesta a escucharla. Comencé a emocionarme también.

"El sexto elemento es la ayuda mutua", ella dijo. En ese momento supe que tenía razón. "Sí lo es, señorita Kelly. Gracias". El elemento o energía esencial y dinámica de ayudarse entre sí es la clave para vivir al final con integridad en vez de desesperación.

En la cultura de las clases media y alta en Estados Unidos, algunas personas comienzan a preguntarse en esta etapa de la vida si el éxito material es suficiente. Así como décadas de alcoholismo pueden destruir el hígado, décadas de abuso material pueden sumir al alma en depresión o inanición a su paso. A medida que la realidad de la mediana edad comienza a susurrar a través de las paredes de la cultura juvenil que difunden los medios de comunicación, se nos obliga a reconocer de mala gana nuestra propia vulnerabilidad y mortalidad. Con el velo de la inmortalidad descartado, ahora podemos llegar a ser más conscientes de las dificultades de quienes son menos afortunados.

Por consiguiente, esta etapa de la vida es el tiempo ideal para ampliar nuestra conciencia de todos los seres y espíritus en todas partes, no solo de la pequeña burbuja de un país, raza, etnia o grupo religioso en particular. Conforme envejecemos y somos conscientes de nuestra mortalidad, la misma mortalidad que tenemos en común todos los seres humanos, nuestra conciencia espiritual en ciernes puede llevar a preguntarnos si el éxito material del que gozamos está conectado con la explotación de las personas o el daño ambiental. Aquí, en este sexto chakra, donde el elemento es la ayuda mutua, debemos respetar los sueños y la vitalidad de los demás, así como los nuestros. En este nivel del ser, la integridad debe incluir esta conexión con los demás, o nos quedaremos fragmentados e inmaduros a pesar de ser versados en el arte del éxito material. Estas importantes conexiones requieren la sabiduría y las habilidades de la edad. Para la continuación de la vida humana en la Tierra es crucial que resolvamos con éxito esta crisis del desarrollo.

Si uno ha hecho el trabajo desafiante de resolver las crisis del desarrollo previas, la buena noticia es que hay mucha energía, sabiduría y amor disponibles en este centro para crear nuevos sueños de belleza exquisita. Haremos ahora una serie de tareas chamánicas poderosas para fortalecer este centro.

ENERGIZAR EL TERCER OJO

Me gustaría comenzar este capítulo enseñando una práctica sagrada de oración en la cual recordamos que todas las personas, animales y objetos tienen un corazón y que es nuestra obligación dejar al mundo en mejor estado del que lo encontramos. La inspiración para esta oración corporal procede de una chamana maya profundamente espiritual llamada Mercedes. Al conocerla me conmovió profundamente ver cómo su poder parecía residir en atender respetuosamente a los detalles de sus relaciones con los elementos. Ella me mostró su devoción por los árboles al reusar siempre toallitas de papel, honrando su origen con agradecimiento. Su compromiso con la vida consiste en permitir a su corazón y sus acciones tocar todo lo que encuentra y mejorar las condiciones en que estaban. Esta promesa de mejorar la vida por medio del amor y la reverencia es la práctica espiritual más profunda que conozco.

En el capítulo 5, la segunda tarea se refirió a construir una mesa. Esta práctica chamánica puede crear una puerta a la realidad no ordinaria y ser un recordatorio sólido de todo el apoyo espiritual y energía disponible para nosotros en cada momento de nuestras vidas. La oración que aprenderemos representa una forma de hacer la mesa en nuestras mentes y corazones. Esta "oración corporal" invoca de manera consciente la presencia de los elementos de la misma manera que las huacas lo hacen en la mesa. El cuerpo crea la mesa cuando se proyecta en diferentes direcciones, conectándose con las energías elementales e irradiándolas. He encontrado que esta oración es la manera más sencilla y poderosa de recordar mi lugar en el universo, en el corazón de todo lo que existe.

❖ Primera tarea: la oración maya

Las palabras de esta oración son sencillas:

> *Oh corazón de la tierra*
> *Corazón de los cielos*
> *Corazón de todos los seres y espíritus*
> *Corazón del viento y del agua*
> *Nuestros corazones.*

Cuando pronuncies "Oh corazón de la tierra", realiza un gesto hacia la Madre Tierra. Cuando digas "Corazón de los cielos", haz un gesto hacia los cielos. Cuando pronuncies "Corazón de todos los seres y espíritus", lleva tus manos a la postura de la oración. Abre tus brazos y lleva las manos a los lados mientras dices "Corazón del viento y del agua". Vuelve las manos nuevamente a la postura de la oración con "Nuestros corazones". Cuando muevas tu cuerpo al pronunciar la oración, siente cómo el cuerpo físico se conecta con la mesa y llega a ser una mesa.

Es bueno repetir esta oración tres veces y sentir la conexión con el Espíritu.

❖

Este centro del tercer ojo se relaciona con la mente superior y la oportunidad de vivir centrado en el ser superior de uno. En los estudios de yoga, la mente inferior se conoce algunas veces como la mente egoísta. Esta es la mente y el ego al servicio exclusivo del individuo. En las etapas tempranas del desarrollo este es un lugar apropiado desde el cual funcionar, debido a que debemos aprender a satisfacer nuestras necesidades básicas, negociando con el mundo y dentro de nosotros mismos.

Algunas veces las personas se encuentran atrapadas aquí, a pesar de encontrarse cronológicamente en etapas del desarrollo posteriores, lo que resulta en mucha desesperación, ansiedad, depresión, sufrimiento y desequilibrio para el individuo y quienes lo rodean. Cuando abrazamos las enseñanzas de este sexto chakra y el elemento dinámico de ayudarnos de forma recíproca, manifestamos la mente superior por medio de la cual el ego continúa su desarrollo de manera saludable. Ahora, además de satisfacer las necesidades del sujeto, puede expandirse para también estar al servicio de la luz del espíritu como se manifiesta en otros seres.

Es importante mantenerse conectado con la tierra en el cuerpo físico mientras pases por este proceso para no perder de vista las realidades de la vida y poder mantener la conciencia de tus propias necesidades, a medida que permaneces comprometido con un amable crecimiento espiritual. En este punto sugeriría hacer algunos ejercicios físicos de los capítulos anteriores, entre ellos las posturas de la cobra, la ola, el triángulo, el árbol y el puente, y realizar por lo menos un ejercicio por cada chakra. De esta manera harás contacto consciente con todos los elementos y centros de energía anteriores mientras te encuentras conectado con la tierra en el cuerpo físico.

Una vez que estemos conectados con la tierra, pasaremos a un antiguo ejercicio del yoga que te permitirá contactarte y llevar energía a tu centro del tercer ojo. Se conoce como *mudra yoga* y es una excelente postura para abrir y equilibrar este chakra. Ayuda a la mente a reverenciar apropiadamente al corazón. Esto da humildad y libera a la mente egoísta, al tiempo que fortalece el vínculo energético entre la mente y el corazón. A partir de esta conexión nos centraremos espontáneamente en nuestra mente superior e integridad.

❖ Segunda tarea: mudra yoga

Esta postura puede hacerse arrodillado o de pie; se describirán ambas variaciones.

Comienza por arrodillarte, descansando sobre los talones. Entrelaza tus manos detrás de la espalda. Expande el tórax presionando tus nudillos hacia abajo y tus dedos meñiques atrás tanto como sea posible sin levantar tus hombros (fig. 6.2).

Lleva la línea capilar (donde la frente se une al cuero cabelludo) hacia la tierra o el suelo (fig. 6.3). Dependiendo de tu flexibilidad, puedes permanecer sobre los talones o bien puedes levantar la pelvis para

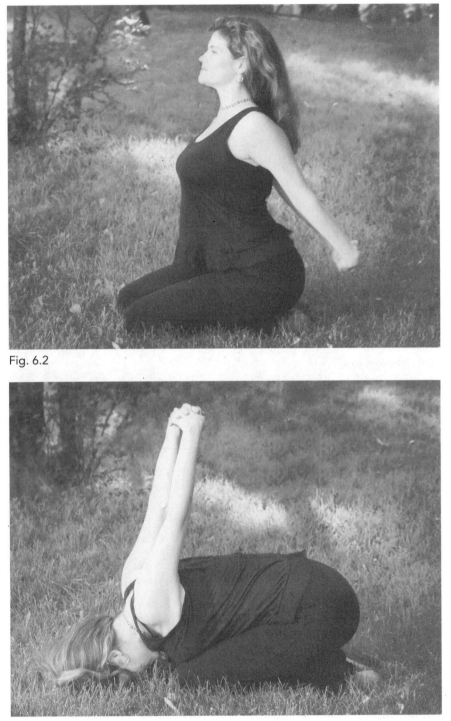

Fig. 6.2

Fig. 6.3

Fig. 6.4   Fig. 6.5

alcanzar esta posición. Asegúrate de mantener tu peso sobre las piernas para no forzar el cuello. Si sientes alguna tensión en el cuello, abandona esa posición de inmediato o lleva tus manos a la tierra a ambos lados de tu cabeza para sostener tu cuerpo. No debe haber peso alguno sobre la cabeza. Si el cuello se siente cómodo, puedes rodar de un lado a otro de la línea del cabello. Esta posición llevará mucha energía al sexto chakra.

Para efectuar el *mudra yoga* desde una postura erguida, separa los pies alineados a las caderas. Entrelaza tus manos detrás de tu espalda y expande tu tórax presionando los nudillos hacia la tierra y los meñiques hacia atrás, sin levantar los hombros (fig. 6.4).

Dobla ligeramente los tobillos, las rodillas y las caderas, hasta alcanzar los huesos de apoyo detrás y la cabeza adelante y hacia abajo. Inclina la corona de la cabeza hacia abajo en dirección de la tierra mientras presionas los nudillos, con los brazos extendidos, hacia el cielo (fig. 6.5).

En cualquier postura, repítete a ti mismo la afirmación de que tu mente se encuentra equilibrada y tu intuición es fuerte. Para terminar la postura presiona tus nudillos y manos hacia atrás y abajo, y levanta sus brazos.

Pasa inmediatamente a la tercera tarea.

❈ Tercera tarea: respiración nasal alternada

En esta tarea dejaremos que la mente lógica (lóbulo izquierdo del cerebro), la mente creativa (lóbulo derecho del cerebro) y el cerebro instintivo (cerebelo, tronco del encéfalo) se junten. Esta técnica equilibrará el cerebro, apoyando la creación y aumentando la intuición y la conexión con la mente superior.

Siéntate cómodamente. Junta los dedos pulgares e índices de cada mano, descansa tus manos sobre sus muslos o rodillas, y sigue suavemente tu respiración haciendo uso de tu estado consciente. Esta postura se conoce como *jñana mudra* (fig. 6.6, p. 206).

Mientras mantienes la *jñana mudra* puedes "equilibrar el cerebro". Siente o visualiza los dos lados del cerebro. Imagínate que inhalas hacia el lóbulo derecho del cerebro; luego permite que la energía de ese lóbulo derecho fluya al izquierdo a medida que exhalas. Inhala hacia el lóbulo izquierdo del cerebro y deja que esa energía fluya al lóbulo derecho al exhalar. Repite por un minuto. A continuación, siente tu tercer ojo en el centro, entre tus cejas. Siente cómo tu vista y pensamiento interior están equilibrados.

También es poderoso usar la respiración nasal alternada para equilibrar la mente. Apoya los dedos índice y medio de tu mano dominante sobre el centro del tercer ojo. Usa el pulgar para bloquear una fosa nasal y los dedos anular y meñique para bloquear la otra fosa.

Respira por ambas fosas nasales. Bloquea la derecha y exhala por la izquierda. Inhala por la izquierda, sin dejar de ocluir la derecha. Bloquea

Fig. 6.6

ambas fosas nasales mientras sostienes la respiración y equilibras la mente. Una mente equilibrada se sentirá libre, relajada, clara y silenciosa. A continuación, oprime la fosa nasal izquierda y exhala por la derecha. Inhala por la derecha, sin dejar de ocluir la izquierda. Bloquea las dos fosas nasales y deja que la mente se equilibre. Bloquea la fosa derecha y exhala por la izquierda. Realiza varias rondas completas más de respiración nasal alternada y permite que las partes del cerebro (encéfalo, cerebelo y tronco del encéfalo) se entrelacen.

Después de terminar la respiración nasal alternada, es poderoso entonar el sonido sagrado "ohm", usando la mente equilibrada y la intuición para experimentar y conocer tu conexión profunda con todo lo existente.

Mi primera experiencia como ser expandido, física y energéticamente consciente de la luz radiante de mi espíritu, ocurrió en la clase de yoga de Swami Shantanand cuando tenía veintitrés años. Mientras me conectaba con la dulzura de su corazón, me abrí a la práctica del yoga y la meditación. Abracé las posturas y las invité a limpiar mi cuerpo. El enfoque de mi mente me invitó a buscarme a mí misma en un lugar nuevo: el reino del Espíritu. La meditación que practicamos enfatizaba que el aspecto esencial de quienes somos todos es la compasión y la claridad sin prejuicios. Aprendí que si soy compasión y claridad sin prejuicios, soy el Espíritu.

Swami compartió mucha sabiduría profunda con sus estudiantes, incluidos algunas perlas como: "Hasta Jesucristo tenía que ir al baño" y "Todos tienen que ir al baño, pero no te pases la vida allí. Sal a la sala de estar". La siguiente técnica antigua del *jñana* yoga me enseñó a encontrarme a mí misma, más allá del baño metafórico de mi mente inferior.

Esta es una poderosa meditación del *jñana* yoga. El *jñana* yoga es el camino del yoga hacia la sabiduría. Y la sabiduría a la cual me refiero es la sabiduría de nuestra verdadera naturaleza, que todos somos seres espirituales con una experiencia humana. Desde el momento en que me senté en las clases de Swami me sentí conectada con la tierra, pero expandida más allá de todas las formas en que me he limitado a mí misma. Hay una alegría y claridad que procede de saber que somos esta luz de la conciencia, esta hermosa estrella resplandeciente.

❖ Cuarta tarea: la meditación de la estrella resplandeciente

Lo mejor es realizar esta meditación después de los movimientos previos, las tareas uno y dos, y la técnica de respiración de la tarea número tres.

Siéntate cómodamente en la *jñana mudra* e imagina una estrella resplandeciente entre tus cejas. Siente tu cuerpo relajado, tus emociones tranquilas o simplemente moviéndose suavemente, y tu mente en paz. Si tienes algunas preocupaciones o inquietudes remanentes, obsérvalas todas a la luz de esta estrella resplandeciente. Permite que esta luz de tu conciencia, compasiva y sin prejuicios te bendiga a ti y a cualquier otro ser que esté conectado con tus preocupaciones e inquietudes. Tómate todo el tiempo necesario para ello.

Ahora permítete convertirte en esa estrella resplandeciente. Siente su expansión, brillantez y magnificencia. Debes saber que tú eres esa luz de la conciencia, brillando a través de los vehículos de la mente, la emoción y el cuerpo. Siente la libertad de este conocimiento de ti mismo.

❖

CULTIVAR LA INTEGRIDAD ENERGÉTICA

Es vital cultivar la claridad y la conciencia en esta etapa de la vida. Esto nos permite mantenernos centrados en nuestra mente superior, siempre en evolución hacia la integridad mayor. Swami Shantanand decía que cada ser humano es tanto perfecto como imperfecto. Las partes perfectas siempre serán perfectas, sin importar qué hagamos, y lo imperfecto siempre será imperfecto al margen de lo que hagamos. Si reconocemos nuestra negatividad al verla claramente con nuestra conciencia, podremos protegernos de la nuestra propia y la de otros. Esta es la base de la mente compasiva y carente de prejuicios. Tener compasión para las personas, expandiéndonos para abrazarlas, cualesquiera que sean tus luchas y circunstancias, nos ayuda a encontrar nuestra propia entereza e integridad, en vez de la vacuidad de la desesperación. Es vital apoyar, pero no habilitar, a los demás respetando su integridad sin apoyar sus actos violentos, destructivos o explotadores.

Esta crisis de la integridad contra la desesperación es la crisis de la vida en la cual me hallo actualmente, puesto que tengo 45 años al momento de escribir este libro. Los últimos años he tratado de dar pasos hacia mi integridad, a pesar del temor a lo desconocido y la aparente pérdida de la seguridad. Cuando me acercaba a esta etapa, di a luz a mi hija, dejé mi matrimonio, abrí un centro de yoga y sanación, trabajé con

John Perkins, consolidé mis amistades, empecé a desarrollar un curso de entrenamiento de curación chamánica y comencé la escritura de este libro. El Espíritu me ha pedido una y otra vez que siga integrándome, que siga atendiendo esa desesperación sobre el estado del mundo al ser más plena y compartir esta plenitud con los demás.

También se me ha pedido, en un plano interpersonal, a preocuparme más por las otras personas y sus planes ocultos, así como quién o qué sustrae mi energía para propósitos egoístas. En la casa que compartí con mi madre y mi padrastro había manipulación. Ellos como pareja compartían una visión torcida de la realidad, que era casi todo el tiempo fría y despiadada. Ahora entiendo que esta oscuridad interna se debía a las pérdidas que habían sufrido y que nunca trataron o por las que llevaron un duelo de alguna manera que los ayudase.

Esto me cegó ante las manipulaciones y planes de otros. Mis padres me dijeron que el abuso era por mi propio bien. Por lo tanto, aunque mucho de lo que hicieron no tenía sentido y me indignaba, al final del día estaba ciega a sus manipulaciones. Esto me dejó incapaz de ver que otras personas, en vez de ser justas, podían tener motivos poco sinceros al interactuar conmigo y podían llegar a cualquier extremo para conseguir lo que realmente querían. Mi ceguera se fortalecía por mi necesidad de creer que podía encontrar justicia en algún lugar. Me imagino que prefería creer que podía encontrarla en cualquier lugar, menos en mi casa. Esta visión romántica me permitió continuar viviendo, porque pensaba que podía al final dejar mi casa y encontrar el amor en algún lugar. Pero no me sirvió porque confié en muchas personas indignas. Ha sido solo en los últimos años que he comenzado a encontrar la sanación de esta ceguera a través de las dos tareas siguientes.

He enseñado estas poderosas tareas a mis alumnos. Una estudiante trabajó con estas técnicas para tratar temas sobre dos colegas de su trabajo. Dos mujeres que anteriormente habían sido amigas la ignoraban ahora, aduciendo que ella había sido ofensiva de alguna manera. Mi estudiante, quien es la hija adulta de un alcohólico y tiene un sentido de responsabilidad excesivamente desarrollado, estaba revisando su memoria en busca del comentario o la acción ofensiva, sin lograrlo. En ese tiempo estábamos trabajando en las siguientes tareas en la clase y ella las usó para explorar su problema.

Cuando esta estudiante se enfocó en sentir sus conexiones energéticas (quinta tarea) identificó a estas mujeres extrayendo su energía. Esta imagen tenía sentido porque mi estudiante era muy creativa y las dos mujeres a las cuales se refería dependían de su gran apoyo creativo y emocional, a menudo consumiendo gran parte de su tiempo y energía. Ella comenzó a sentirse agotada cuando pudo ver que esas dos colegas no estaban dispuestas a corresponder su ayuda cuando la necesitaba. En consecuencia, decidió con gentileza no ofrecer más su apoyo. Durante la tarea de detectar las conexiones energéticas, comenzó a ser vivamente claro que al marcar mejores límites y atender sus propias necesidades, las mujeres empezaron a ignorarla, tratando de capitalizar sus inseguridades y hacerla sentir culpable. En la recuperación del poder (sexta tarea), ella pudo rechazar la implicación de que ella no era una buena persona, recuperar la energía que sus colegas le habían sustraído y afirmar su derecho a poner límites.

Esta siguiente tarea consiste en ver con claridad, abrir el tercer ojo y usar este centro intuitivo. En esta etapa de perfeccionar nuestra integridad es bueno saber hacia dónde se dirige tu energía, así como quién y qué la manipula. En esta tarea te liberarás de la red de ilusiones ajenas para que puedas ver tus propias fibras y apegos con mayor nitidez. Con este conocimiento tendrás el poder de dirigir tu energía en la dirección de tu sueño. En definitiva, esto te ayudará a sentirte más lleno de energía y más sano en cada nivel del ser. Aprender a ver las cosas de esta manera representará el camino a la libertad y la integridad.

Es importante equilibrar la visión clara y sabia con el tipo de visión compasiva que se hace con la luz del corazón, de tal modo que uno esté centrado en la mente sin prejuicios. Esto nos apartará del cinismo insano. También será útil para distinguir entre las promesas de la gente y lo que en verdad son capaces de cumplir. Si permitimos ser engañados, también permitimos la manipulación, que más de una vez conduce a la desesperación.

En esta tarea aún no tienes que cambiar nada. Solo observa. No te mientas a ti mismo acerca de lo que ves. Sé brutalmente honesto sobre lo que allí encuentras. Puede ser extremadamente difícil conocer la verdad, los comportamientos y los patrones de energía de uno mismo.

❧ Quinta tarea: sentir tus conexiones energéticas

Permítete viajar a tu lugar sagrado con el propósito de ver con claridad tu energía y todo con lo que estás conectado. En tu lugar sagrado puedes tener todo el apoyo espiritual y la protección que necesitas para hacer esto posible. Experimenta tu lugar sagrado a través de tus sentidos. Conéctate con los elementos. Invita a tus guías espirituales y protectores a estar presente para que puedas sentir su apoyo.

Adopta una posición relajada en tu lugar sagrado, acunado en los brazos de los elementos y sus guías. Permítete ver o sentir las fibras principales que se propagan de tu cuerpo energético a otras personas, actividades y proyectos. Puedes visualizar o sentir las conexiones energéticas de cada chakra, del primero al quinto, conforme experimentas hacia dónde fluye tu energía y qué otro tipo de energías fluyen hacia ti. Las fibras pueden parecer cuerdas o rayos de luz. Es posible que se perciban como enredaderas que se entrelazan o te envuelven, como cadenas pesadas o algún tipo de sustancia pegajosa. Invita a tus guías a ayudarte a experimentar estas conexiones energéticas para poder reconocerlas y comenzar a sentir lo que podría ser necesario para desconectarte si es preciso.

Pregúntate sobre la naturaleza de cada conexión. ¿Te nutre? ¿Te agota? ¿Te resulta placentera o dolorosa? ¿Es una conexión amorosa? ¿Es una conexión explotadora o abusiva? ¿Es deseable o necesaria, o no? ¿La conexión mejora tu vida o tu sueño?

Mantente consciente. Observa en todo el sentido de la palabra. Da un paso adelante con valentía. ¿Algunas de estas conexiones son de naturaleza masculina? ¿Son simples o complejas? ¿Es de este modo como quisieras relacionarte con los demás? ¿Es de esta manera como deseas que los demás se relacionen contigo? Pregúntale al Espíritu y a sus guías: "¿En realidad están mis fibras de energía conectadas con otros seres y energías que apoyan mi integridad?". Esto puede ser importante en las relaciones íntimas. Ambas personas deben estar dispuestas a realizar el trabajo que el Espíritu exige de ellos y no agotarse mutuamente.

Cuando sientas que has terminado esta tarea por el momento, agradece a tus guías espirituales y a tu lugar sagrado por apoyarte en tu valiente avance para ver con nitidez. Cuando estés listo, regresa de tu lugar sagrado a la realidad ordinaria. Siente la diferencia que marcan esta conciencia expandida y visión clara en tu vida.

❈

Una vez que hayas aprendido a ver con claridad y realizado todas las tareas previas en este libro, estarás en condiciones de llevar a cabo la tarea chamánica de la recuperación de poder. Puede hacerlo solo o con un compañero. Es prudente que un chamán versado te apoye en la recuperación de poder de modo inicial, alguien que conozca el proceso por experiencia directa.

Al igual que en la recuperación del alma, es posible que necesites hacer esta tarea muchas veces hasta que experimentes la integridad total de tu campo de energía. Es prudente viajar hasta el punto final de cada hilo consumidor de tus energías que hayas encontrado en la tarea anterior y resolver este aspecto para que puedas sentirte libre.

Para prepararte para recobrar el poder, reflexiona sobre la tarea anterior en la cual adquiriste conciencia de las cosas con las cuales tus fibras de energía están conectadas. Algunas veces basta ser consciente de que tu energía está desgastada para romper o alterar la conexión. Si esto no ocurre de forma espontánea, puede ser que te halles todavía en conflicto con la situación y tal vez todavía no hayas invertido lo suficiente en tu propia integridad, o que alguien esté sustrayendo tu poder energético, robándolo, por decirlo de algún modo. Si este es el caso, debes marcar un límite energético y recuperar tu poder.

Comenzaré compartiendo un ejemplo de poder que fue esencial para mí recuperar. Ya hablé en el último capítulo acerca de la violación que sufrí. Ese era un pedazo importante de mi poder que debía arrebatarle al autor del ataque. Aunque tenía la maravillosa oportunidad de desplazar mucha energía en la realidad ordinaria por medio de mi trabajo con la compañía de teatro, todavía tenía como deuda esta parte de trabajo importante en la realidad no ordinaria. Sentía como si el violador tuviera guardado algo importante de mí a nivel energético, algo a lo que desde luego él no tenía derecho. Era algo que debía ser entregado solo de manera voluntaria, pero él lo había robado. Se había apoderado de mi sentido de elección y de un jardín interior que había estado cultivando meticulosamente por mucho tiempo.

Para este viaje, cuyo propósito era recuperar mi poder de elegir, me guie a mí misma con el apoyo de mis guías. Puesto que el robo de mi poder, producto de la violación, fue tan aterrador para mí, realmente necesitaba pasar un tiempo sintiendo la seguridad y la protección de mi lugar sagrado. Mis padres águilas me acompañaron en este viaje, junto con el antiguo círculo de chamanes célticos, doce mujeres y un hombre, a quienes ya presenté en el capítulo 3.

Con la ayuda de mis guías fui capaz de darme cuenta de que el acto criminal de la violación realmente roba el poder de elección de la víctima. En la realidad no ordinaria el violador guardó, en la forma de una llave, mi poder de elección en aquel cuarto donde ocurrió la violación. Pude advertir que ese hombre guardaba muchas llaves de otras mujeres en un llavero muy grande, lo que dejaba claro que no era yo su única víctima. Estas llaves estaban hechas todas de una energía de luz de alta intensidad y pendían del poste de su cama e iluminaban el cuarto. El llavero estaba oxidado y desgastado. Pude notar también las flores cortadas con energías similares de luz y vida por todas partes en esa habitación. Había un florero gigantesco de cristal de azucenas fragantes que yo sabía que procedían de mi jardín interior.

Mis guías y yo planeamos una estrategia para regresar a la escena de la violación. Podía ver desde mi posición ventajosa y segura (mi lugar sagrado) que el violador dormía con frecuencia. Esto se debía en parte al consumo de marihuana y alcohol. También observé que era muy suspicaz y vigilante cuando estaba despierto. Entonces supe que sería mucho más fácil recuperar mi llave y mis azucenas cuando estuviera durmiendo, si eso era posible. Nosotros observamos su ciclo de sueño por varios días en la realidad no ordinaria y decidimos la hora en que sería más probable que se hallara en el sueño más profundo. Esto no era ninguna garantía, pero me tranquilizaba saber que era la mejor estrategia posible. Mi deseo interior de hacer lo necesario para recuperar mi poder era sólido.

Con mis padres águilas y mi círculo de chamanes fui directamente de regreso a la habitación donde sufrí la violación y cogí el llavero. Mientras trataba de extraer mi llave, el llavero entero se rompió. Recibí un mensaje del círculo de chamanes acerca de que debía devolver las otras llaves a las mujeres a las que se las robaron. Me dijeron que era posible hacer esto si lanzaba las otras llaves a través de su círculo, y que las llaves mismas sabrían cómo viajar de regreso a las mujeres de donde procedían. Me aferré a mi llave y lancé las otras a través del circulo al cielo. La luz que las llaves emitieron fue cegadora por un momento; entonces se hizo la oscuridad, excepto por la luz de mi llave y las flores en el cuarto.

Vi al violador que comenzaba a temblar y, como no lo cubría ninguna manta, sabía que mi tiempo en este cuarto era muy limitado. Sujeté mis azucenas del florero de cristal y comencé a ascender en las alas de mis padres águilas. Justo en ese momento, los ojos vigilantes del violador se abrieron súbitamente y trató de agarrarme, gritando: "¡No!". Su ira era aterradora. Su capacidad de pronunciar la palabra "no", el "no" que no me permitió a mí, me disgustó profundamente más que nada que hubiera sentido antes. Parecía haber cierto limo verde que su acto sexual no consentido depositó en mí. Este limo regurgitó fuera de mi cuerpo energético sobre él, como una red. Lo inmovilizó por completo. Ya era libre de volver a mi lugar sagrado y su seguridad con mis guías espirituales.

Antes de salir pronuncié una oración para su sanación, incluida la curación de su síndrome de estrés postraumático. Yo sé que hombres de todas las culturas y formaciones perpetran violaciones, y no hay ninguna excusa para ello. Pero, después de reflexionar, he pensado que tal vez los aspectos del consentimiento deben ser confusos cuando un hombre tiene una larga historia cultural en la que a su pueblo se le niega el derecho de dar y denegar un consentimiento. Este, por cierto, podía ser el caso de las personas de descendencia africana en la Jamaica poscolonial y pos-esclavista en la que fui violada. Antes de salir, yo también realicé una oración por todas nuestras culturas para la sanación de esta enfermedad continua engañosa, en la cual la voluntad de uno prevalece injustamente sobre la de otro. La vida continuamente nos provee oportunidades desafiantes de centrarnos en nuestro sexto chakra y conectarnos con la compasión y la comprensión sin prejuicios.

Mi poder le había pertenecido una vez y necesitaba devolverlo a mis chakras. Yo sentí a las flores y el jardín volver a mi segundo chakra y espacio pélvico, y a la llave hacerlo a mi abdomen superior o centro de poder. Tomé un tiempo para sentir el contacto amoroso de mis guías y la belleza de mi lugar sagrado. Me conecté con mi interior masculino, que es amoroso y comprende el respeto y los aspectos del consentimiento.

Cuando recibí el poder me di cuenta de que la violación misma fue una manipulación. El acto fue perpetrado sobre mí con la finalidad de que me sintiera menos positiva de mí misma. Una vez que comprendí esto profundamente, en mi cuerpo, emociones y mente, fui libre. Llegué a ser más fuerte, capaz de rehusarme a ser devaluada en relación con la manipulación o la violación. Podía ver con mayor claridad los patrones de energía que las personas perpetran para evitar crecer en la integridad de su viaje. Ahora hay muchas trampas que evito porque soy más libre para usar mi energía para mis propios propósitos creativos, constructivos y respetuosos.

A medida que te des cuenta de que algo o alguien te está consumiendo o manipulando, y que esto no cambia espontáneamente cuando lo reconoces, puedes proceder con una recuperación de poder con esta persona o situación.

❧ Sexta tarea: recuperación de poder

La figura 6.7 ilustra los seis pasos que seguiremos en este proceso de recuperación del poder. Comenzaremos con el **paso 1** del gráfico o mapa. Ponte cómodo en un lugar donde te sientas protegido. Acostado o sentado son las posiciones más usuales, pero hay ocasiones en que otras posiciones, como la erguida, pueden ser mejor opción. Colócate en cualquier posición que te haga sentir relajado, pero seguro. Aquí en la realidad ordinaria, declararás la tarea que estás a punto de emprender. ¿A dónde vas? ¿Qué aspecto de tu poder te propones recuperar? ¿De quién?

Ayúdate a relajarte a medida que avanzamos al **paso 2** del mapa de recuperación del poder, cerca ya de la realidad no ordinaria. Siempre es mejor apoyarte a ti mismo en este viaje al ir a tu lugar sagrado para que puedas reunir la energía, el poder y un sentido de conexión profundo y pleno. Necesitarás toda tu fuerza para esta recuperación del poder. También es vital llamar a un guía espiritual o animal de poder que puedan apoyarte en la recuperación de tu poder y la restauración de la integridad de tu cuerpo energético. Es posible que tengas guías que siempre están presentes o unos nuevos que aparecen para cada viaje en particular.

Desde la posición ventajosa de tu lugar sagrado, toma el tiempo necesario para comprender la dinámica de la situación en la cual perdiste tu poder. Puedes visualizar este encuentro desde la perspectiva que brinda tu lugar sagrado, con todo su apoyo y protección. Es necesario que veas cómo la persona o la circunstancia transgresora han robado tu poder y cómo lo mantienen. ¿Esa persona lo esconde o guarda de alguna manera?

Pídeles a tus guías espirituales ayuda para recobrar tu poder. Interactúa con ellos para planificar la forma en la que traerás tu poder de vuelta. Puedes pedir a tus chamanes que compartan ideas contigo, y que te asistan en el plan que formules.

¿Tu estrategia incluye una acción encubierta o evidente? ¿Hay algún símbolo o imagen del poder que estás intentando recuperar? ¿Cómo se ve? ¿Tus animales de poder o guías espirituales funcionarán también como guardaespaldas? ¿Quién te protegerá y de qué forma? ¿Necesitas enfrentar al ladrón del poder como parte de la recuperación o basta con recobrar el objeto, la imagen o el poder? Habla con tus guías sobre estos aspectos y confía en tu conocimiento interno.

Una vez que conozcas tu objetivo e ideado tu plan, es el momento de avanzar a los pasos tres y cuatro de la recuperación de poder. El **paso 3** es el proceso de volver al tiempo y al sitio general donde ocurrió el trauma o el "robo" del poder, mientras que el **paso 4** representa entrar en el momento y espacio específicos donde puedes recuperar el poder. Puedes pasar lenta o rápidamente de uno a otro. Toma el tiempo requerido para encontrar y recuperar tu poder, pero no más del necesario*.

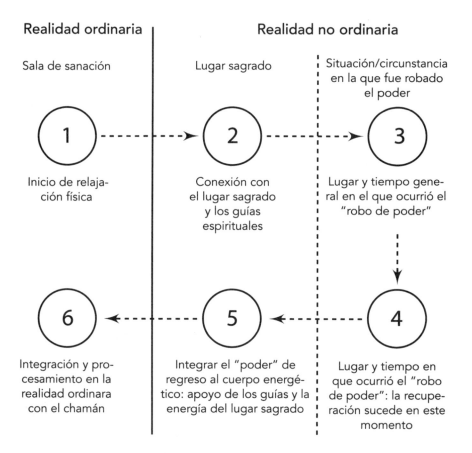

Fig. 6.7. Mapa de la recuperación del poder

Después de recuperar lo que buscabas en tu viaje, de acuerdo con tu plan, confirma si hay algo que la persona o circunstancia haya dejado en ti y de lo que te quieras deshacer. Puede ser algún tipo de carga o una infamia de la que fueras víctima. ¿Cómo se ve esto que te hicieron cargar a cuestas? ¿De qué te has liberado? Puedes necesitar "perdonar" a esa persona devolviéndole aquello de lo que te hizo responsable y ofrecerle tus mejores deseos para tratar la energía o materia tóxica de una manera más responsable la próxima vez, para el mayor bien de todos los afectados.

Cuando termines de recobrar tu poder y devolver aquello con lo que ya no deseas cargar, regresa a tu lugar sagrado. Este es el **paso 5** del mapa de la recuperación del poder. Tómate el tiempo aquí para sentir el alivio de deshacerte de una carga no deseada y deja que el poder recuperado se integre. ¿Existe un lugar en tu cuerpo energético que se vea fortalecido por esta recuperación de poder? Tu chamán puede ser de ayuda para identificar y entender los chakras que el ladrón de poder ha manipulado, qué fibras estaban ligadas a esta manipulación y de qué manera. El chamán puede poner sus manos en ese chakra y conferirte energía durante la curación y tratar las heridas que hubiere. ¿Qué apoyo especial necesitas para la liberación y la integración? Asegúrate de que tu chamán provea estos aspectos para ti o hazlo tú mismo. Procura que tus guías te ayuden a ver todos los detalles de tus fuerzas interiores.

En el **paso 6** del mapa de la recuperación del poder podrás volver a la realidad ordinaria después de expresar tu agradecimiento a tus guías. Pasa tiempo en la realidad ordinaria y siente tu poder incrementado. Registra en tu diario las experiencias vividas con la recuperación del poder.

Luego de recobrar tu poder, es el momento de ponerlo a trabajar y despejar cualquier preocupación que tengas sobre tu integridad y continuar con la resolución de esta crisis crítica. Pregúntate a ti mismo:

---

*Observa que, si bien los mapas para la recuperación del alma y la recuperación de poder son similares, el proceso es diferente aquí. En esta recuperación de poder tú mismo debe recobrar tu poder en los pasos 3 y 4, en lugar de la recuperación del alma en la que un guía puede recobrar el fragmento del alma que tú necesitas.

"¿Qué exigen mi alma y el espíritu de mí?". En la plenitud de tu poder es posible expresar la magnificencia de tu espíritu al servicio de una "ayuda mutua".

❖

EXPANDIR TUS CONEXIONES

Esta última tarea es un viaje o meditación para ayudarte a evaluar y manifestar tu sueño en sincronía y armonía con las energías del Espíritu en el universo. Se logra la integridad cuando nuestros sueños y visiones son congruentes con la compasión y claridad.

Yo fui llamada a comenzar mi cambio hacia la integridad hace unos ocho años, cuando el Espíritu me pidió que antepusiera mi trabajo chamánico. Comencé a revisar todas las técnicas que conocía y las otras profesiones en las cuales me había ocupado como extensiones del chamanismo. Fui llamada a integrar y expandir mi vida profesional, a realizar por completo mi sueño. En ese tiempo, el Espíritu me envió a un grupo muy especial de guías que me ayudaron a avanzar hacia mi integridad. Ya hablé de ellos en la tarea sexta sobre la recuperación de poder. Son mi círculo céltico de doce mujeres y un hombre. Lo que separa a estos guías de mis otros guías es que, en su mayoría, no conozco sus personalidades individuales. Su poder reside en lo que son como colectivo.

En este círculo de chamanes celtas hay un ser por cada mes del calendario lunar (que posee trece meses). Para las mujeres, estos meses pueden acoplarse al ciclo menstrual, el ciclo de nacimiento/creación. Este es un círculo sagrado de ciclos y de la vida misma. Esta forma sagrada contiene la espiral del tiempo, los ciclos de los meses y años dirigiéndose al futuro conforme discurren nuestras vidas. Esta energía del tiempo helicoidal hace ascender la energía magnética de la Madre Tierra y descender la energía lumínica de los cielos. La energía espiritual resplandeciente proviene de todos los seres en un círculo sagrado y crea un espacio donde podemos manifestar nuestros sueños e integridad durante los ciclos de tiempo.

Hace ocho años llevé el extenuante periodo posterior al divorcio a este sagrado círculo de seres celtas. Se ofrecieron para mi sanación en ese momento y a cambio pidieron que me transformara en mí misma del modo más pleno posible en todo aspecto. En mi viaje me recosté en el centro del círculo en la hierba larga y suave a la luz de la luna. Me rodearon y me llenaron con sagrada energía luminosa y me ayudaron a realizar las recuperaciones de poder necesarias para sanarme del divorcio. Imaginé mi camino como chamana, con todas mis profesiones vinculándose como lo han hecho en este libro. Mis seres internos enlazaron sus brazos y caminamos juntos por el sendero. Estaba abrazada por la energía del círculo sagrado, mientras me sostuvo en mi entereza y me invitó a ver desde muchas perspectivas diferentes (por lo menos trece) cuáles serían los beneficios y posibles problemas conforme manifestaba mi camino como chamana. Estaba abierta a saber a quién podía ayudar encarnando mi sueño y a quién, si acaso, podía herir.

El círculo me alentó a perseguir este camino de "ayuda", pero en equilibrio. Fui animada a enseñar mi experiencia y a ser humilde y admitir mi ignorancia. En este círculo sagrado tomé la difícil decisión de no tener otro hijo más porque, como verdad de mi alma y espíritu, no podía dar suficiente atención a otro hijo y a mi trabajo chamánico. Este círculo también me señaló que debía arreglar apropiadamente la provisión de servicios de sanación para personas que tuvieran dificultades financieras.

Es importante contar con el apoyo energético y la perspectiva de un círculo sagrado de guías para ayudarte a manifestar tus sueños mientras mantienes tu integridad. La mayor parte de los cambios significativos que hacemos en nuestras vidas ocurre a través del tiempo. Existe un poder espiritual en confiar en el misterio del crecimiento, el florecimiento y el desarrollo. Necesitamos a los guías para apoyarnos para no intentar controlar todo y ser capaces de permitir que nuevos comportamientos emerjan y expresen nuestro crecimiento. No se puede forzar a una flor a abrirse; se abre a su manera y en su tiempo. En esta tarea pedirás a un grupo de guías que te ayude a manifestar tus sueños con integridad a través de los ciclos naturales del tiempo, las lunas y las estaciones.

❧ Séptima tarea: conectarte con un círculo sagrado

Pídele al Espíritu un círculo de guías que te ayuden a hacer realidad tus sueños con integridad, apoyado por los ciclos de la naturaleza. Es posible que desees salir a la naturaleza para hacerlo. Pudieras encontrar un bosquecillo o grupo de piedras grandes que formen de modo natural un círculo. Las realidades ordinaria y no ordinaria pueden fusionarse; una pradera ordinaria puede llenarse de animales no ordinarios que serán tus guías.

Puedes ir a tu lugar sagrado y encontrar este círculo sagrado de guías, o bien el Espíritu puede llevarte a un nuevo lugar sagrado justo para este propósito. Bien sea que estés fuera o dentro, permítete estar de pie, sentado o acostado en el centro de este círculo sagrado y sentir cómo su energía te bendice. Los círculos tienen una energía terapéutica especial. Recíbela dentro de ti mientras la luz disipa cualquier confusión pendiente en tu camino sagrado y te ofrece la oportunidad de ver con claridad.

El propósito de esta tarea es permitir que los guías te ayuden en la integridad en continua evolución. ¿Tienes alguna pregunta en particular para ellos sobre alguna incongruencia entre ser y acción a la cual te enfrentas en estos momentos? ¿Quisieras entrar a planos más profundos en tu integridad, pero no sabes cómo? Pídeles que te ayuden. Pregúntales si tienen algunos mensajes para ti sobre lo que debas investigar o rehacer a medida que avanzas a una mayor integridad. Pregunta cómo puedes apoyar de formas poderosas a los demás y atenuar sus preocupaciones a lo largo de tu camino.

Siéntete abrazado por la perspectiva, el apoyo y la compasión de este círculo sagrado mientras continúas tu crecimiento. Observa tu sueño e integridad crecer y florecer como una flor sagrada.

❧

Este viaje del sexto chakra representa la oportunidad para nosotros como individuos y como cultura de ocupar la totalidad de nuestra integridad. La integridad es la que nos permitirá cambiar las dinámicas destructivas para el medio ambiente y la totalidad colectiva de los seres. Cuando abracemos la compasión, claridad, conocimiento del espíritu y equilibrio, dejaremos atrás la desesperación de la acción personal y social incongruente y manifestaremos el jardín sagrado de la paz floreciente mediante la integridad.

7
Canalizar el amor universal
Un viaje a la maestría

Hoy, *cuando pienso en mi padrastro y su hermano, y toda su patología y crueldad, mi conciencia reconstruye el origen de los temas de sus padres y las historias que pudieron crear una dinámica tan dañina. Creo que el hombre que fue el padre de mi padrastro y mi tío fue abusado física y mentalmente cuando era niño, y por tanto abusó de sus hijos, especialmente de mi tío, quien afirmó haber sido golpeado en la cabeza con los zapatos de tacón alto de su madre. Mi padrastro, quien era el mayor, fue obligado a trabajar en el negocio familiar a una edad muy temprana porque su padre iba a Florida a apostar en las carreras de galgos. Su madre lo convirtió en un sustituto emocional del marido y soportaba mucha presión para actuar como adulto, aun antes de los diez años.*

Siento compasión por las historias de estos hombres, especialmente ahora que me he permitido la extensión completa de mi vida emocional, incluidos mi enojo y mi dolor, y he recuperado mi alma y poder. Ahora es momento de que me abra completamente al amor en el universo y atienda a la sanación ancestral. Puedo hacer esto desde un lugar integrado, porque he honrado a todos mis chakras, lo que me ha permitido establecer límites fuertes y curar viejas heridas.

Sueño para la madre de mi padrastro un mundo en el cual ella hubiera podido dejar su matrimonio sin vergüenza y tener su propia voz y carrera. Vuelvo hacia atrás, una generación anterior a sus padres, quienes tuvieron que salir de Rusia por la persecución religiosa y cultural. Para ellos sueño un mundo sin antisemitismo ni otras formas de racismo. Sueño para el padre de mi padrastro una niñez segura, en la que hubiera podido crecer con amor y salir de la adolescencia perpetua y la violencia, que dejó en todos los demás las consecuencias de sus acciones. Y, por último, deseo para mí misma que, en vez de aprender del miedo y fealdad de estos hombres, pueda aprender del amor y de la belleza que se hallan dentro de todos nosotros, esperando ser alimentados.

▼

El séptimo chakra es el de la sabiduría. El vórtice energético gira desde la cúspide de la cabeza (fig. 7.1), sosteniendo el cuerpo energético abierto a la divina energía masculina de las estrellas y los cielos. Estamos hechos de los átomos de las estrellas que explotaron. Podemos contactar la energía expansiva y el amor del cielo y del universo y sentir cómo reside dentro de nosotros: una experiencia de la libertad interna sin límites.

Adquirimos nuestra sabiduría del séptimo chakra por medio de la conexión profunda con el Espíritu y de cultivar un nivel de comodidad con la libertad interior ilimitada. Tales sentimientos expansivos exigen que los sistemas de energía y los nervios se ajusten; de lo contrario podemos sentirnos demasiado abiertos y vulnerables y es posible que nos cerremos. El yoga, la meditación y las tareas de servicio, como las que siguen en este capítulo, nos ayudan a mantener y canalizar esta energía expansiva con mayor comodidad.

El séptimo chakra encarna la crisis del desarrollo de la maestría contra la distracción. En este lugar de libertad completa podemos comprender realmente que el amor es no solo posible sin manipulación, sino la única manera de amar verdaderamente. En este centro podemos estar abiertos a todas las posibilidades, la sanación profunda, los milagros y las expresiones de este amor llenas de alegría. Este es el amor más alto del cual habla Pablo en sus cartas en el *Nuevo Testamento* y el que Rumi expresa en su sagrada poesía.

Si uno todavía trabaja a esta edad, de los cincuenta y cinco a los setenta años, existe un nivel de maestría de la vida basado en mucho

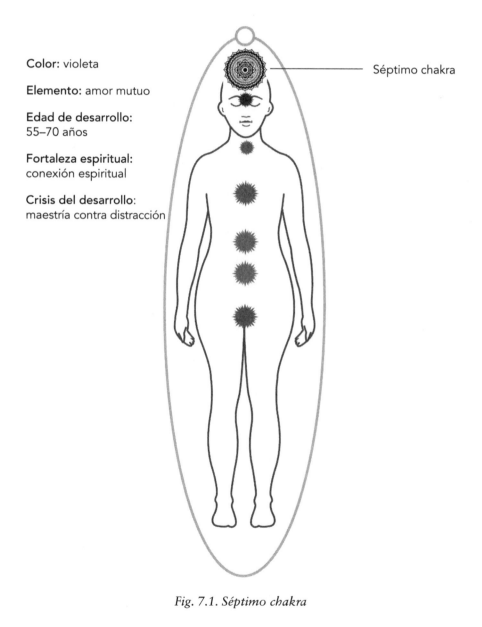

Color: violeta

Elemento: amor mutuo

Edad de desarrollo:
55–70 años

Fortaleza espiritual:
conexión espiritual

Crisis del desarrollo:
maestría contra distracción

Séptimo chakra

Fig. 7.1. Séptimo chakra

estudio consciente y experiencia. Esta maestría no puede replicarla una persona menor, no importa cuán entusiasta o brillante sea. Es muy importante honrar y especialmente gozar este aspecto de nuestros años medios. Hay un gran placer que puede provenir del gozo de la sabiduría, lo cual se realiza con gran humildad si uno es verdaderamente sabio.

A través de las tareas de los capítulos previos hemos trabajado para liberarnos de todos los velos que oscurecen nuestra sabiduría verdadera y capacidad para el amor ilimitado. Todas estas tareas han creado la oportunidad de acercarse a la sabiduría y la maestría del amor universal, como una escalera para ascender hasta la cima. Un aspecto importante de la maestría es saber reconocer y eliminar lo que nubla nuestra conexión con la sabiduría una y otra vez, tanto como sea necesario. Debido a que somos humanos, incurrimos en distracciones. El ajetreo, el exceso de información y otros patrones disfuncionales de comportamiento personales y sociales nos pueden desviar de nuestro camino de maestría. Si continuamos distraídos, no crecemos demasiado y podemos perder contacto con el Espíritu, caer en la apatía y sentirnos que la vida transcurre de modo mecánico sin significado sustantivo. Pero como maestros nos reconectaremos con el Espíritu muy rápido.

Yo estoy, por supuesto, escribiendo esto cuando aún tengo cuarenta y cinco años. Pero he aprendido que contenemos todas las edades, elementos y etapas de desarrollo en nuestro interior, al margen de nuestra edad cronológica. A través del proceso de cultivar deliberadamente la conciencia en un camino espiritual, como el chamanismo, el desarrollo puede ser algunas veces acelerado. Es posible alcanzar la maestría en edades más tempranas o tardías. Si has completado las tareas de los capítulos anteriores, avanza a estas tareas incluso si no eres "suficientemente viejo". Mantente abierto a todas las posibilidades sin juzgar. Nuestras etapas del desarrollo están siempre en continua evolución. Nuestros chakras no dejan nunca de girar e irradiar.

CONECTARSE AL AMOR UNIVERSAL

Mi hija, aunque muy joven, tiene una mujer muy sabia en su interior que en ocasiones sale a la superficie. La misma vez que mi hija me contó acerca del sexto elemento, es decir, la ayuda recíproca, también me habló del séptimo elemento, o el amor mutuo. Por abrazar el desafío del desarrollo de este chakra, esto es, la maestría del amor universal, podemos amar tal y como Cristo y todos los maestros y chamanes amaban. Tras haber cómodamente afirmado nuestras necesidades humanas básicas y satisfacerlas en todos los niveles, esta es nuestra oportunidad para ser libres de vivir la vida y amar sin nada predeterminado.

Para conectarse con el amor universal en nuestro interior y en los cielos, primero debe hacerlo con el cuerpo, los elementos y la Madre Tierra adoptando la posición del perro mirando hacia abajo. En esta posición llevarás la energía a la cúspide de la cabeza, al séptimo chakra, para empoderar tu sentido de maestría y sabiduría en este centro mientras ejecutas las tareas que siguen.

Antes de adoptar la postura del perro mirando hacia abajo, es mejor pasar por todos los chakras nuevamente, haciendo por lo menos un ejercicio físico de cada capítulo (por ejemplo, posturas de la montaña, cobra, ola, triángulo, árbol, puente o *mudra* yoga) para calentar el cuerpo físico y el cuerpo energético.

❖ Primera tarea: flujo del perro mirando hacia abajo

Después del calentamiento, adopta la postura de la mesa con tus manos y rodillas. Asegúrate de que tus pies estén alineados con las caderas (fig. 7.2, p. 228). Dobla los dedos de los pies hacia abajo. Cuando estés listo, presiona hacia abajo con las manos y contrae tu pelvis (los huesos de sustento) hacia el cielo y un poco atrás, para alcanzar una posición de V invertida (fig. 7.3, p. 228).

Para abrir el cuerpo y alinearlo aún más a la forma V, siente tu esternón ejerciendo presión en dirección hacia los dedos de los pies al tiempo

Fig. 7.2

Fig. 7.3

que los triángulos de los omóplatos lo hacen en la dirección opuesta. También puede sentir la coronilla de tu cabeza presionando hacia los dedos pulgares de las manos mientras que los huesos de apoyo se extiendan en la dirección contraria. Puedes entonar el sonido de "ohm" mientras mantienes esta postura.

Después de uno a cinco minutos estarás listo para abandonar esta postura, vuelve a la postura de la mesa, y entonces presiona hacia atrás hasta la postura del niño (moviendo los huesos de sustento hacia los talones y apoyando tu frente en tus manos o la tierra) y libera. Siéntete amado por la energía de los cielos y percibe la luz del sol y las estrellas brillando, su luz descendiendo hacia ti iluminando cada célula de tu cuerpo y cada fibra de tu ser. Siente la energía en el chakra de la coronilla de tu cabeza. Percibe la energía disponible para ti con la finalidad de que domines el amor.

Tras realizar la postura del niño, dobla los dedos de tus pies hacia abajo y levanta las rodillas mientras comprimes tu pelvis hacia atrás y abajo en dirección de la tierra, levantando tu cabeza y haciendo una sentadilla suave. A continuación, levanta los huesos de apoyo hacia el cielo hasta conseguir una curva hacia delante. Lentamente, gira tu torso hacia arriba, una vértebra a la vez, hasta que estés de pie. Extiende tus brazos hacia arriba, recogiendo la luz de los cielos. Quizás puedas sentir tu chakra de la cabeza y la forma en que desciende la energía de los cielos a tu cuerpo energético. Respira mientras conectas tu propio cuerpo energético con la energía de amor del universo, los átomos de las estrellas de los cuales están hechos nuestros cuerpos, y la luz del sol que nos calienta y nos mantiene vivos. Expresa tu gratitud a la energía amorosa y a la calidez del universo que sustenta tu propia vida.

❖

SANAR A LOS ANTEPASADOS

Ahora estamos listos para extender nuestra conexión con el amor más alto o espiritual del universo, más allá de nosotros, a realizar la importante tarea chamánica de la sanación ancestral. En esta tarea continuaremos desarrollando nuestra conexión con el amor universal mientras llegamos a ser maestros de su expresión. Revisaremos profundamente las experiencias de nuestros antepasados con compasión y comprensión, y soñaremos amorosamente con circunstancias terapéuticas para sostener sus desafíos y poder enfrentarlos o levantarse para encontrarlos de manera diferente.

Después de conectarse con los elementos y fortalecerse con las tareas anteriores de este libro, tal vez puedas ya mirar hacia atrás a tu familia, quizás a varias generaciones, y reconocer los orígenes del desequilibrio y el mal uso consiguiente del poder. Muy a menudo, al observar con claridad los desequilibrios de tus padres puedes entrever cómo se relacionan con los desequilibrios de sus padres y abuelos. Es posible que puedas apoyar la sanación de almas de varias generaciones anteriores.

Esto sucede en una capa de la realidad no ordinaria que supera el tiempo y el espacio. No solo cura nuestra energía ancestral, quizás también la de nuestros antepasados mismos, sino que también nos afecta de modo favorable. El ADN en nuestros cuerpos es la materia y energía más afectada por nuestros predecesores y yo creo que puede transformarse de alguna manera por medio de la sanación ancestral.

Cuando llevas a cabo la sanación ancestral, es bueno seguir las líneas de energía tan lejos como sea necesario, por lo menos hasta tus bisabuelos. Como lo muestra el mapa de la sanación de los antepasados (fig. 7.4), deberás rastrear una línea o rama del árbol genealógico a la vez. Una persona con dos padres biológicos deberá hacer al final por lo menos ocho sanaciones de sus antepasados. Si es el caso que tienes una situación familiar distinta al modelo familiar de dos padres biológicos, trabaja con las personas que ejercieron la mayor parte de las responsabilidades paternales hacia ti. Puede haber grandes lagunas de información sobre algunos individuos en estas genealogías. Estas lagunas pueden llenarse a medida que viajas o pueden seguir siendo un misterio. Ambas cosas son buenas. La sanación ancestral no debe ser una tarea ajetreada.

Me gustaría compartir mi propia experiencia con el viaje de sanación ancestral porque puede darte ideas sobre cómo proceder con el tuyo. Aunque he realizado esta sanación con todos mis antepasados, me enfocaré en este ejemplo de mi genealogía femenina materna. Esta línea se ilustra con la línea de puntos en el mapa de sanación ancestral. Yo rastreé esta línea genealógica hasta tres generaciones, primero mi bisabuela, después mi abuela y finalmente mi madre. También es posible efectuar esto en sentido contrario: padre/madre, abuelo/a, bisabuelo/a. Uno u otro serán apropiados para ti.

Al igual que en otros viajes es importante llevar contigo guías para aconsejarte y protegerte cuando hagas la sanación ancestral. Para trabajar con la genealogía de mi madre, el Águila Guía y la Mujer Águila fueron guías muy beneficiosos porque las heridas en esa línea se relacionaban con el desequilibrio entre las energías masculina y femenina, y mis guías espirituales son seres muy equilibrados en este sentido, dentro de cada uno y en su relación entre sí.

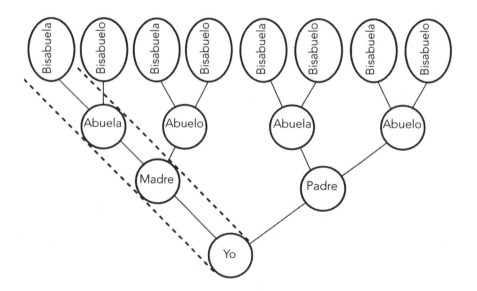

Fig. 7.4. Mapa de la sanación ancestral

Me sentía muy atraída por este proceso de sanación ancestral hacía seis años, cuando mi madre luchaba contra un cáncer mamario, una enfermedad que afecta al ADN celular. Incluso antes de la interrupción ampliamente publicitada y difundida de los estudios clínicos de la terapia de reemplazo hormonal, mi madre había ya atribuido la aparición del pequeño tumor receptor de estrógeno a décadas de usar hormonas. El ginecólogo de mi madre había recomendado el tratamiento de reemplazo estrogénico como la fuente de juventud y mi madre lo tomó sin dudarlo mucho. Esto era para mí una evidencia más de su patrón personal de pasividad, un patrón observado claramente en las relaciones con su familia, y un patrón cultural dominante en muchas mujeres de su generación.

Siempre me ha dejado perpleja el hecho de que mi madre siguiera casada con mi padrastro, aunque fuera consistentemente cruel y abusivo conmigo, física, emocional y sexualmente. Después de haber trabajado en recuperar mi alma y mi poder y perdonar a mi madre, todavía me quedaba un sentido de desconexión con ella. Esto me producía tristeza, dado que yo percibía a mi madre como "mi otro ser". Nuestros padres del mismo sexo son un espejo profundo del desarrollo.

Sé que parte de la razón por la que mi madre permaneció con mi padrastro era financiera. Tal vez bajo estas circunstancias fue más fácil negar o falsear lo que pasaba. El comportamiento inaceptable llegó a ser aceptable o justificable. Yo sabía que esta pasividad debía proceder de algún lugar. Sabía que debían existir traumas y patrones de generaciones pasadas que necesitaban revisarse y sanarse. El primer lugar lógico para observar era el de las mujeres del lado materno de mi familia.

Desafortunadamente había menos información disponible de lo que me hubiera gustado, porque las personas a quienes me habría interesado inquirir directamente ya habían muerto. Conservo algo de información vaga de segunda o tercera mano del tiempo de mi bisabuela, Alice. También he tenido sueños y otras experiencias de la realidad no ordinaria sobre ella que llenan algunas lagunas de información. Puedo recordar ser sostenida en sus dulces brazos, caminando con ella alrededor de la casa de mi abuela.

Alice se graduó de la Universidad Bucknell en Pensilvania en la década de 1890, una experiencia nada común para las mujeres de ese tiempo. Yo creo que Alice tenía un espíritu aventurero. Ella comenzó a trabajar para el ferrocarril cuando terminó la universidad, una carrera que abandonó cuando se casó y tuvo hijos. En ese tiempo, las mujeres "respetables" no podían hacer las dos cosas. Ella crio a tres hijas, Helen, Inez y mi abuela Margie. Todo lo que me han dicho de mi bisabuelo es que le gustaban las cosas de hombres y nunca pasó mucho tiempo con su esposa ni sus hijas. Después de la muerte de su marido, Alice se quedaba una tercera parte del año con cada una de sus tres hijas y usaba su mínima pensión para sus gastos. Murió a los ochenta y siete años, cuando yo tenía dos.

Como parte de esta sanación ancestral, yo viajé hacia mi bisabuela, quien me reveló que había sido triste para ella llegar a la mayoría de edad cuando las mujeres no tenían el derecho de votar y tenían que elegir entre la carrera y la familia, una elección que los hombres nunca debían hacer. Podía sentir su dilema, ansiedad y frustración. Visualicé para mi bisabuela un mundo en el que las mujeres no tenían que elegir, un mundo donde ella podía tener su carrera y también su familia. Fue una sensación buena y terapéutica ofrecer a mi bisabuela estos deseos y sueños. La percibí sonriendo.

Mi abuela materna Margie siempre se me pareció a la Madre Tierra. Ella cuidaba su jardín, su casa, su marido, sus hijos y sus nietos con una gentil fuerza que aparentaba ser una resignada aceptación. Ella también pasó años en disputa con mi abuelo, quien nunca prestaba atención, afecto y dinero, en particular a las mujeres. Ya para fines de sus años cincuenta, el enojo de Margie con su marido llegó a un límite y decidió divorciarse de él. Se mudó al desierto de Nuevo México, donde vivió entre las víboras de cascabel, tarántulas, conejos, codornices y búhos. Yo creo que la soledad del desierto la llenaba de paz después de años de abusivas peleas verbales con mi abuelo. Pero de alguna manera también era triste que tuviera que vivir en relativa pobreza en medio del desierto, sin automóvil, solo para gozar de esa paz.

En mi viaje hacia mi abuela la vi como una adolescente en un mundo donde debió ser apoyada como mujer para averiguar quién era y cuál era su misión. Mi abuela sentía atracción por los niños y por amar y apoyar su autoestima. Yo la visualicé siendo guiada a conseguir una educación universitaria enfocada en la educación de la temprana niñez o la terapia lúdica. Creo que ella aun así habría vivido humildemente si hubiera tenido un ingreso decente; sé que habría tenido un mayor sentido de estar en control de su propio destino. Margie también amaba la naturaleza. La visualicé como educadora en esta área. La veo sonriendo, tan solo porque alguien reconoció sus fortalezas.

Durante el verano antes que ingresara al octavo grado, mi madre padeció corea de Huntington, o mal de San Vito, una anomalía neurológica que le produjo parálisis temporal en un lado de su cuerpo. Ella siempre había sido aficionada de los deportes masculinos y probablemente estaba siendo obligada a volverse más femenina. Sus síntomas, temblor y pérdida del control sobre sus movimientos, tal vez expresaban ira por sus padres y por la cultura que no le permitieron soñar sus propios sueños como mujer.

Desde que tenía siete u ocho años, cuando mi madre y sus amigos de la universidad se reunían, hablaban sin cesar de sus travesuras, hasta crear una imagen de una fiesta idílica, infamemente divertida, de dos años de duración. Recientemente supe que mi madre perdió su virginidad cuando fue violada en una cita durante su primer semestre en la universidad.

Para sanar el yo adolescente de mi madre, la imagino sintiéndose libre de conocer y expresar su verdadero ser y recibir aceptación y amor de sus padres y colegas. También sostengo de mi madre imágenes terapéuticas de las experiencias en la universidad. Imagino experiencias de realización que proceden de su vida universitaria. Ella diseñaba y construía escenarios para las obras de teatro de su universidad, así que sueño que ella se dedica al diseño y la creación de escenarios. Estas autoafirmaciones más saludables la apoyan a través de su ciclo de vida a tomar decisiones que afirmen la integridad en todos los niveles de su ser, para ella misma y para sus hijos. Este viaje para sanar su vida me conecta con ella de una manera más profunda y saludable.

El protocolo para este viaje está menos estructurado que otros en este libro, razón por la cual es vital haber efectuado los otros viajes antes de emprender este. Cuando estés listo para realizar la sanación ancestral, es importante ser minucioso, captar los sentimientos y permitir a tus guías espirituales sustentarte en todo lo que necesites enfrentar. Ellos pueden ayudarte a tejer los escenarios y energías curativas y protegerte de sentirte confundido, manipulado o traumatizado nuevamente de cualquier manera. Ofrecer la compasión y empatía es muy terapéutico, especialmente cuando tu alma está íntegra y has recuperado su poder. Puedes entender a tus antepasados y sus elecciones a través de la perspectiva del amor universal con el que nos conectamos y expresamos en este chakra, al tiempo que tenemos la sabiduría para honrar su propia reacción genuina a sus acciones y cómo pudieron afectarte de manera desfavorable.

❖ Segunda tarea: la sanación ancestral

Puedes comenzar este viaje para sanar a tus antepasados en tu lugar sagrado. Experimenta los elementos allí con tus sentidos. Conéctate a tus guías espirituales y a las huacas. Siéntete muy nutrido en este momento. Percibe cómo has cultivado una familia espiritual por medio de tus propios esfuerzos conscientes. Si por alguna razón no sientes esto, es mejor no proceder ahora. Vuelve a hacer las tareas anteriores, tal vez con un profesional, y entonces intenta este viaje cuando te sientas más apoyado.

Conforme sientas estos cuidados y a todos tus guías de apoyo, pídele al Espíritu un guía para acompañarte en este viaje ancestral terapéutico. Sigue al guía espiritual que emerge para apoyarte con este viaje. Si no es un guía con quien ya hayas desarrollado una relación, pasa tiempo con él para crear confianza y armonía. Cuando te sientas cómodo y preparado, pídele que te guíe de vuelta para sanar los traumas que originaron los patrones disfuncionales en la energía de tus ancestros.

Serás atraído por tu conciencia para elegir la línea genealógica que desees y estés preparado para seguir. Visualiza a tu padre/madre, abuelo/a o bisabuelo/a, recordando lo que tú sabes acerca de sus vidas y las décadas en las que vivieron, sin dejar de sentir su energía.

Cuando hayas visualizado completamente a un antepasado y comprendido las limitaciones, traumas, elecciones, y comportamientos que dañaron su cuerpo energético, envíale un sueño terapéutico a este antepasado. Este sueño puede ser una transformación para su familia, cultura o comportamiento. Permite a tu ancestro experimentar completamente un sueño saludable y sustentador y saber que el sueño perdurará hasta sus descendientes y de regreso a ti.

⬥

Es importante reconocer y retener todas las fuerzas de tus antepasados. Mientras reflexionas sobre tu viaje para la sanación ancestral, reconoce las fuerzas y la sabiduría de tus antepasados. Pregúntate a ti mismo: ¿qué te ofrecieron ellos que fue provechoso para tu vida? Además de los comportamientos desafiantes, ¿había también líneas de sabiduría? ¿Qué regalos espirituales se han transmitido de una generación a otra? ¿Cómo demostraban sus antepasados su amor?

Sé que de mi bisabuela recibí la curiosidad intelectual y literaria. De mi abuela heredé un sentido de terrenalidad, alegría y capacidad de crianza. De mi madre obtuve un sentido de aventura, además del estar abierta a personas de todos los trasfondos y tener respeto por su dignidad. Estoy agradecida por tener estos regalos y transmitirlos a mi hija.

En la próxima tarea honraremos y concretaremos estos dones.

⬥ Tercera tarea: conectarse con las fortalezas de los antepasados

Siéntate con el conocimiento que has ganado de los dones de la fuerza, el amor y la sabiduría de tus ancestros. Permítete sentir los regalos emocionales y recíbelos con energía. Siéntete alimentado por el amor de tus antepasados mientras la energía de sus dones entra en espiral en tu ADN y su columna. Siente cómo sus fortalezas se empoderan en tu esencia.

Recuerda el poema sobre los tres estados del ser: pasado, presente y futuro. La serpiente es el pasado, que sostiene la energía de los ancestros. Después de conectarte con su fuerza y sabiduría, escucha música espiritual y baila con la serpiente para sentir a tus antepasados en tu columna vertebral y en tu ADN. Este es el poder de tu pasado. Balancea su columna y ondúlate mientras encarnas el conocimiento profundo de tu fuerza.

❖

CANALIZACIÓN

Los seres y energías que habitan en el reino del Espíritu tienen mucha sabiduría para compartir. La canalización es el proceso en el que participamos para generar este conocimiento y amor desde el reino espiritual hasta la realidad ordinaria, sea para nosotros mismos o para otra persona. Cuando uno canaliza, lleva el amor universal a través de los instrumentos de nuestro cuerpo, energía, voz, palabras e imágenes. La canalización es una herramienta excepcionalmente poderosa para facilitar la conexión espiritual y el crecimiento para nosotros mismos y para los demás. Esta provee la oportunidad para que el amor curativo y la sabiduría específica lleguen. Así, tú y tu pareja podrán sanar y experimentar una mayor integridad y plenitud del ser.

Tengo la suerte de haber estudiado muchas modalidades de sanación y de tener un gran cuerpo de conocimiento terapéutico y espiritual. Sin embargo, la manera en que combino estas técnicas y las aplico está influida en gran medida por la canalización de mis guías y energías espirituales. Gran parte de este libro y el contenido de las clases que enseño es información canalizada. Colaboro de forma creativa con mis guías. Muchos de los chamanes con los que he hablado a través de los años me han dicho que el conocimiento chamánico más poderoso puede aparecer por medio de la canalización clara y la información directa del Espíritu.

En este punto de tu viaje tú ya canalizas a tus guías; oyes los mensajes, las comunicaciones de sus guías espirituales. Estoy segura de que ha habido veces en las que ha sido apropiado y beneficioso transmitir estas comunicaciones, tal vez cuando has llevado a cabo una sanación de transformación o al apoyar a un compañero por el proceso de recuperación del alma o del poder. Lo que los guías comparten es muchas veces tan perceptivo que se torna natural transmitir estas joyas de sabiduría a nuestros amigos y familia si están luchando con sus problemas. Algunas veces los guías solo infunden energía amorosa para que nuestros seres queridos puedan recibir más amor del que tenemos en reserva en algún momento específico.

La siguiente tarea te ayudará a mejorar tus capacidades de canalización a medida que las organiza en un protocolo completo que abarca la integridad del cuerpo energético y todas sus fortalezas espirituales. Esta tarea es ideal para esta etapa del desarrollo porque hemos usado las tareas previas para abrazar el amor y eliminar nuestra vieja carga del pasado para que no empañe lo que traeremos del Espíritu. Ahora podemos estar listos para ser un canal claro para el Espíritu.

Así como distinguimos las fantasías de los sueños, es prudente diferenciar entre la canalización correcta y beneficiosa y los mensajes potencialmente desconcertantes o dañinos. Por lo regular, estos últimos surgen cuando la carga personal o los planes egoístas del individuo que lleva a cabo la canalización ensombrecen el proceso. Pasa tiempo con sus guías y procesa el valor de la información que llega para que sea útil y sustentadora para todos los interesados. Antes de compartir alguna información con la persona para la cual estás canalizando, pregúntale al Espíritu si lo que estás a punto de compartir procede del Espíritu y del amor, para confirmar que compartirlo servirá al bien de todos.

Algunas veces mis guías comparten todas sus percepciones de una situación, pero es claro que la persona con la cual trabajo recibiría demasiada información si escuchara cada detalle o quizá no esté emocionalmente lista en ese momento. Puedes preguntarle al Espíritu cuáles y cuántas de estas percepciones y mensajes debes compartir con tu compañero en esta tarea. Este proceso evitará compartir demasiado y muy pronto con alguien con quien trabajas.

Las habilidades que has desarrollado a partir de las tareas del capítulo seis para percibir claramente cómo las fibras energéticas te conectan a ti, también te ayudarán a saber si algunas energías contraproducentes están deteniéndote e impidiendo tu canalización. Si estas conexiones problemáticas no se liberan con tan solo presenciarlas, haz un mayor trabajo de recuperación del poder antes de proceder con esta tarea de canalización.

Puedes encontrar, como yo, que ciertos guías viven o están fuertemente conectados a chakras particulares y sus fortalezas espirituales. Si es así, puedes viajar a un chakra en particular respirando y llevando tu conciencia, haciendo contacto con ese guía específico si sientes que sería una fuente importante de amor, sabiduría o energía para la sanación, la tuya propia o la de tu compañero.

❖ Cuarta tarea: canalizar la luz, el amor y la sabiduría

Puedes prepararte para esta tarea armando la mesa para conectarte con las energías sagradas (ve el capítulo 5, segunda tarea). También puedes dirigirte a tu lugar sagrado y reunirte con tus guías espirituales para infundir energía, limpiar, apoyar y protegerte de tal modo que ejecutes mejor esta tarea. Pide que toda la canalización efectuada en este protocolo provenga del Espíritu, para el bien de todos.

Cuando regreses a la realidad ordinaria, coloca una colchoneta o mesa de masaje para el compañero para quien canalizarás. Consulta la sanación directa con la energía *kundalini* (tarea undécima en el capítulo 1) y la gráfica de los chakras (fig. 1.1). El protocolo de canalización seguirá la misma estructura básica, como esta tarea anterior, la conexión con tu compañero y las energías a medida en que asciendes hacia los chakras y el cuerpo energético con tus manos y conciencia.

Comienza por tomar o conectarte con la energía que circunda a tu compañero. Conéctate con la energía de la tierra o *kundalini* como lo hiciste en el protocolo directo previo, asegurando que estés bien conectado a la tierra y a esta vital fuente de energía. Respira y eleva la luz de tu conciencia pasando por todos sus chakras hasta que te conectes con el séptimo. Siente este vórtice de energía en la coronilla de tu cabeza, haciendo descender la energía de luz de los cielos, a través de tu cuerpo entero, tus brazos y manos, así como el interior de tu compañero. Percibirás un sentido de iluminación y expansión. Canaliza esta luz y amor a todos los chakras de tu compañero, del primero al séptimo, moviendo tus manos de manera apropiada en el cuerpo físico o el campo de energía. No te detengas hasta que sientas que tu compañero se llena de esa bella luz de alta vibración y amor celestial. Observarás el aura radiante (octavo chakra) o sentirás la luz y expansión de su energía a través de tu tacto o intuición.

Mientras canalizas esta luz y amor universales, pueden llegar mensajes del Espíritu en cualquier momento. Estos se relacionan con los aspectos del desarrollo o las fortalezas espirituales que encarna el chakra. El material canalizado puede provenir directamente del Espíritu o de seres espirituales, guías o energías. Puede expresarse en palabras, sonidos o imágenes. Con sensibilidad, comparte estos mensajes canalizados o dones con el compañero con quien trabajas. Puedes procesar con él o ella cuál es el significado de los mensajes, si lo hubiera. Es posible que tu compañero también haya recibido mensajes mientras tú trabajabas. Es importante para los dos compartir sus mensajes y ver si tienen resonancia, se complementan o combinan para formar un mensaje poderoso.

❖

Mis pacientes mujeres de cincuenta a sesenta años se sienten muy atraídas por este trabajo directo de energía y canalización. Una de ellas padecía cierta inflamación, expresada en la forma de ardor, presión, e hinchazón en el área abdominal. Cuando canalicé la energía del amor, pude sentir la crudeza alrededor del área de su tercer chakra. Cuando me conecté con su tercer chakra vi una imagen de ella como adolescente, tratando de confirmar quién era realmente a pesar de la desaprobación.

Esta dinámica ocurría aún en la vida presente con miembros de su familia directa e indirecta, dado que ella estaba afirmando sus puntos de vista impopulares pero válidos sobre un tema que afectaba a toda la familia. El malestar pudo ser el resultado directo o agravado de esta situación emocional.

Vi una imagen de María Magdalena que tenía un mensaje para mi paciente que afirmaba su fortaleza para infundir respeto y crecer como su ser auténtico a pesar de la desaprobación. Al mismo tiempo mi paciente vio a su abuela quien, aunque ya muerta, era una fuente de amor consistente e incondicional. Compartimos nuestras imágenes canalizadas. Se complementaban entre sí en la calidad energética. La energía de su abuela era suave y mitigó su inflamación; María Magdalena se mantuvo firme y proporcionó límites protectores. Mi paciente respiró profundamente, destensó su abdomen y recibió la energía de todas las fuentes. Ella se sintió mucho mejor después de la sesión de canalización.

▼

Mientras trabajamos con la energía de este chakra canalizamos amor, la fuerza más curativa del universo. Lo canalizamos primero a nosotros mismos a través de los ejercicios físicos, después a nuestros antepasados por medio de la sanación ancestral y luego a nuestros amigos (o si eres sanador profesional, a tus pacientes). Amar de esta manera, clara y poderosa, con sabiduría e impacto, es el camino de los maestros. Si todos pudiéramos abrazar y extender de forma consistente esta energía celestial, el mundo se transformaría en belleza total, encarnando el amor mismo. Desde este lugar centrado en el amor universal, tal vez todos podamos ser fuentes inspiradoras y poderosas del cambio en el mundo.

8

Expandirse más allá de la muerte

Un viaje a la unidad

Cuando tenía dieciocho años y comencé mi viaje consciente con el trabajo de Fritz Perls y su psicoterapia Gestalt, me intrigó una frase suya: "Sufrir la propia muerte y renacer no es fácil". Me atrajo porque contenía una verdad vital para mí. Resonaba con la muerte de la depresión que sentía entonces, y un renacimiento prometido que era apremiante. Pero era más que eso. Sabía que había una profunda poesía vital en esa declaración. Creciendo en Nueva York, había visto cambiar las estaciones todos los años de mi vida. Eso me ayudó a comprender los ciclos de nacimiento y muerte. Para los chamanes, la muerte es una parte vital del proceso de curación. Nuestros sueños viejos, pesadillas, fantasías, maneras disfuncionales de resolver y los seres enteros deben morir para renacer de nuevo.

▼

La muerte es una parte vital del proceso de renovación y crecimiento. En un contexto chamánico, la muerte es una iniciación que nos permite abrazar por completo a nuestro yo esencial y la autenticidad. En esta muerte nos entregamos al Espíritu y nos movemos más allá de la seguridad imaginada de nuestros papeles y luchas interiores de poder.

A lo largo de este libro nos hemos conectado con el Espíritu para reunir lo necesario en un nivel profundo, al tiempo que dejamos ir todo lo que ya no es útil. Hemos estado comprometidos en una especie de desmantelamiento del viejo yo, chakra por chakra. En este capítulo entregaremos por completo este viejo yo en todas sus piezas al Espíritu. Como el

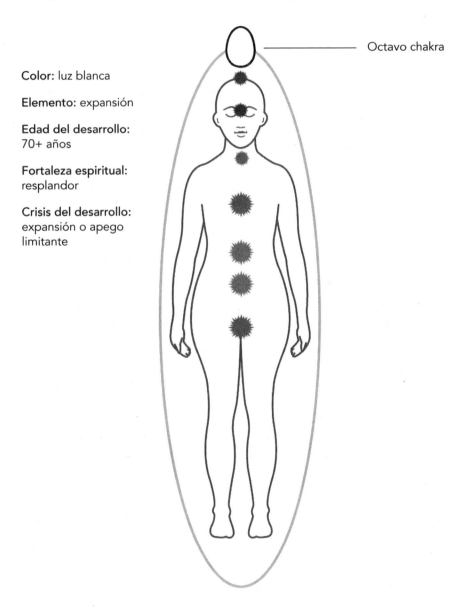

Octavo chakra

Color: luz blanca

Elemento: expansión

Edad del desarrollo: 70+ años

Fortaleza espiritual: resplandor

Crisis del desarrollo: expansión o apego limitante

Fig. 8.1. Octavo chakra

cangrejo bayoneta que debe prescindir de su vieja concha para poder crecer, así debemos entregar nuestros gastados seres para poder renacer.

Renacer nos provee la oportunidad de reunir las piezas de una manera del todo novedosa, infundiéndolas e integrándolas con la vida y las energías espirituales. Si has realizado todas las tareas previas en este libro, podrás estar listo para dejarte "morir" y renacer como chamán. Esto implica renunciar a tu sentido de separación y abrazar a la comunidad de chamanes y su misión de proveer servicio al bien de todos.

Los ejercicios anteriores de este libro nos han ayudado a conectarnos con las fuerzas espirituales tanto del universo como de nuestro interior. Ahora podemos liberarnos en una expansión total de la conciencia en la que nos identificamos con el Espíritu y su naturaleza eterna y tenemos la valentía de reconocer la mortalidad del cuerpo y el ego. Ahora es del todo seguro y necesario liberar nuestro apego al cuerpo y todo aquello que todavía no hayamos eliminado. Debemos desprendernos de todos los aspectos conflictivos o superfluos del ego para poder avanzar a la próxima etapa del desarrollo. Es el momento de experimentar la esencia pura, más allá de los vehículos de expresión de nuestro espíritu que son el cuerpo, las emociones, la mente y el alma.

El octavo chakra se conoce a menudo como el aura humana, o el campo energético interno y circundante del cuerpo físico. Irradia desde el centro del cuerpo hasta casi un metro alrededor de una persona sana. La energía generada por la rotación de todos los chakras crea el aura, así que esta comprende todos los colores del espectro. El aura es un contenedor energético de nuestra integridad. A medida que trabajemos en nuestros problemas y disolvamos lo que agota nuestra energía innecesariamente, recibiremos energía del universo, que retendremos y expandiremos.

El universo se expande y cuanto más nos alineemos con esa dinámica mejor podrán ser nuestras vidas. Para superar los viejos patrones y expresar plenamente vidas de la belleza, debemos conectarnos con el elemento universal esencial o dinámica de la expansión. Dado que ya hemos sanado las heridas que consumen energía, ahora tenemos la capacidad de conectarnos, conservar y bailar con esas infinitas energías del universo. El elemento del octavo chakra es, por tanto, la expansión infinita. Paradójicamente, esta es posible solo si completamos con éxito las tareas en los chakras previos y alcanzamos el equilibrio.

Este chakra encarna la edad de los setenta años y más, una edad de madurez inexorable y capaz de moverse a través del proceso de crecimiento espiritual con mayor facilidad. La crisis de este tiempo es la plena identificación con el Espíritu contra la identificación con el ego y el cuerpo. En esta etapa necesitamos comprender plenamente que somos Espíritu cuando nos expresamos por medio de los vehículos del alma, la mente, las emociones y el cuerpo. Es importante identificarse con el ser eterno, dado que la muerte del cuerpo y su regreso a la tierra ocurrirán inevitablemente al final de esta etapa. Conocer a este yo constituye una fuente de gran poder y este conocimiento puede llevarte a actos de profunda valentía. La grandeza de nuestros espíritus puede expandirse más allá de los límites de los vehículos de expresión (cuerpo, emociones, mente, alma), los límites de nuestro ego y las estructuras de nuestras vidas.

Todos tendremos la oportunidad de experimentar este fenómeno en algún momento de esta etapa de la vida cuando perezcamos, pero podemos lograr esta expansión antes si trabajamos con nuestra "capa de muerte". Aquí nos permitimos enfrentar nuestro miedo a la muerte renunciando a nuestras defensas del ego. Energéticamente nos permitimos conocer y experimentar cuánto contraen nuestras defensas la energía vital, a pesar de que pueden también apoyarnos o protegernos. Al morir en este sentido creamos un espacio para que el Espíritu nos ayude en nuestra autenticidad más profunda, al tiempo que experimentamos nuestra vulnerabilidad más grande. Por medio de esta dinámica maximizamos nuestra capacidad de expandirnos y encontrar nuestra mayor fortaleza. Todos los problemas que creamos como humanidad tienen que ver con la acción de contraernos o ser menos de lo que podemos ser, en lugar de expandirnos.

Se puede hacer un trabajo maravilloso a partir de este chakra cuando tenemos la valentía de enfrentar nuestra capa de muerte. Con frecuencia, hay un lugar de estancamiento o punto muerto entre reconocer nuestros viejos patrones percibiendo nuestras heridas, y sentirlas muy profundamente para poder limpiarlas por completo y avanzar a una vida nueva. Muchas veces, este atasco debe superarse con el apoyo de un terapeuta o chamán. Es de utilidad en este proceso saber que somos Espíritu moviéndonos a través de un alma en evolución y un cuerpo mental, emocional y físico.

CONECTARSE CON LA MUERTE

Desde el momento en que hice mi primer trabajo Gestalt a la edad de dieciocho años con mi terapeuta Hermene, y verdaderamente me permití sollozar y caer al abismo de emoción intensa en mi abdomen, he creído en este proceso espiritual de muerte y renacimiento como dinámica terapéutica esencial. Este realmente permite que las fibras y moléculas del ser se reconfiguren. La puerta a la muerte puede abrirse en cualquier momento, pero primero es mejor estar muy conectado con energías de apoyo, guías y un sentido de la propia fuerza.

Sugiero conectarte con la muerte como una tarea del octavo chakra porque te da tiempo suficiente para desarrollar los apoyos y protecciones necesarios. En el momento apropiado, cuando uno cuenta con la ayuda adecuada, permitirnos "morir" hace posible las transiciones que no ocurrirían de otra manera, como la liberación de defensas profundamente arraigadas que aplastan la vida. Cuando me dejé llevar hábilmente a través de la capa de muerte, mi negación de la dinámica abusiva de mi familia se disipó y pude alcanzar niveles más profundos donde se necesitaba curación porque tenía la fortaleza para enfrentarme con la realidad.

En mis prácticas chamánicas y psicoterapéuticas, he llevado a muchas personas en este viaje a la muerte, a su centro, para encontrar su vida. Puede ser feroz, resonante y doloroso, o bien puede ser suave. Como cualquier proceso de muerte y nacimiento, puede tener muchas fases y muchas variables. Al morir y renacer en sentido chamánico, uno es el anciano, el recién nacido y la partera.

El viaje que haremos durante esta tarea se puede resumir utilizando el mapa de las capas de la personalidad (fig. 8.2), según Fritz Perls y la psicoterapia Gestalt. En este viaje nos moveremos en forma helicoidal por los círculos concéntricos hacia la izquierda y de afuera hacia dentro, y los círculos concéntricos a la derecha de adentro hacia fuera. Comenzaremos por liberar nuestros seres superficiales y todos los juegos que jugamos (capa A). Dejaremos de lado los roles y las defensas que nos impiden expresar nuestra autenticidad (capa B). Dejaremos ir a nuestro niño herido, cuyas heridas hemos tratado en las tareas previas, y a nuestra víctima anterior y al victimario, quienes pueden todavía perpetuar estas heridas (capa C).

Continuando en espiral hacia dentro llegamos a la capa de la muerte (capa D). Este es el lugar al cual tememos rendirnos, porque si lo hacemos tendremos miedo de morir. Espiritualmente la capa de la muerte es el lugar donde dejaremos nuestros cuerpos físicos, emocionales y mentales algún día al final de esta encarnación, mientras nuestra alma y espíritu continúan. En términos psicológicos, es casi siempre un lugar de emociones poderosas. Cuando aceptemos nuestra propia muerte

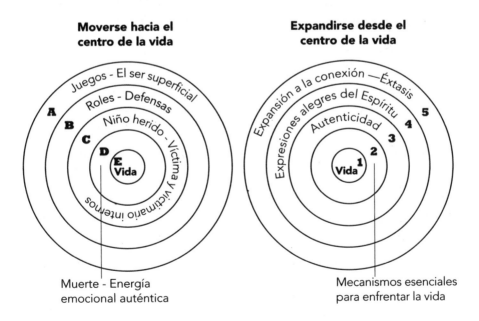

Fig. 8.2. Mapa de las capas de la personalidad

inevitable, y la vida eterna de nuestro espíritu, reconoceremos lo que es en verdad vital en nuestros seres esenciales. Todo lo que es superficial debe eliminarse y solo deberá permanecer lo eterno y lo esencial. Lo esencial es nuestro espíritu, nuestra verdadera vida. En este viaje nos entregamos a la muerte y permitimos la implosión, explosión y liberación para la vida en su sentido más amplio (capa E del dibujo a la izquierda y capa 1 del dibujo de la derecha).

De este viaje hacia dentro ahora comenzaremos a emerger. Cuando nos movemos de forma espiral hacia fuera adquirimos mecanismos saludables de enfrentar la vida (capa 2 del dibujo de la derecha), afirmamos nuestra autenticidad (capa 3), producimos expresiones llenas de alegría del Espíritu (capa 4) y, por último, nos expandimos hacia la conexión con el Espíritu (capa 5). Para cambiar completamente de forma hacia la expansión en este nivel más allá de la maestría, tenemos que reconocernos como parte de la energía colectiva del universo: todos somos uno.

Una vez que reconocemos lo inmortal dentro de nosotros, reconocemos también ese mismo espíritu dentro de todos los otros seres. Este espíritu inmortal es un solo espíritu, el Espíritu de todos nosotros. Cuando reconozcamos nuestro ser verdadero, nos daremos cuenta de que nosotros y todos los otros seres somos, en realidad, Espíritu. A medida que nuestra separación se diluye, somos libres para conectarnos con los aros sagrados del conocimiento de nuestra integridad colectiva y crear redes vitales de conciencia dentro de nuestra familia humana.

Una paciente chamánica mía luchaba con problemas de abandono. Ella sostenía una relación con un compañero a quien amaba profundamente, pero él no podía estar de manera consistente, emocional o físicamente, sin importar cuántos obstáculos (de la clase inferior o de la mente-ego) pasara. Mi paciente creía que ese compañero era su alma gemela. Los padres de esta mujer eran muy narcisistas y la habían abandonado por completo emocionalmente en su niñez y su vida adulta. Pero les concedían excesiva atención a los aspectos externos de su vida, como su talento dramático y musical y su papel como hija buena. Ella abrazaba estos y otros talentos tal y como lo deseaban sus padres, y llegó a tener mucho éxito en manifestarlos en el mundo a pesar de la ausencia de sustento de sus padres.

Al permitirles sentirse como parte de su éxito, pero negada a enfrentarlos sobre su falta total de apoyo emocional, ella estaba, en efecto, siendo sus padres. En su relación con su compañero estaba repitiendo su experiencia de la niñez, fingiendo que su compañero era más capaz de una relación madura y amorosa de lo que era en realidad.

La alenté a "morir" en su dolor por la relación. Ella vio los juegos que estaba jugando para mantener la ilusión acerca de la relación (fig. 8.2, capa A), y cómo ella jugaba el papel de madre/hija cumplidora (capa B) para compensar la falta de su compañero de mantener su aporte a la relación. Ella sintió y se movió a través de la capa de la niña herida, en la cual podía ver cómo sus padres la hicieron una víctima en el pasado y cómo ahora se estaba victimizando a sí misma (capa C). Ella se dejó "morir" en su capa de muerte, sus sentimientos de abandono, mientras se sumergía en la realidad de que sus padres no estaban allí para su corazón (capa D). Esto fue muy difícil para ella y requirió una valentía excepcional. Esta paciente necesitaba permitirse llorar por horas, mientras sus guías y yo la sosteníamos. Se sentía como si estuviera muriendo mientras su corazón se rompía.

Un par de meses después, pudo dejar esta relación, completamente conectada a su energía de vida (capas E y 1). Esta paciente fue capaz de comenzar a sentir que merecía más y podía dirigirse a personas más sanas (capa 2). Ha sido capaz de sostener un par de relaciones posteriores en las cuales sus parejas han estado presentes y han sido consistentes, brindándole una oportunidad para que relajara sus papeles y defensas y expresara más de su autenticidad a la cual se ha comprometido (capa 3). Pudo expandirse gradualmente más allá de sus viejos patrones hacia una mayor satisfacción y alegría (capa 4). Ahora pasa más tiempo con su práctica de meditación y está completamente comprometida con la conexión con sus guías espirituales, sintiendo su apoyo (capa 5). Esto le ha permitido seguir creciendo y no regresar a viejos patrones.

▼

A lo largo de muchos años he desarrollado una relación con Kali, la diosa hindú de la muerte, la ira transformacional, el renacimiento, la danza y la sangre. Ella será la presencia central en este viaje para encontrar nuestra muerte. La primera vez que me conecté con ella tenía veintitrés años y necesitaba dejar que la ira de mi niñez y adolescencia se moviera por mi cuerpo físico para poder liberarme por completo. Ella me apoyó en mi muerte y nacimiento al chamanismo.

La encontré de modo más consciente cuando fui víctima de violación a los veintinueve años y no sabía si viviría o moriría. Mientras soportaba estar cautiva aquella noche, ella me sostuvo en mi terror, como una madre compasiva. Al sentir su presencia, entendí que mi mundo estaba cambiando de forma, primero contrayéndose y luego abriéndose a nuevos entendimientos y posibilidades mientras temblaba en mi insomnio. El tiempo me parecía suspendido e interminable. Las horas pasaban y el mundo se expandió para mí una vez más. Vi la necesidad de sanar a la humanidad en general y el equilibrio de lo sagrado femenino y masculino. Tantos peligros estaban al acecho más allá del alcance de mi propio empoderamiento. En alguna parte de mí misma, yo sabía que si podía resistir sería apoyada y guiada para marcar la diferencia más allá del pequeño círculo de mi propio mundo.

Ahora viajaremos a la cueva de Kali. Permite que tu guía espiritual viaje contigo. Mediante la muerte y el renacimiento espiritual, esta tarea te abrirá al conocimiento del elemento de este octavo chakra, la expansión plena de tu ser. Aunque esta tarea chamánica es suave, es también muy poderosa.

❖ Primera tarea: un viaje a la muerte

Comienza este viaje en tu lugar sagrado. Conéctate a él completa y sensualmente, siente su alimentación. Conéctate con un animal de poder o guía espiritual que será tu compañero en el viaje. Dedica cierto tiempo a sentirte realmente centrado en la realidad no ordinaria. Debes estar preparado para librarte de todo lo que le impida avanzar en cualquier manera. Después de realizar todas las tareas anteriores, probablemente tengas ya una idea muy clara de lo que son estas cosas.

Viajando a través de la realidad no ordinaria, observa la entrada a la cueva de Kali. Es una *yoni* sagrada, o abertura vaginal, a la Madre Tierra. Entra, aceptando esta invitación a volver al útero para la sanación y la transformación. A medida que desciendas a través de piedras, tierra, raíces, riachuelos y túneles encontrarás un gran espacio abierto con pozos de lava fundida y el olor a una profundidad cálida e interior. Hay muchos fuegos encendidos y calderos en ebullición.

Escuchas su risa, una carcajada irresistible que comprende las ironías y las paradojas de este baile de vida y muerte, creación y destrucción. No puedes evitar dirigirte hacia ella, pues sabes que es la próxima puerta a tu crecimiento. Sientes el deseo de trascendencia con una pasión que supera lo que has sentido con tu amante más irresistible.

Entonces la ves. Es asombrosamente bella y se dirige hacia ti con su ávida sonrisa. Te sientes cautivado por el fuego en sus ojos. Te mueves hacia ella, deseando tu libertad, queriendo conocer tu propia esencia de forma insaciable. Ella baila con las llamas sangrientas de su cueva y entonces se transforma en ellas mientras te devora. Te sostiene, te sumerge y luego te suelta amorosamente al tiempo que tu ego y viejas dinámicas desaparecen hacia el espacio entre la vida y la muerte que existe dentro de todos los espíritus y seres. Todos los juegos, papeles, heridas y cicatrices son incinerados. Mientras te entregas a tu muerte, permítete emitir poderosos sonidos de liberación, gritos, gemidos, sollozos y lamentos. Entonces deja que la tranquilidad te invada. Por momentos, o por la eternidad, eres todo lo que eres. En este momento sientes plenamente la unidad con toda la existencia, liberada en la conciencia colectiva del ser.

Seguidamente, te ves a ti mismo en una laguna de agua sagrada, un útero de la tierra. Flotas o nadas libremente, acompañado de alguna manera por tu animal de poder o guía espiritual. Respiras para apoyar tu renacimiento, quizás una respiración *ujjayi* conectada, ya que naces de este mar amniótico. Tal vez naces por un pasadizo hacia un río que fluye con su fuerza vital. En algún momento cobras conciencia de ti mismo y tu renacimiento, libre de capas viejas e innecesarias. Permítete experimentar esta liberación mientras fluyes río abajo, moviéndote con tu guía hacia tu lugar sagrado. Siente cómo puedes manejar todo lo que hay en tu vida desde un lugar de poder. Siente el pulso de la energía de tu fuerza vital. Permítete expresar alegría por tu renacimiento con sonidos, alaridos, risas y cantos. Siéntete parte de todo lo bello.

Integra esta experiencia a tu lugar sagrado. Revisa la experiencia de morir y renacer con tu guía y explora cómo se siente y lo que significa para ti. Expresa tu agradecimiento a Kali por la oportunidad de morir y renacer. Siente su resiliencia, esencia y libertad.

Cuando estés listo, regresa a la realidad ordinaria. Siente el renacimiento en tu cuerpo energético y físico. Toma el tiempo necesario para experimentar también tus emociones y tu mente. ¿De qué manera facilitó este viaje la evolución de tu alma? ¿De qué modo tus partes se reúnen después de esta transformación para crear una totalidad nueva y poderosa? Debes saber que puedes experimentar tu energía vital completamente si adoptas mecanismos más saludables y auténticos. Conéctate a la tierra por completo, respira y siente tu conexión con la tierra. Siente tu energía expandida y resplandeciente y tu conexión con el Espíritu.

❖

Ahora pasarás algo de tiempo sintiendo el campo áurico dentro y alrededor del cuerpo físico. El aura puede diferenciarse en campos que se corresponden con los chakras. El primer chakra corresponde al cuerpo físico y su energía está contenida allí. El segundo chakra representa el cuerpo emocional, el cual energéticamente se irradia fuera del cuerpo físico. El tercer chakra corresponde al cuerpo mental, que se propaga más allá del cuerpo emocional. El cuarto chakra constituye el cuerpo del alma, que se irradia más allá del cuerpo mental. Los chakras quinto, sexto y séptimo representan tu espíritu y el cuerpo espiritual, que se difunden más allá del cuerpo del alma. El alma es la parte del ser que ha evolucionado en vidas anteriores y lo sigue haciendo en esta vida.

Nuestro espíritu es el aspecto iluminado de nosotros mismos, ya evolucionado, iluminando la conciencia.

Tal y como lo hacen los chakras, este cuerpo espiritual tiene aspectos correspondientes a la expresión (quinto chakra), la sabiduría (sexto chakra) y la forma en que la conexión del espíritu se relaciona con tu ser encarnado y todos los seres y espíritus en todo lugar (séptimo chakra). El octavo chakra es la totalidad o integridad del campo energético. Expresa la reunión de la energía luminosa de los chakras en un resplandor completo, conectado con toda la radiación de la vida y la conciencia en el universo.

Como chamán, puedes trabajar con estos cuerpos (físico, emocional, mental, del alma y espiritual, que comprenden el aura o el octavo chakra) para ayudarte a ti mismo y a otros en tu sanación. Tú puedes energizar y equilibrar a estos cuerpos y trabajar con las imágenes y espíritus de guía que emergen de ellos de manera muy parecida a la forma de trabajar con los chakras en el ejercicio de canalización en el séptimo capítulo. Puedes sentirte atraído a trabajar con tus manos y la conciencia en el aura y traer imágenes terapéuticas de tu contacto con este octavo chakra.

En este punto de tu viaje a través de este libro, te recomiendo pasar cierto tiempo cada día realizando una tarea física para cada uno de los chakras (tal vez las posturas de la montaña, ola, triángulo, árbol, puente, *mudra* yoga, perro mirando hacia abajo) a medida que concientizas el significado profundo y el impacto que generan tus movimientos. Entonces estarás listo para efectuar el siguiente ejercicio integrador en el cual trazarás y sentirás la totalidad de tu aura. El movimiento de yoga que usaremos en esta tarea se llama respiración del sol.

❖ Segunda tarea: experimentar el campo áurico

Comienza poniéndote de pie con los pies separados a la altura de las caderas y tus manos en la postura de oración. Mientras inhalas, extiende las palmas hacia el sol, recogiendo su energía. Puedes contraer los glúteos para proteger la espalda baja al tiempo que arqueas suavemente la espalda alta, el corazón y el abdomen superior hacia el cielo.

Mientras exhalas, abre los brazos hacia los lados a la altura de los hombros y, girando como bisagra con las caderas y las rodillas dobladas suavemente, haz un "salto de cisne" hacia la tierra, llevando tus brazos hacia abajo y al frente. En este ejercicio tus brazos trazarán un círculo, tu aura, alrededor de tu cuerpo. Cuando llegues a la tierra en una posición de flexión suave hacia delante, los brazos penderán hacia la tierra.

Comienza a inhalar ahora cuando te levantas de la tierra, acercando las manos hasta la postura de la oración otra vez mientras te enderezas. Inhala completamente, llevando las manos arriba a través de la línea media del cuerpo hasta que estén por arriba de la cabeza otra vez, recogiendo la energía del sol. Exhala hacia abajo, haz un "salto de cisne", trazando el aura alrededor del cuerpo otra vez y llenándolo con la energía luminosa de los cielos. Inhala hacia arriba otra vez, recogiendo la energía magnética de la Madre Tierra por la línea media del cuerpo. Repite el ejercicio por lo menos diez veces y fortalece tu aura.

Cuando termines de energizar y equilibrar tu aura por medio de esta tarea, siente la energía dentro y a tu alrededor. Siente cómo estás conectado con la tierra, centrado y expandido, conectado con la *kundalini* y la *prana*, la energía luminosa de los cielos. Siente tu centro de fuerza y tu aura radiante.

❖

Desde este lugar de plenitud, es el momento de reunir a tu consejo interior. Este constituye la fusión consciente de todos tus seres interiores de cada chakra, junto con tus guías para cada chakra, tus animales de poder y tus objetos sagrados. Tu consejo interior te ayudará a revisar los desafíos a los que te enfrentas desde una perspectiva comprensiva y ampliada. Convoca una reunión de este consejo únicamente cuando necesites abordar los temas de la vida de mayor importancia, dado que trabajar con un grupo grande puede ser un poco incómodo para aspectos menos pesados.

Para algunas acciones que debemos tomar en la vida es vital partir de la mayor integridad posible. En estos momentos es bueno sentir nuestra enterez representada en nuestro sagrado consejo interior. Este consejo refleja la totalidad de nuestro octavo chakra y su naturaleza dinámica y expansiva.

◆◈◆ Tercera tarea: conectarte con tu consejo interior

Piensa en una pregunta que provenga de tu alma o corazón. Debe ser una pregunta importante, tal vez relacionada con una decisión que debas tomar o una acción que debas realizar. Escribe en tu diario esta pregunta con la intención de dilucidar todo lo que puedas acerca de la situación.

Adopta una posición cómoda y déjate relajar y viajar a tu lugar sagrado. Experiméntalo por medio de tus sentidos. Conéctate con la sabiduría de tu lugar sagrado. Pídele a este lugar que te indique dónde se celebrará la reunión de tu consejo interior. Puede ser una parte de tu lugar sagrado o quizá seas llevado a otro sitio. Siéntate en el área de la reunión del consejo y pregúntale a tu sabiduría interior si este es realmente el lugar correcto para la reunión de tu consejo interior. Si lo es, comienza a invitar a todo el elenco de personajes.

Para la reunión sagrada de tu consejo interior debes invitar a todos los aspectos de ti mismo, incluidas todas tus etapas del desarrollo. Quizás seas capaz de visualizar tu forma física en tu manifestación en etapas particulares del desarrollo. Tendrás que utilizar tu imaginación para etapas que no hayas alcanzado, pero no dejes que eso te impida invitarlos a la reunión. Invita también a todos tus animales de poder y guías espirituales. Es posible que tengas uno para cada uno de los chakras. Es bueno también invitar a tus objetos sagrados, ya que pueden tener sabiduría para compartir.

Presenta tu pregunta importante a todos tus seres del desarrollo interior, tus guías y todos tus objetos sagrados. Deja que todos se sientan apoyados por la Madre Tierra y el Espíritu mientras piensan y sienten.

Permite que todos los miembros del consejo compartan, cada uno desde su perspectiva. Algunos lo harán en palabras, algunos en imágenes y otros más en energías. Es posible que desees sugerir que pasen un bastón de habla u otro objeto si esto crea el orden necesario para que escuches la perspectiva de todos.

Al final del intercambio, tal vez el consejo como grupo emitirá un mensaje de orientación colectiva. Si lo hace, es aconsejable acatar esta guía con respecto a la pregunta formulada. Si no lo haces, puedes permitirte simplemente sentir una mayor sensación de integración, ya que a todas las partes de ti mismo les ha sido permitido hablar. Los mensajes colectivos pueden también llegar en un momento posterior.

Expresa tu gratitud a todos los aspectos de ti mismo, tus guías, objetos sagrados y Espíritu. Permanece un poco de tiempo en soledad e integración en tu lugar sagrado si lo consideras apropiado. Cuando estés listo, viaja de regreso a la realidad ordinaria.

❈

CONVERTIRSE EN CHAMÁN

Ahora es el momento, desde este lugar de expansión infinita del Espíritu, de conectarse con el "espíritu del chamán". Al "morir", renacer y reintegrarse e identificarse con nuestra naturaleza expansiva, nuestro octavo chakra o aura se abre para conectarse con esta energía de chamán. Este proceso nos ha preparado para llegar a ser chamán si eso es lo que escogemos. Comenzaremos por conectarnos con el chamán interno.

❈ Cuarta tarea: recibir un nombre de espíritu

Comienza por ir a tu lugar sagrado y experiméntalo por completo, como lo has hecho muchas veces antes. Observa lo que es nuevo y se encuentra en evolución en tu lugar sagrado. Observa allí la versión chamánica de ti mismo que emerge, como si saliera de la niebla y caminara hacia ti. ¿Cómo te ves tú? ¿Qué lleva puesto tu cuerpo físico? ¿Tienes algo en las manos? ¿Llevas objetos sagrados de tu viaje y tradición? ¿Cómo te sientes íntimamente como chamán?

Obsérvate a ti mismo como chamán, llevando a cabo tu ceremonia curativa en tu lugar sagrado, para conectarte profundamente con el espíritu del chamán. En esta ceremonia puedes sembrar la semilla que sostienes para materializarte plenamente a ti mismo y a tu sueño (capítulo cinco, tarea quinta). Observa esta ceremonia para poder repetirla si es necesario en la realidad ordinaria.

Ahora permítete transformarte en chamán. Siente cómo tu yo observador se fusiona con la versión observada de ti mismo como chamán. Es importante que sepas que has llegado a ser chamán por tu propia disposición de avanzar por el camino de valentía esbozado en estas páginas y las páginas de tu vida. ¿Cómo se siente tu cuerpo energético cuando se fusiona con el espíritu del chamán? Siente su verdadero poder. Pregúntate cuál es tu misión como chamán. Mientras siembras tu semilla más profunda y la ves crecer, advierte si lo que se manifiesta es diferente respecto de tu comprensión previa de su sueño.

¿El Espíritu te concede un nombre como chamán? Escucha tu verdadero nombre de poder y escucha a todos tus guías y seres de apoyo llamarte por ese nombre.

❖

Cuando Don José, el chamán ecuatoriano, condujo una serie de tres ceremonias privadas de curación para mí, fortaleció mi conexión energética con la Madre Tierra (*Pachamama*), el Creador Dios (Dios en el Cielo) y el "espíritu del chamán", o linaje de curanderos y santos a lo largo del tiempo. Ahora viajaremos para reunirnos con esa comunidad de chamanes. Es vital como chamán sentirse conectado con una comunidad de chamanes; de otra manera, uno puede sentirse solo. El apoyo que los sanadores tienen entre sí puede ser maravilloso y las intenciones del grupo y las extensiones de conciencia son infinitamente más poderosas de que lo que es posible hacer como individuos. Dado que todas las culturas tienen sus fortalezas singulares, los chamanes de otras culturas poseen sabiduría para compartir su perspectiva. Cuando nos reunamos con ellos continuaremos expandiéndonos, recogiendo energía y sabiduría para abordar los temas de la humanidad colectiva.

❖ Quinta tarea: reunión con la comunidad de chamanes

Una vez más, permítete viajar a tu lugar sagrado, tu hogar en la realidad no ordinaria. Conéctate con tus animales de poder y guías. A continuación, viaja más allá de tu lugar sagrado y encuentra el lugar de la reunión con la comunidad de chamanes. Allí encontrarás chamanes de todas partes del mundo, del universo y del tiempo. ¿Cómo es este espectacular lugar de encuentro?

¿Cómo es encontrarse con estos grandes chamanes? Tal vez algunos de ellos ya sean tus guías, a quienes conoces bien. Algunos de ellos son espíritus de los cuales has escuchado, y algunos otros son del todo desconocidos. Es posible que incluyas a tus animales de poder, santos, personas de la literatura sagrada, tus antepasados de gran carácter, dioses, diosas, profetas, sanadores, artistas, políticos con visión y filósofos.

Observa cómo está conformada esta reunión de chamanes, tú incluido. ¿Se reúnen en un gran círculo? ¿Una pirámide? ¿O un loto sagrado? Experimenta el entramado de estos grandes seres. ¿Quién en este grupo te inspira o toca más tu corazón?

¿Cuál es la misión de este gran grupo, esta comunidad de chamanes? ¿De qué manera eres tú parte vital de esta misión colectiva? Siéntete cómodo de ser una parte de este grupo sagrado y reconoce el desafiante viaje de cada participante individual. Siente la fuerza colectiva de energía, carácter y corazón. Siente realmente cómo la totalidad es más grande que la suma de todas sus partes mientras reúnes la fuerza necesaria para continuar la misión.

Cuando estés listo para volver a tu lugar sagrado y luego a la realidad ordinaria, debes saber que eres parte de algo mucho más grande. Recuerda que soñamos este mundo de equilibrio y belleza entre todos.

❖

Ahora estamos listos para comenzar nuestra última tarea: sanar a la familia mundial. Esta es una versión ampliada de la sanación ancestral que vimos en el capítulo anterior. Nos desplazaremos más allá de nuestro linaje familiar directo. Esta tarea se enfoca solo en nuestra familia humana, ya que otras especies y seres no han sido responsables de crear y generar los desequilibrios que buscamos abordar aquí.

Tras ejecutar todas las tareas previas de este libro, estarás preparado de manera singular para ejecutar este nivel de sueño expansivo. Al morir y renacer has demostrado tu disposición y valor para desprenderte de la vieja forma de tu ser, acceder a tu espíritu inmortal y expandirte a una vida nueva. Con esta experiencia estás en posición de alentar a otras personas a prescindir de las viejas formas y abrazar al Espíritu para cambiar juntos la forma de la humanidad. Ahora posees el valor de invertir en el poderoso nivel energético, en un mundo saludable para las generaciones de nuestros nietos y subsiguientes, y expresar también tu pasión por este sueño en la realidad ordinaria. El sueño expansivo debe venir seguido de actos valerosos.

❧ Sexta tarea: sanar a la familia humana

Comienza este viaje en tu lugar sagrado. Siente el poder allí. Conéctate con los elementos por medio de tus sentidos. Debes saber que tu intención es llevar la sanación a la familia mundial. Entra en contacto con todas tus guías espirituales y percibe su presencia.

Permite que tu conciencia se expanda más allá de tu lugar sagrado hasta el lugar sagrado de tu familia mundial, la Madre Tierra. Expándete para llevar a toda la Madre Tierra en tu conciencia. Sé humilde para poder sentirla en su totalidad. Tú y todas las criaturas y los seres están hechos a su imagen. Siente tu conexión con la familia mundial completa.

Cuando estés listo, hazte las siguientes preguntas y viaja a recibir las respuestas:

¿A qué grupos perteneces? (Estos incluyen país, raza, religión, grupo étnico, clase social, género, preferencia sexual, ideologías políticas y sociales, etc). ¿A quién ha explotado o violado este grupo y quién lo ha hecho? ¿Qué sanación necesita este grupo? ¿Cómo puedes ofrecer la sanación a este grupo? Imagina a este grupo haciendo y recibiendo reparaciones. Siéntete ayudado por el espíritu de los chamanes. Transita de la realidad no ordinaria a la ordinaria, o tal vez comiences por sentir cómo puedes sostener ambos estados de manera simultánea. Registra en tu diario mientras exploras este proceso. Pueden llegarte imágenes terapéuticas. Permite que tu energía se irradie para equilibrar a la humanidad.

Sé minucioso con esta tarea y dirígete a cada grupo con los que estás conectado. Cuando concluyas, recibirás una sensación de plenitud; no hay nadie en tu red de vida o comunidad energética que no haya sido tocado por la energía sanadora. Todo el mundo se sentirá sostenido en tu aura expandida y cuidada en maneras que no habías imaginado. Puede tomar varias sesiones terminar esta tarea. Cuando concluyas el aspecto de la tarea de sanación espiritual, pregúntale al Espíritu qué puedes hacer en la realidad ordinaria para ayudar con tus mejores deseos a nuestra familia humana. Es bueno tener por lo menos una tarea para efectuar por día, grande o pequeña, que ayude a este sueño en la realidad ordinaria.

⚜

Al completar las tareas de este libro y expandir mi conciencia, he llegado a ser agudamente consciente de cómo está sufriendo el cuerpo energético humano colectivo. Espero empezar a sanar a nuestra familia humana centrándome en las áreas en las que yo he tenido la conexión energética más grande de mi vida.

Comienzo esta tarea observando mi perspectiva socioeconómica. Al parecer, casi siempre he vivido en el nivel superior de la clase baja o el nivel inferior de la clase media. Cuando me he permitido observar de verdad, me ha impresionado la angustia y daño evitables que ciertos tipos de privación económica pueden provocar. Y me han entristecido y disgustado los excesos ajenos, egocéntricos y farisaicos que demuestran las clases "superiores" a la mía.

Yo sueño con un mundo donde todos tengan cuidados médicos y viviendas adecuadas y seguras. Debo soñar con un mundo en el que ningún niño pase hambre. Entiendo que gran parte del hambre y la privación de este mundo no se debe a la incapacidad de producir suficiente para todos, sino a que algunos toman mucho más de lo que les corresponde, mientras que otros se quedan sin su parte. Deseo que todo el mundo comprenda que las personas no nacen víctimas de la pobreza, hambre o violencia porque lo merezcan.

Sueño con un mundo donde todos sientan el amor por la Madre Tierra y la energía divina paternal del Espíritu bailando juntos en éxtasis, en lugar de enfrentarse entre sí.

Como seres expandidos debemos corregir el daño que hemos infligido a los demás, porque hemos comprendido energéticamente que el otro es también nosotros: todos somos uno. Como europea-americana, he heredado el karma de antepasados que aniquilaron a grupos étnicos enteros de estas tierras y otras, junto con las especies y seres que apoyaron su estilo de vida. Nosotros contaminamos atrozmente la tierra en este y otros continentes. También he heredado el karma de personas que crearon un país con el esfuerzo de los esclavos, alabando las virtudes de la autodeterminación, pero exprimiendo la sangre vital de la libertad y la dignidad de otros. Así que como europea-americana tengo claro que debo compensar y reparar. He comenzado este viaje de compensaciones por declarar la verdad aquí.

Sueño con un mundo donde los europeos-americanos tomen la iniciativa para encabezar estas compensaciones y reparaciones. No podemos evolucionar fuera de esta dinámica de otra manera. Yo sueño con un mundo en el que sintamos nuestras conexiones espirituales y no tomemos más de la tierra de lo que necesitemos. No tendremos que explotar, violar y destruir a los demás si no tomamos más de lo necesario. Si sentimos nuestra conexión con la Madre Tierra de manera espiritual y energética, así como la energía luminosa del universo, disiparemos el miedo. Y si no tenemos miedo, no seremos codiciosos. Y si no somos codiciosos, no heriremos a los otros seres y espíritus. Hay un éxtasis en esta simple conexión que excede todo lo producido por nuestros dramas humanos débiles y letales.

Por último, soy parte de este grupo llamado mujeres. A pesar de que Estados Unidos tiene una historia de más de doscientos años, las mujeres hemos ganado el derecho a votar hace apenas cien. Al momento de escribir este libro no hemos tenido a una mujer elegida para encabezar la rama ejecutiva del gobierno federal. Por siglos, mis antepasadas tenían prohibido adquirir y tener capital y propiedad.

A primera vista podría parecer que estas desigualdades ahora son tema del pasado, pero una observación más cercana revela que la veta patriarcal de las instituciones del matrimonio y la familia nuclear todavía prospera y está protegida en este país. Las mujeres hacen por lo regular la mayor parte de la limpieza del hogar, aunque trabajan fuera de la casa tanto como los hombres, y los niños casi siempre adoptan el apellido del padre. Cuando una pareja se divorcia, la mujer suele quedarse más pobre que su contraparte masculina. Hace apenas tres décadas, cuando yo denuncié el abuso de mi padrastro, la policía lo apoyó rehusándose a interferir en asuntos familiares.

Las mujeres necesitan sanación. Han usado su poder de múltiples formas y levantado una gran revolución social, política y económica, y necesitan continuar. Las mujeres de todas las edades, nacionalidades, raíces, credos y clases deben saber que pueden ocupar el poder y no ser abusadas, violadas y explotadas. Yo visualizo un mundo en el que esto sea una verdad universal. Percibo ya su poder creciente que supere la vergüenza y el confinamiento de la tradicional religión patriarcal, dado que reúnen las partes separadas de su energía sexual, la virgen y la prostituta. Creo que las mujeres pueden sostener y determinar la expresión de su sexualidad en la plenitud de su carácter sagrado. Sueño con desconectarnos de los medios de comunicación y de la propaganda que nos impone esa imagen de delgadez insana, de una figura mejorable de forma quirúrgica y farmacéutica. Sueño con la posibilidad de que todas las mujeres lleguemos a saber profundamente que somos la tierra y el océano de la vida, y que podamos soñar, hablar y actuar desde una posición de autoridad profunda, expansiva y auténtica.

▼

Como seres humanos, estamos hechos a imagen de la Madre Tierra. Los chamanes y los indígenas me han enseñado que la supervivencia misma de la humanidad depende de honrarla en cada momento, en todas las formas, mientras ella difunde la luz sagrada masculina de la conciencia de los cielos.

A medida que nos expandimos, envejecemos y morimos, nacen nuestros hijos, nietos y bisnietos. He tratado de ser valiente al desenterrar mi alma y su transformación en este libro, llevando mi sueño de la sanación de la humanidad a la acción. A medida que nos curamos a nosotros mismos, la aldea de nuestra cultura, con su sabiduría colectiva, podrá criar a sus hijos con mayor integridad. Yo sueño esto con todo mi corazón. El mundo del Espíritu, de la *Pachamama* y del universo nos sostiene, siempre, en nuestra humanidad infinita, con sus brazos amorosos envueltos alrededor de nosotros a medida que crecemos.

Bibliografía

Al-Rawi, Rosina-Fawzia. *Grandmother's Secrets: The Ancient Rituals and Healing Power of Belly Dancing* (Los secretos de la abuela: los rituales antiguos y el poder sanador de la danza del vientre). Brooklyn: Interlink Books, 1999.

Anand, Margot. *The Art of Everyday Ecstasy: The Seven Tantric Keys for Bringing Passion, Spirit, and Joy into Every Part of Your Life* (El arte del éxtasis de todos los días: las siete claves tántricas para traer pasión, espíritu y alegría a todas las partes de tu vida). New York: Broadway Books, 1998.

Awiakta, Marilou. *Selu: Seeking the Corn Mother's Wisdom* (Selu: buscando la sabiduría de la Madre del Maíz). Golden, Colo.: Fulcrum Publishing, 1993.

Bruyere, Roslyn L. *Wheels of Light* (Ruedas de luz). New York: Fireside, 1994.

Cowan, Tom. *Shamanism: As a Spiritual Practice for Daily Life* (Chamanismo: como una práctica espiritual para la vida diaria). Berkeley, California: The Crossing Press, 1996.

Eagle, Brooke Medicine. *Buffalo Woman Comes Singing* (La Mujer Búfalo viene cantando). New York: Ballantine Books, 1991.

Ensler, Eve. *The Good Body* (El buen cuerpo). New York: Villard Books, 2005.

———. *The Vagina Monologues* (Los monólogos de la vagina). New York: Villard Books, 2001.

Evans, Joel M., and Robin Aronson. *The Whole Pregnancy Handbook: An Obstetrician's Guide to Integrating Conventional and Alternative Medicine Before, During and After Pregnancy* (El manual completo del embarazo: la guía de un obstetra para integrar la medicina convencional y alternativa antes, durante y después del embarazo). New York: Gotham Books, 2005.

Feiler, Bruce. *Abraham: A Journey to the Heart of Three Faiths* (Abraham: una travesía al corazón de tres creencias). New York: Perennial, 2004.

264

Goldstein, Eda G. *Ego Psychology and Social Work Practice* (Psicología del yo y práctica del trabajo social). New York: The Free Press, 1984.

Gregg, Susan. *The Toltec Way: A Guide to Personal Transformation* (El camino tolteca: una guía hacia la transformación personal). Los Angeles: Renaissance Books, 2000.

Halifax, Joan. *Shamanic Voices: A Survey of Visionary Narratives* (Voces chamánicas: un estudio de narrativas visionarias). New York: Penguin Group, 1979.

Harner, Michael. *The Way of the Shaman: A Guide to Power and Healing* (El camino del chamán: una guía hacia el poder y la sanación). New York: Bantam Books, 1980.

Khalsa, Gurmukh Kaur. *The Eight Human Talents: The Yogic Way to Restore the Balance and Serenity Within You* (Los ocho talentos humanos: el camino yóguico para restablecer el equilibrio y la serenidad dentro de ti). New York: HarperCollins, 2000.

King, Martin Luther, Jr. *I Have a Dream: Writings and Speeches That Changed the World* (Tengo un sueño: escritos y discursos que cambiaron el mundo). New York: Harper San Francisco, 1992.

Leloup, Jean-Yves. *The Gospel of Mary Magdalene* (El evangelio de María Magdalena). Rochester, Vermont: Inner Traditions, 2002.

Mandela, Nelson. *Long Walk to Freedom: The Autobiography of Nelson Mandela* (El largo camino hacia la libertad: la autobiografía de Nelson Mandela). Boston: Back Bay Books, 1995.

Miller, Alice. *For Your Own Good: Hidden Cruelty in Child-Rearing and the Roots of Violence* (Por tu propio bien: la crueldad oculta en la crianza de niños y las raíces de la violencia). New York: Farrar, Straus & Giroux, 1984.

———. *Thou Shalt Not Be Aware: Society's Betrayal of the Child* (No habrás de darte cuenta: la traición de la sociedad al niño). New York: Meridian, 1986.

Moore, Michael. *Dude, Where's My Country?* (Pana, ¿dónde está mi país?). New York: Warner Books, Inc., 2003.

Narby, Jeremy. *The Cosmic Serpent: DNA and the Origins of Knowledge* (La serpiente cósmica: el ADN y los orígenes del conocimiento). New York: Penguin Group, 1998.

The New American Bible. Compiled by the United States Conference of Catholic Bishops (La Nueva Biblia Americana. Compilada por la Conferencia de Obispos Católicos de los Estados Unidos). Nashville: Catholic Bible Press, 1987.

Perkins, John. *Confessions of an Economic Hit Man* (Confesiones de un gánster económico). San Francisco: Berrett-Koehler Publishers Inc., 2004.

———. *Shapeshifting: Techniques for Global and Personal Transformation* (Cambio de forma: técnicas para la transformación global y personal). Rochester, Vermont: Destiny Books, 1997.

————. *The World Is As You Dream It: Teachings from the Amazon and Andes* (El mundo es como lo sueñas: enseñanzas del Amazonas y los Andes). Rochester, Vermont: Destiny Books, 1994.

Perls, Frederick, Ralph F. Hefferline, and Paul Goodman. *Ego, Hunger and Aggression: The Gestalt Therapy of Sensory Awakening through Spontaneous Personal Encounter, Fantasy and Contemplation* (Ego, hambre y agresión: la terapia Gestalt del despertar sensorial a través del encuentro personal espontáneo, la fantasía y la contemplación). New York: Vision Books, 1969.

————. *Gestalt Therapy: Excitement and Growth in the Human Personality* (Terapia Gestalt: excitación y crecimiento en la personalidad humana). New York: Bantam, 1951.

————. *Gestalt Therapy Verbatim* (Terapia Gestalt al pie de la letra). New York: A Bantam Book, 1959.

Pritchard, Evan T. *No Word for Time: The Way of the Algonquin People* (Sin palabra para el tiempo: el camino del pueblo algonquino). San Francisco: Council Oak Books, 1997.

Sachs, Jeffrey D. *The End of Poverty: Economic Possibilities for Our Time* (El fin de la pobreza: posibilidades económicas para nuestro tiempo). New York: Penguin Books, 2005.

Sams, Jamie. *The 13 Original Clan Mothers: Your Sacred Path to Discovering the Gifts, Talents and Abilities of the Feminine Through the Ancient Teachings of the Sisterhood* (Las 13 madres del clan original: tu camino sagrado para descubrir los dones, talentos y habilidades de lo femenino a través de las enseñanzas antiguas de la hermandad). New York: HarperCollins, 1994.

Sanchez, Victor. *Toltecs of the New Millennium* (Toltecas del nuevo milenio). Santa Fe: Bear & Company, Inc., 1996.

Specht, Riva, and Grace J. Craig. *Human Development: A Social Work Perspective* (Desarrollo humano: una perspectiva del trabajo social). New Jersey: Prentice-Hall, Inc., 1987.

Steinem, Gloria. *Moving Beyond Words: Age, Rage, Sex, Power, Money, Muscles: Breaking Boundaries of Gender* (Moverse más allá de las palabras: edad, ira, sexo, poder, dinero, músculos: rompiendo las fronteras del género). New York: Simon & Schuster, 1994.

————. *Outrageous Acts and Everyday Rebellions* (Actos escandalosos y rebeliones de todos los días). New York: Holt, Rinehart, and Winston, 1983.

————. *Revolution from Within: A Book of Self-Esteem* (La revolución desde adentro: un libro de autoestima). Boston: Little, Brown, and Company, 1992.

Tiwari, Bri Maya. *The Path of Practice: A Woman's Book of Ayurvedic Healing* (El camino de la práctica: el libro de una mujer sobre sanación ayurvédica). New York: Ballantine Publishing Group, 2000.

Trattner, Walter I. *From Poor Law to Welfare State: A History of Social Welfare in America* (De las leyes de pobres al estado de bienestar: una historia del bienestar social en Estados Unidos). New York: The Free Press, 1989.

Villoldo, Alberto. *Shaman, Healer, Sage: How to Heal Yourself and Others with the Energy of Medicine of the Americas* (Chamán, sanador, sabio: cómo sanarte a ti mismo y a otros con la energía de la medicina de las américas). New York: Harmony Books, 2000.

Walker, Alice. *Sent by Earth: A Message from the Grandmother Spirit after the Bombing of the World Trade Center and the Pentagon* (Enviado por la Tierra: un mensaje del espíritu de la abuela después del bombardeo del World Trade Center y el Pentágono). New York: Seven Stories Press, 2002.

Walker, Barbara G. *The Woman's Encyclopedia of Myths and Secrets* (La enciclopedia de la mujer sobre mitos y secretos). New York: Harper & Row, 1983.

Lista de tareas y ejercicios

Índice analítico